中央高校基本科研业务费专项基金资助项目
Fundamental Research Funds for the
Central Universities

中国古代财政史论

孙翊刚　王文素　著

中国财政经济出版社

图书在版编目（CIP）数据

中国古代财政史论/孙翊刚，王文素著．—北京：中国财政经济出版社，2016.6

ISBN 978 – 7 – 5095 – 6753 – 1

Ⅰ.①中… Ⅱ.①孙…②王… Ⅲ.①财政史 – 研究 – 中国 – 古代 Ⅳ.①F812.9

中国版本图书馆 CIP 数据核字（2016）第 114028 号

责任编辑：赵　力　　　　　　　　责任校对：杨瑞琦
封面设计：思梵·星尚　　　　　　版式设计：兰　波

中国财政经济出版社 出版

URL：http：//www.cfeph.cn

E – mail：cfeph@cfeph.cn

（版权所有　翻印必究）

社址：北京市海淀区阜成路甲 28 号　邮政编码：100142
营销中心电话：88190406　北京财经书店电话：64033436　84041336
北京京华虎彩印刷有限公司印刷　各地新华书店经销
787×1092 毫米　16 开　16.5 印张　267 000 字
2016 年 6 月第 1 版　2016 年 6 月北京第 1 次印刷
定价：38.00 元
ISBN 978 – 7 – 5095 – 6753 – 1/F·5433
（图书出现印装问题，本社负责调换）
本社质量投诉电话：010 – 88190744
打击盗版举报热线：010 – 88190492，QQ：634579818

目 录

第一章　中国的自然资源 ……………………………………（1）
　　第一节　山林、河流 …………………………………（1）
　　第二节　自然资源 ……………………………………（3）

第二章　人类在创造历史 ……………………………………（9）
　　第一节　中华大地上丰富的历史遗迹 ………………（9）
　　第二节　古代人类的发明 ……………………………（13）
　　第三节　五帝德与帝系 ………………………………（17）
　　第四节　古代的禅让制度 ……………………………（28）

第三章　国家、财政和农业 …………………………………（45）
　　第一节　国家和阶级 …………………………………（45）
　　第二节　国家财政和农业 ……………………………（49）
　　第三节　中国古代的农业 ……………………………（61）

第四章　财政收入 ……………………………………………（85）
　　第一节　赋税之名 ……………………………………（85）
　　第二节　土地占有关系 ………………………………（88）
　　第三节　田赋和徭役 …………………………………（104）

第五章　财政支出 ……………………………………………（171）
　　第一节　古代政权提供公共产品的思想基础 ………（171）
　　第二节　财政支出的意义 ……………………………（182）

第三节　支出原则 …………………………………………（183）
　　第四节　财政支出内容 ……………………………………（184）
第六章　财政管理 ………………………………………………（235）
　　第一节　财政管理机构 ……………………………………（235）
　　第二节　财政管理制度 ……………………………………（240）

第一章

中国的自然资源

第一节 山林、河流

据考古发现,远在旧石器时期,中华大地,到处是森林密布,陆上的动物、水中的鱼类繁多,自生自灭。就河流来说,到唐尧统治时期,已顺山势形成江、河、淮、渎四大水系①,但当洪峰来时,洪水漫流,低洼地处是一片汪洋。大禹治水,主要是疏导黄河水系,使其畅通,使小河入大河(黄河),经黄河入海。

一、黄河水系

在陕西境内:(1)沣水,古沣水发源于秦岭,北流经长安入渭水,旧河道已淹没。(2)渭水,发源于甘肃渭源县西鸟鼠山,东流入陕,汇沣、泾、漆、沮诸水经渭南入黄河。

山西境内:(1)汾水,发源于宁武县管涔山,于河津西南入黄河;(2)漳水,北源为清漳水,发源于昔阳县,南源为浊漳水,发源于长子县,两水在河北涉县会合,经大名入卫河。

河南境内:(1)洛水,发源于陕西洛南县西北,在河南洛阳与瀍、涧二水汇合,流经偃师与伊水汇合,经巩县入黄河。(2)依水,发源于熊耳山,在偃师与洛水会合。(3)济水,发源于济源市西王屋山,向东入山东,

---

① 《尔雅·释水》。

在山东西北入海。后为黄河所夺。

山东境内：（1）濉水，古为济水支流，流经菏泽县；（2）沮水，濉水支流。濉、沮二水在菏泽县会合后，流入雷夏泽（又称雷泽，在今菏泽市东北，唐以后渐淤。）大泽：荥泽，地在今荥阳北。孟诸泽，在今河南商丘东北。菏泽，在山东定陶东北。大野泽，在今山东巨野北。这还只是其中较大的支流，溪流则难以计算。据传，在明清时期，仅北京及其周边地区，大小河流就达一百余条。

二、自然环境

（一）旧石器时代考古发现

据考古发掘得知（华北）西侯度（山西芮城）文化：处于疏林草原环境，动物化石有鲤、鳖、鸵鸟、巨河狸、鬣狗、剑齿象、纳玛象、步氏羚羊、古中国野牛、三门马、三叉麋鹿等20余种哺乳动物。蓝田人遗址（陕西蓝田公王岭。距今80万—75万年）发现哺乳动物化石42种，且具有强烈的南方色彩，如大熊猫、东方剑齿象、华南巨貘、秦岭苏门羚等，此时气候温和，林木茂盛。峙峪文化（山西朔县。距今约3万年）：处于草原地貌，间有灌木林；动物以有蹄类为主。有普氏野马、野驴、普氏原羚等草原动物。山顶洞人（北京。距今近两万年）：其自然环境和现在当地的情景相似。山上有茂密的森林，山下是广阔的草原。有虎、洞熊、果子狸、牛、羊等在此地生存。

（华中）包括在湖北郧县发现的郧县人、郧西人和大冶的石龙头遗址，时间约早于或同于北京人。出土动物化石有东方剑齿象、中国犀、豪猪、大熊猫等。

（东南）包括安徽和县发现的和县人化石和广东曲江发现的马坝人化石。动物化石多少不一，多的达40余种，主要为肿骨鹿、葛氏梅花鹿、大熊猫、剑齿象、貘等。

（西南）包括元谋人、柳江人和资阳人。元谋人距今170万年，动物化石多为绝种动物；柳江人（广西）、资阳人（四川），属晚更新世；动物化石为大熊猫、剑齿象、巨貘等华南大熊猫—剑齿象动物群的成员。

（二）新石器时期的考古发现

新石器时期的考古发现，比旧石器时期更丰富。（黄河流域）磁山文化遗址（河北武安，校正年限为前5400—前5100年）发现的动物骨骼遗存：渔猎

有鹿、鱼、龟、鳖、蚌、鸟等骨骸,种植有粟,饲养有猪、狗、鸡;还有厚达2米以上的粮食(粟、黍。已腐朽)堆积;仰韶文化(河南渑池。黄河中下游地区新石器时期文化,包括北至长城沿线及河套地区,南达鄂西北,东至豫东一带,西到甘青接壤地带。几乎相当于后来中原地区各国的地域。校正年限为前5000—前3000年):出土的采集、渔猎品种:采集有榛子、栗子、松子、植物块茎、鸟蛋、蜂蜜等,动物骨骸有斑鹿、水鹿、竹鼠、野兔、狸、貉、獾、羚羊等;种植作物有粟、黍、蔬菜籽;家庭饲养有羊、马、鸡。

(长江中下游)大溪文化(因重庆巫山大溪遗址而命名,前4400—前3300年):居民从事稻作农业,土块中常有稻壳、稻叶痕迹;饲养猪、狗、鸡、牛、羊;渔猎有鱼、龟、鳖、螺及野猪、鹿、虎、豹、犀、象的遗骸。河姆渡文化(因首次发现于浙江余姚河姆渡而命名,公元前5000—前3300年):农业种植主要为稻谷(籼),稻谷、稻壳、茎叶堆积有厚达1米者;饲养家畜猪、狗;渔猎遗存骨骸,有哺乳类、鸟类、爬行类和鱼类等四十余种,主要有马鹿、水鹿、四不像、虎等。马家浜遗址(浙江嘉兴,前5000—前4000年):农作物为水稻(籼稻、粳稻),饲养猪、狗、水牛;兽骨堆积有梅花鹿、四不像、野猪、獐、貉、鸟、鱼、龟、鼋等。

从上可见,在旧石器时期的中期的北方(中原)地区和江南地区,其自然环境虽然各具特色,但差别不算太大;进入新石器时期以后,北方同东南、西南地区的自然生态状况就有着比较明显的区别,应该说这是气候变化和人类创造所造成的结果。

第二节 自然资源

中国是一个资源丰富,自给有余的国家。

一、文献记载

《山海经》云:"大凡天下名山五千三百七十,居地,大凡六万四千五十六里。

禹曰:'天下名山,经五千三百七十山,六万四千五十六里,居地也'。言其五臧,盖其余小山甚众,不足记云。天地之东西二万八千里,南北二万

六千里，出水之山者八千里，受水者八千里，出铜之山四百六十七，出铁之山三千六百九十。此天地之所分壤树谷也，戈矛之所伐也，刀锻之所起也，能者有余，拙者不足……得失之数，皆在其内，是谓国用'。"① 此言又见于《管子》。"桓公曰：'地数可得闻乎？'管子对曰：'地之东西二万八千里，南北二万六千里，其出水者八千里，受水者八千里；出铜之山四百六十七山，出铁之山三千六百九山。此之所以分壤树谷也；戈矛之所伐，刀币之所起也。能者有余，拙者不足……得失之数，皆在此内，是谓国用'。"②

世人读《山海经》，不知出于何时。以其"闳诞迂夸，多奇怪俶傥之言"，很难读懂，多以为神话，少有人研究。其实，西汉刘秀（即刘歆）曾在上书皇帝中说："《山海经》者，出于唐虞之际。昔洪水洋溢，漫衍中国，民人失据，崎岖于丘陵，巢于树木。鲧既无功，而帝尧使禹继之。禹乘四载，随山栞木，定高山大川，益与伯翳主驱禽兽，命山川，类草木，别水土。四嶽佐之，以周四方，逮人迹之所稀至，及舟舆之所罕到。内别五方之山，外分八方之海，纪其珍宝奇物，异方之所生，水土草木禽兽昆虫麟凤之所止，祯祥之所隐，及四海之外，绝域之国，殊类之人。禹别九州，任土作贡，而益等类物善恶著《山海经》。"③ 从这段文字的意思来看，《山海经》是古代中国经济地理的实录，只是随着时间的迁移，山川、河流的自然变化，《山海经》上所记载的事实，因名异或物亡，已难让人认同了。东晋明帝记室参军郭璞注《山海经叙》曰④："世之览《山海经》者，皆以其闳诞迂夸，多奇怪俶傥之言，莫不疑焉。尝试论之曰：庄生有云：'人之所知，莫若其所不知。'吾于《山海经》见之矣。夫以宇宙之寥廓，群生之纷纭，阴阳之煦蒸，万殊之区分，精气浑淆，自相濆薄，游魂灵怪，逐象而构，流形于山水、丽状于木石者，恶可圣言乎？然则总其所以乖，鼓之于一响，成其所以变，混之于一象。世之所谓异，未知其所以异；世之所谓不异，未知其所以不异。何者？物不自异，待我而后异，异果在我，非物异也。故胡人见布而疑黂，越人见罽而核毳。夫玩所习见而奇所希闻，此人情之常蔽

---

① 《山海经·中山经》。引自袁珂校注：《山海经校注》，上海古籍出版社1980年版，第179—180页。
② 《管子·地数》。
③ 《山海经校注·叙录》。
④ 郭璞（276—324年）博学，有高才，好古文奇字，辞赋为东晋之冠。所撰有《洞林》、《新林》、《尔雅注》、《山海经注》、《穆天子传注》、《楚辞注》等。

也"。又说"盖此书跨世七代，历载三千，虽暂显于汉而寻亦寝废。其山川名号，所在多有舛谬，与今不同，师训莫传，遂将湮泯。道之所存，俗之丧，悲夫！"为此，郭璞"疏其壅阂，辟其茀芜，领其玄致，标其洞涉"，为的是"令逸文不坠于世，奇言不绝于今，夏后之迹，靡刊于将来；八荒之事，有闻于后裔。"①

桓公和管子论"地数"，说山说水，其意在于山生水，山水出天财。桓公问于管子曰："请问天财所出，地利所在。"管子对曰："山上有赭者，其下有铁；上有铅者，其下有银；一曰上有铅者，其下有鈆银；上有丹砂者，其下有鈆金；上有慈石者，其下有铜金。此山之见荣者也……此天财地利之所在也。"②

山藏珍，水蕴富，是自然资源，对谁都是公平的，关键是如何去合理地采用。《管子》曰："昔者，桀霸有天下而用不足，汤有七十里之薄而用有余。天非独为汤而菽粟，而地非独为汤出财物也。伊尹善通移轻重，开阖决塞，通于高下徐疾之筴，坐起之费时也。"③ 至于周，是谁"以天财地利立功成名于天下者"？管子认为是西周的文王、武王。之所以说是周之文武二王，管子说："夫玉起于牛氏边山，金起于汝汉之右洿，珠起于赤野之末光，此皆距周七千八百里，其途远而至难，故先王各用于其重珠玉为上币，黄金为中币，刀布为下币。令疾则黄金重，令徐则黄金轻。先王权度其号令之徐疾，高下其中币，而制下上之用，则文武是也。"④ 管子在齐国推行改革，对盐铁的管控也是源于这个道理。

二、文献研究

汉唐以后的一些学者、社会活动家和专家，对《尚书·禹贡》的真实性提出质疑。为了求证，我们也曾有意地翻阅了一些古代典籍，发现，虽然历史在前进，社会在发展，人们在改造自然、改善生活的过程中，各地山泽的出产和农业产品、手工制造业产品，也发生了某些改变，有的还发生了根本性的变化，但在一个比较大的范围内，各地的地下蕴藏和土地出产，还是能看出某些相似的地方。以《史记·货殖列传》为例：

---

① 转引自袁珂：《山海经校注》，上海古籍出版社1980年版，第477—480页。
② 《管子·地数》。
③ 《管子·地数》。
④ 《管子·地数》。

夫山西饶材、竹、榖（《索引》：音谷，又音雕。榖，木名，可以为纸）、纑（《索引》：音卢，山中紵，可以为布）、旄、玉石；

山东多鱼、盐、漆、丝、声色（音乐、舞蹈、女子）；

江南出枏、梓、薑、桂、金、锡、连（铅之未炼者）、丹砂、犀、瑇瑁、珠玑、齿革；

龙门（《正义》龙门山在绛州龙门县）、碣石（《正义》碣石山在平州卢龙县）北多马、牛、羊、旃裘、筋角；

铜、铁则千里往往山出棊置。

营丘（太公望封地），地潟卤（鹹地），人民寡；于是太公劝其女功，极技巧（纺织、刺绣、缝纫），通鱼盐，人物归之。

猗顿用盬盐起①。而邯郸郭纵以铁冶成业。

乌氏倮畜牧，及众②。

巴（蜀）寡妇清，其先得丹穴③，而擅其利数世。

西汉政权建立后，税收制度又较前前进了一步。这时的贡品，据《史记·货殖列传》所记：

汉兴，海内为一，开关梁，弛山泽之禁，是以富商大贾周流天下……关中自汧、雍以东至河、华，膏壤沃野千里，自虞夏之贡以为上田……。其民犹有先王之遗风，好稼穑，置五谷，地重。

巴蜀亦沃野，地饶卮、姜、丹沙、石、铜、铁、竹木之器。西近邛笮，笮马、牦牛。

天水、陇西、北地、上郡与关中同俗，然西有羌中之利，北有戎翟之畜，畜牧为天下饶。

燕，南通齐、赵，东北边胡。有鱼盐枣栗之饶。

齐带山海，膏壤千里，宜桑麻，人民多文綵布帛鱼盐。

邹、鲁滨洙、泗，颇有桑麻之业，无林泽之饶。

陶（定陶）、睢阳，好稼穑。

彭城以东，东海、吴、广陵，此东楚也。东有海盐之饶，章山之铜，三江、五湖之利。

---

① 《正义》按：猗氏，蒲州县也。河东盐池是畦盐。《索引》一说河东大盐。

② 乌氏（zhi），古县名，又作阏氏、焉氏。战国秦惠王置县，治所在今甘肃平凉市西北。众，牲畜很多。

③ 《集解》徐广曰：涪陵出丹。丹穴，朱砂矿。

衡山、九江、江南、豫章、长沙，是南楚也……合肥受南北潮，皮革、鲍、木输会也……江南卑湿。多竹木。豫章出黄金，长沙出连、锡。

番禺……珠玑、犀、瑇瑁、果、布之凑。

沂、泗水以北，宜五谷桑麻六畜，地小人众，数被水旱之害……故秦、夏、梁、鲁好农而重民。三河、宛、陈亦然。

燕、代田畜而事蚕。

陆地牧马、牛蹄角、羊、彘，水居千石鱼陂，山居千章之材。安邑千树枣；燕、秦千树栗；蜀、汉、江陵千树橘；淮北、常山巳南，河济之间千树萩；陈、夏千亩漆；齐、鲁千亩桑麻；渭川千亩竹。

蜀卓氏之先，赵人也。秦迁卓氏于临邛，即铁山鼓铸，倾滇蜀之民……程郑，山东迁虏也，亦冶铸，富埒卓氏，俱居临邛。

宛孔氏之先，梁人也，用铁冶为业。秦伐魏，迁孔氏南阳。大鼓铸……家致富数千金。

鲁人曹邴氏，以铁冶起，富至巨万①。

齐刀閒，收奴虏使之逐鱼盐商贾之利。

下面我们再从《汉书·货殖传》、《汉书·地理志》和《后汉书》中有关志、传的零星记载来看：

上谷至辽东，地广民稀，有鱼盐枣栗之饶②。

河东本唐尧所居，有盐铁之饶③。

赵国以冶铸为主，安平好枣，中山好粟，黎郡好杏，河南好稻，真定好梨，共汲好漆④。（兖州、青州）利蒲、鱼，畜宜鸡狗。

（扬州）利金、铁、竹箭，畜宜鸟兽。

江表长沙有好米⑤。

交阯：明珠文犀⑥。

交阯：土多珍产，明玑、翠羽、犀、象、瑇瑁、异香、美木之属⑦。交州：杂香、细葛、明珠、大贝、琉璃、翡翠、瑇瑁、犀、象、奇物异果、

---

① 《集解》徐广曰："鲁县出铁"。
② 《汉书·地理志》。
③ 《汉书·地理志》。
④ 《太平御览》卷七六六，何晏：《九州论》。
⑤ 《太平御览》卷八三五。
⑥ 《后汉书·马援传》。
⑦ 《后汉书·贾琮传》。

蕉、邪、龙眼之类①。

豫州：林、漆、丝、枲②。

襃斜材木、竹箭之饶，拟于巴蜀③。

临邛蒲江盐井二十所④。

蜀地沃野千里，土壤膏腴，果实所生，无谷而饱。女工之业，复衣天下；名材竹干、器械之饶，不可胜用。又有鱼盐铜银之利……⑤

秦地（雍、梁二州）沃野千里，原隰弥望，保殖五谷，桑麻条畅。滨据南山，带以泾、渭，号称陆海。梗楠檀柘，蔬果成实⑥。

南山出玉石，金、银、铜、铁、豫章、檀、柘，异类之物，不可胜原⑦。

（南山）又有秔稻梨栗竹箭桑麻之饶，土宜姜芋，水多蛙（蛤蟆）鱼，贫者得以人给家足⑧。

（昆明）河土平敞，多出鹦鹉、孔雀，有盐池田渔之饶，金银畜产之富⑨。

（永昌郡）土地沃美，宜五谷、蚕桑。知染彩文绣，罽氀帛叠，兰干细布，织成文章如绫锦。有梧桐木华，绩以为布……出铜、铁、铅、锡、金、银、光珠、虎珀、水晶、琉璃、轲虫、蚌珠、孔雀、翡翠、犀、象、猩猩、貊兽⑩。

从上面所引的史料可以看出，春秋战国至秦汉的土地物产，同虞夏时相比，有其相似之处，也有发展的地方，这也说明《禹贡》所言，并不是空穴来风。而各地出产正是国家税源之所在。也就是说，大禹经过十几年对各地土地美、恶、高、下，出产情况，均已大致调查清楚，这就为制定相应的税收制度奠定了基础，"咸则三壤，成赋中邦"。

---

① 《三国志·士燮传》。
② 《汉书·货殖传》。
③ 《汉书·沟洫志》。
④ 《华阳国志·蜀志》。
⑤ 《后汉书·公孙述传》。
⑥ 《后汉书·窦笃传》。
⑦ 《汉书·东方朔传》。
⑧ 《汉书·东方朔传》。
⑨ 《后汉书·南蛮西南夷传》。
⑩ 《后汉书·南蛮西南夷传》。

第二章

人类在创造历史

第一节 中华大地上丰富的历史遗迹

人类在繁衍的过程中创造了物质和精神文明。中华文明,正是中华民族一代代逐渐创建的,是人类文明中最璀璨的明珠。

在中国大地上有人类活动的痕迹,据考古发现,最早的当算云南元谋人。他们在今约170万年前。云南应是中国人的发祥地之一。后又发现河北阳原县泥河湾地层,堆积达600余米,从200万年前一直延续到一万年前,几乎涵盖了整个旧石时代。经过考古人员上百年的的艰苦努力,发现我国各地,大多都有远古人类活动的踪迹。西南有贵州桐梓猫猫洞、广西柳州白莲洞和四川富林遗址;长江流域有和县人(发现地在安徽和县。属旧石器早期,和北京人同时)、马坝人(在广东曲江)、江苏泗洪下草湾、丹徒莲花洞和台湾左镇遗址;华中地区有长阳人(发现于湖北长阳西南,属旧石器中期。生活在大山区,洞穴极多,生存条件好)、郧县人(发现地在湖北郧县。时代早于北京人)、郧西人(发现地在湖北郧西。和北京人同时期)。华北地区:我国秦岭、淮河以北的黄土高原、华北平原和蒙古高原,包括陕、甘、宁、晋、冀、豫、京、津、内蒙古等广大地区,这些地区具有保存人类化石和文化遗存的良好条件。有西侯度文化(今山西芮城县。旧石器早期。距今180万年,发现石制器、烧骨)、蓝田人(发现地在陕西蓝田公王岭,距今100万—80万年,有用火遗迹)、"北京人"(发现地在北京周口店,距今70万—20万年,出土大量石制品、骨器,发现用火痕迹)大荔人（陕西大荔）、丁村遗址（山西襄汾）、山顶洞人（发现地在北京周口店）、峙峪文化（山西朔县城西北），以及小南海文化（河南安阳。穴居，用火）。

这里值得一提的是，中国古人类学界对现代人的起源与演化的研究。经过先后在周口店田园洞、湖北郧西黄龙洞和广西崇左智人洞等地发现早期现代人化石，经过年代测定和形态研究显示，早期现代人至少在十万年前就在我国华南地区出现。从2010年开始，中国科学院古脊椎动物与古人类研究所的刘武、吴秀杰研究员等人，在湖南省道县境内的福岩洞进行连续调查和发掘，先后发现47枚具有完全现代人特征的人类牙齿化石，表明8万至12万年前，现代人在该地区已经出现，是目前已知最早的具有完全现代形态的人类[①]。由此联想到舜把其弟安排到今天的道县，他自己最后也死于离此不远的九嶷山，其中的原因令人深思。

约距今一万年前后，随着末次冰期的结束，人类完成一次变革：农业种植的发明、人类开始定居、陶器和磨制石器的出现，重新孕育一个新时代。

一、华北地区新石器文化

甘肃秦安大地湾遗址（约前5800—前5400年），发现有房基、窖穴、农作物黍、油菜籽和陶器遗存；

裴李岗文化（约前5500—前4900年，地在今河南新郑），以农业为主，作物为粟，生产工具为石镰、石铲、石磨盘和饲养猪狗等家畜，兼渔猎采集。

磁山文化（约前5400—前5100年。地在今河北武安）农业是主要生产部门，在80个粮窖中，粮食（粟）堆积有的厚积达到2米以上。农具主要是石器。农业与渔猎经济并重。

仰韶文化（约前5000—前3000年，最早发现地在河南渑池），锄耕农业，半坡、北首岭、王湾等种植粟类，姜寨种耐旱的黍，轮耕制，属于刀耕火种形式，农具为尖木棒、石斧、石铲、石锄，石磨盘；家畜饲养不发达，仅见猪和狗；采集和狩猎经济仍占重要地位；制陶工业相当成熟，有专门的陶窑；此外还有制革、纺织、编制、制石、制骨等工业。房屋建筑，集中见于半坡、姜寨、北首岭、大地湾，其特点是半地穴式房基深入地下几十厘米

---

① 《北京晚报》2015年10月16日转载。

（此外还有地面式。形状有圆形、方形和方形地面连间），面积一般为16—20平方米，屋内正对门的中心地方，设有火坑，旁有储存火种的沙陶罐。屋内居住面和墙面，都涂抹草泥土，并整饬光滑平整；有的还经过烧烤。姜寨（陕西临潼）居住区在中心广场，周围分布100多座房屋，门均朝向中心广场；有供储物的窖群和家畜围栏。史家分析说，仰韶文化的住房，历经两千年的发展，其进步路线十分清楚：房基由地穴到地面，房型由圆到方到长方，结构由单间到两间再到多间；屋墙由地面起筑到挖槽筑墙。渐次进步和适应生活需要。此时的居住民已过着家族定居的生活。

大汶口文化（约前4300—前2500年。最早发现地在山东泰安），经济以农业为主，同黄河流域新石文化一样，主要是种粟，在三里河遗址中，一窖穴出土朽粟约一立方米，说明所产粮食已有剩余；农具仍为石质；家畜饲养发达，遗址中有猪、狗、牛、鸡等的骨骼，但渔猎经济仍占一定比重。手工艺已从农业中分离出来：制陶工业到晚期已用快轮生产，品类增多；制石、制玉、工业发达，制骨工业十分出色。

此时期已出现了文字符号。在半坡、姜寨、北首岭等遗址中，在270多件标本上发现有50多种不同符号（原始文字），这些符号是在陶器烘制成后刻画上去的；有的单独出现，有的重复多次出现；有的集中发现于某个遗址。最多的是一竖（划）或二竖、X形、Z形、倒A形、倒钩形、T字形、鸟羽半边、树杈等等，可能每个符号都有它既定的含义。有人认为这是起源阶段的字符；也有人认为是从结绳记事、刻木记事、图画文字向象形文字的转化阶段，具有文字性质。

二、长江中下游新石器文化

马家浜文化（约前5000—前4000年，首次发现地在浙江省嘉兴市），种植作物主要是水稻。在罗家角、草鞋山和崧泽遗址都发现有谷物，经鉴定为籼稻和粳稻。饲养猪、狗、水牛等家畜。采集和渔猎经济仍占重要地位。

河姆渡文化（约前5000—前3300年，首次发现地在浙江省余姚市），粮食作物主要是水稻，有的地方，稻谷及其壳、茎叶交互混杂堆积，形成一个0.2—0.5米厚的堆积层，有的竟超过一米。其稻类遗存数量之多，保存之好，为新石考古所罕见。马家浜和河姆渡两遗址出土的稻谷实物，其年代约在公元前五千年左右，是迄今为止在中国发现的最早的稻谷实物（还有江西、湖南道县的水稻培育），也是目前世界上最古老的人工栽培稻；河姆渡文化另一个代表物就是骨耜农具，它是用鹿或水牛的肩胛骨加工而成，仅河姆渡一处就出土了上百件；此外还有木耜、木杵以及石制斧、刀等农具。家庭饲养猪、狗、水牛等家畜。采集和渔猎经济仍占重要地位。

良渚文化（约前3300—前2200年。最早发现地在浙江余姚），以农业种植为主，作物主要是水稻（粳米、籼米），还有花生、芝麻、蚕豆等。有特色的农具有三角形的石犁铧和斜柄刀（破土用具）。手工业有制作精美的玉器，如珠、管、坠、玦、瑗、璜、琮、镯、璧、觿等；手工业制陶（轮制）造型优美。马桥遗址陶器上发现陶文，显示开始创造文字；钱三漾的丝麻织物家蚕绢和苎麻制品，为国内领先；此外，竹编制品品类多，多为生产生活用品，如竹席、竹篓、竹篮、谷箩、簸箕等产品，做工精细，使用方便。

其他如南京北阴阳营（约前4000—前3000年）、湖北屈家岭（约前3000—前2600年。地在湖北京山）等遗址，大溪文化的大溪（四川巫山）关山庙（湖北枝江）、三元宫（湖南澧县）等遗址，马家浜文化的草鞋山（江苏吴县）、崧泽（上海青浦县）等遗址，其出土物品，基本上与上述各遗址相似。

在华南和西南地区，有仙人洞遗址（江西万年县）、跑马岭遗址（江西修水县）、筑卫城遗址（江西清江县）、昙石山遗址（福建闽侯县）、大岔坑遗址（台湾台北）、凤鼻头遗址（台湾高雄）、石峡遗址（广东曲江）、甑皮岩遗址（广西桂林）、白羊村遗址（云南宾川县）等遗址。

可见，中国绝大部分新石遗址都属于农耕文化性质，而农耕文化的出现，使中国的历史开辟了一个全新的时代。

中国农耕文化，一开始就表现为南北两个不同的区域，即黄河流域（中原地区）的旱作农业和长江流域的水稻农业。适应这种情况，其生产工具和出产也各有特色。其始源应是母系氏族时期的人因时因地制宜的结果，就如后世人所说，是妇女发明的农业。由于火的发明、居住条件的改善和农耕农业的日渐成熟，人类聚族而居的局面也就顺理成章了！史家认为，古代聚落定居，须要符合以下三个条件：（1）靠近水源：河流、山溪、湖泊、或有天然地下泉水，以利于生产生活；但居民居住处要高于河流和湖泊，以防洪水为害；（2）地形地势和土壤要适合农作物的生长；（3）交通和自然环境要适合人类的交往和生产生活。

从旧石器到新石器时期，经过漫长的发展，才迎来了人类文明的到来。

我们说，人类历史是人类自己创造的！是中华民族的祖先亲手开创了中华民族的文明史。

第二节 古代人类的发明

中华民族的祖先，从传说来看，虽带有神话成分，但他们的事迹，每一个人都创造了一番业绩，每个人都书写了一段历史，将社会向前推进了一步。

一、神话传说

相传天地初辟，首出御世者，《路史》注称为混沌氏，就是说盘古是传说中第一个开辟天下（华夏）的人。《三五历纪》云："未有天地之时，混沌如鸡子，盘古生其中，一万八千岁，天地开辟，清阳为天，浊阴为地，盘古在其中。天日高一丈，地日厚一丈，盘古日长一丈，如此一万八千岁。天数极高，地数极深，盘古极长。后乃有三皇。"又《五运历年纪》云：元气鸿濛，萌芽滋始，遂分天地，肇立乾坤。感阴启阳；分布元气，乃孕忠和，是为人也。首生盘古，垂死化身：气成风云，声为雷霆；左眼为日，右眼为月；四肢五体，为四极五岳；血液为江河，筋脉为地理；肌肉为田土，髭髯为星辰，皮毛为草木，齿骨为金石，精髓为珠玉；汗流为雨泽，身之诸虫，因风所感，化为黎氓。《述异记》曰：昔盘古之死也，头为四岳，目为日月，脂膏为江海，毛发为草木。有传说南海为盘古氏墓，亘三百余里。这是传说的古代第一墓。

（一）女娲氏

据司马贞《三皇本纪》云：女娲氏亦风姓，蛇身人首，有神圣之德，代虑羲立，号曰女希氏。无革造，惟作笙簧，故《易》不载。不承五运。一曰女娲亦木德王，盖虑羲之后，已经数世，金木轮环，周而复始，特举女娲，以其功高而充三皇，故频木王也。当其末年也，诸侯有共工氏，任智刑，以强霸而不王；以水乘木，乃与祝融战，不胜而怒，乃头触不周山，崩，天柱折，地维缺，女娲乃练五色石以补天；断鳌足以立四极，聚炉灰以止滔水，以济冀州，于是地平天成，不改旧物。此外，据《陔余丛考·女娲或以为妇人》云：女娲，古帝王之圣者。古无文字，但以音呼，后人因音而传以字，适得此女娲二字，初非以其为妇人而加此号也。

（二）燧人氏

古帝名，始教人熟食之法。燧人氏，司马贞：《三皇本纪》云：自人王以后，有五龙氏，燧人氏。《韩非子·五蠹》：上古之世，民食果蓏、蚌蛤，腥臊恶臭，而伤害腹胃，民多疾病。有圣人作，钻燧取火，以化腥臊，而民悦之。使王天下，号之曰燧人氏。

（三）祝融氏

易称"祝诵"，"汉武帝梁祠堂画像"题字：祝诵氏无所造作，未有耆欲，刑罚未施。《路史·禅通纪》：祝诵氏，一曰祝龢，是为祝融氏。未有耆欲，无所造作。白虎群儒通义以伏羲、神农、祝融为三皇。宋衷论三皇，亦数祝融而出黄帝。"武梁祠堂画像"先伏羲氏，次祝融氏，次神农氏，及黄帝、颛顼，盖有所本。上古火官亦取"祝融"为名。因为发明火是人类历史上的一件大事，所以后世视此为神。《左传》昭公二十九年：火正曰祝融。《淮南子·时则训》："赤帝祝融之所司者"。祝融，颛顼之孙，亦名黎，为高辛氏火正，号为祝融，死为火神也。据传说所记，火神、夏神、南海神、南方神都称祝融。足见人们对火的依赖，对火的尊敬。

（四）有巢氏

据传是首先构木为巢，教人以居处之法者。按《路史》所记，有巢氏有二：一在燧人氏之前，亦曰大曹氏；一在伏羲氏之后，编槿而庐，缉藋而扉。《韩非子·五蠹》："上古之世，人民少而禽兽众，人民不胜禽兽虫蛇，有圣人作，构木为巢，以辟群害，而民悦之，使王天下，号曰有巢氏。《古三坟书》：有巢氏生，俾人居巢穴，积鸟兽之肉，聚草木之实，天下九头咸归有巢。

二、祖先

追寻我们民族的根，大多说是三皇五帝。伏羲、神农、黄帝是三皇，伏羲被尊为三皇之首。因为中华文明开创之初的一系列重大发明创造，如始画"八卦"、造书契，结网罟、教民佃渔、畜牧，倡嫁娶，兴音乐等就出现在伏羲时期，故此，后人尊其为"人文始祖"。

（一）伏羲

亦作伏牺、虙戏、虙牺、包牺、包牺，风姓。都陈。关于伏羲的事迹，同其他几位始祖一样,最早来源于民间流传、耳提面授,且由于时代久远,故见于典籍、各种实物载体上并不太多。但伏羲其人,《汉书·古今人表》称其为"上上圣人";《中论·治学》:"太昊观天地而画八卦,燧人察时令而钻火,帝轩闻凤鸣而调律,仓颉观鸟迹而作书,斯大圣之学乎!伏羲文化,人称"开物成务,万古文明";伏羲人面蛇(龙)身所代表的图腾,是中华民族凝聚力之根。以伏羲八卦为基础的《易》经,后人认为它是思维之基石,它构建了中国古代认识主客观世界的基本模式,故称《易经》为六经之首。

(二) 炎帝神农氏

据传公元前5129年农历四月生于烈山之一石室(今湖北隋县),长于姜水(今陕西),初建都于陈,后迁山东曲阜,葬于长沙茶山之尾。因起于烈山,号烈山氏、连山氏;由于他倡兴农业,故曰神农氏;国(都)于伊耆,又称伊耆氏。

《三皇本纪》:炎帝,神农氏,姜姓。母曰女登,有娇氏之女,为少典妃,感神龙而生炎帝,人身牛首,长于姜水,因以为姓;火德王,故曰炎帝,以火名官;斲木为耜,揉木为耒,耒耜之用,以教万人;始教耕,故号神农氏。于是作蜡祭,以赭鞭鞭草木;始尝百草,始有医药;又作五弦之瑟;教人日中为市,交易而退,各得其所;遂重八卦,为六十四爻。初都陈,后居曲阜。立一百二十年崩,葬长沙。

《通志·三皇本纪》:炎帝神农氏,起于烈山,亦曰烈山氏,亦曰连山氏,亦曰伊耆氏,亦曰大庭氏,亦曰魁隗氏,亦曰人皇,少典元子。其母曰女登,有娇氏之女也。女登有龙之感而生神农焉,长于姜水,故为姜姓;以火德王天下,故为炎帝。民不粒食,未知耕稼,于是因天时,相地宜,始作耒耜,教民艺五谷,故谓之神农;民有疾病,未知药石,乃味草木之滋,察寒温之性,而知君臣佐使之义,皆曰尝而身试之,一日之间而遇七十毒。或云神农尝百药之时,一日百死百生,其所得三百六十物,以应周天之数,后世承传为书,谓之神农本草;又作方书,以救时疾。复演八卦而为六十四卦,名之曰归藏。《绎史》卷四,引《周书》云:神农之时,天雨粟,神农遂耕而种之。《易·系辞下》:"包牺氏没,神农氏作,斲木为耜,揉木为耒,耒耜之利,以教天下,盖取其益。日中为市,致天下之民,聚天下之货,交易而退,各得其所,盖取其噬嗑。"

为表达不忘炎帝神农为后世子孙创立农业的恩德,汉唐以来,在法定的节日，或在京城或派专官到炎帝陵前祭奠。如汉高祖五年，始建茶陵县；东晋时，中央朝廷曾遣春官尚书欧阳林启赴炎陵领祭；唐太宗贞观年间，多次遣官祭祀炎陵；宋乾德五年，在酃县塘田乡鹿原坡始建炎帝陵庙；清乾隆元年，清王朝遣太常寺少卿雅尔呼达赴湖南今炎陵县造祭。文称："礼崇祀典，光俎豆于前徽；念切景行，荐馨香于往哲。惟帝继天建极，抚世咸民，丰功焜耀于简编，骏烈昭垂于宇宙。溯典型于在昔，凛法鉴之长存。朕以藐功，继登大宝，属膺图之伊始，宜展祀以告虔。特遣专官，祗遵彝典，復芬在列。备三献之隆，仪灵爽式，凭仰千秋之明德。尚冀歆格，永锡鸿禧。"

炎帝神农氏之所以传至数千年之后，还存留在亿万华夏子孙的记忆之中，是他为华夏民族留下了不尽的财富：

（1）制耒耜（农业生产工具），教民稼穑。《易·系辞下》："神农氏作，斲木为耜，揉木为耒，耒耜之利，以教天下。"《竹书纪年》："神农作耒耜。"《管子·轻重》：神农氏作，树五谷淇山之阳，九州之民乃知谷食。

（2）尝百草（发明医药）。《竹书纪年》：神农尝草木，作方书。《三皇本纪》：神农……始尝百草，始有医药。《路史·外纪》：炎帝神农磨蜃鞭茇，察色腥，尝草木而正名之；审其平毒，旌其燥寒，察其畏恶，辨其臣使，厘而三之，以养其性命而治病，一日间而七十毒。

（3）立市廛。《易·系辞下》：（神农氏）日中为市，致天下之民，聚天下之货，交易而退，各得其所。

（4）治麻为布，制衣裳（耕织结合）。《庄子·盗跖》：神农之世……民知其母，不知其父；与麋鹿共处。耕而食，织而衣，无有相害之心。《商君书·画策》：神农之世，男耕而食，妇织而衣，刑政不用而治，甲兵不起而亡。《路史·外记》：神农顺其时，教之桑麻，以为布帛。

（5）煮海为盐。《增补资治纲鉴》：炎帝之世，诸侯夙沙氏煮海为盐。

（6）制弧。《易·系辞》：剡木为矢。也有说"少皞生般，般是始为弓矢。（《山海经·海内经》）

（7）制陶冶斧斤。《资治通鉴·外纪》：神农氏作陶，冶斧斤，为耒耜鉏耨，以垦草莽，然后五谷兴。

（8）作八卦。《帝王世纪》：炎帝重八卦之数，究八八之体为六十四卦。

（9）结绳记事。《庄子·胠箧》：昔者容成氏、大庭氏、伯皇氏、中央氏……轩辕氏……伏羲氏、神农氏，当是时也，民结绳而用之，甘其食，美其服，乐其俗、安其居，邻国相望，鸡狗之音相闻，民至老死而不相往来，若此之时则至治矣。

（10）作五弦琴。桓谭《新论》：昔神农氏始削桐为琴，练丝为絃，以通神明之德，合天下之和焉。《山海经·海内经》：炎帝之孙伯陵生鼓、延、殳，始为侯（射侯），鼓、延始为钟、为乐。注：郭璞引《世本》云："毋句（尧臣）作磬，倕作钟。"帝俊生晏龙，晏龙是为琴瑟。又有云：伏羲作琴，神农作瑟。亦说神农作琴，包牺作瑟。

（三）关于祖先的其他记载

《山海经·海内经》："帝俊（帝喾自言其名俊）生三身，三身生义均（舜子商均），义均是始为巧倕，是始作下民百巧。后稷始播百谷；稷之孙曰叔均，始作牛耕；大比赤阴，是始为国。禹鲧是始布土，均定九州。"原注称：帝俊，帝喾自言其名俊；倕，尧时之巧工，然《吕氏春秋·古乐篇》云：帝喾命有倕作鼙鼓、钟、磬、苓、管、壎、篪、鞀、椎钟。又说倕乃舜子商均。《世本》云：倕作钟。倕作规矩准绳；倕作铫，倕作耒耜，垂作耨。《墨子·非儒下》：巧垂作舟。《荀子·解蔽》：倕作弓。可见，古代巧工，大多是围绕人们的生产和生活而创造发明，以提高生产效率和人们的生活质量。

三、考古遗迹

在甘、陕交界的宝鸡市陈仓区（原宝鸡县）拓石镇关道原，是渭河同建沟河在此交汇冲击出一块小平原，高出渭河25米，饮水方便，又无水患，土质又好，成了先民栖息的理想地方。2001年考古部门在此发掘出距今六七千年前的陶窑，内有陶罐、陶钵、陶碗等生活用品遗存。当年4月12日，在12灰坑内发现有2×211厘米的骨刀。

浙江萧山跨湖桥发现距今七千年前的独木舟，是最早的水上交通工具。

山西襄汾陶寺城址发现有距今四千一百年前的古观象台。通过观测日月天象，以确定时令，指导农业生产和生活。

第三节　五帝德与帝系

五帝，指上古的五大部落首领。有几种说法：其一，孔安国在《尚

书》序中说，少昊（金天氏）、颛顼（高阳氏）、帝喾（高辛氏）、唐尧和虞舜；其二，《史记·五帝本纪》记载，黄帝轩辕、颛顼高阳氏、帝喾高辛氏、唐尧、虞舜。又见《大戴礼记·五帝德》。其三，《礼记·月令》记载，大皥、炎帝、黄帝、少皥、颛顼；其四，《皇王大纪》：包犧、神农、黄帝、尧、舜；其五，《汉书·魏相传》：太昊、炎帝、少皥、颛顼和黄帝。

"五帝德"和"帝系"，各是《大戴礼记》中的一篇。而《大戴礼记》，相传为西汉礼学名家戴德汇编。这部资料汇编，大约编定于东汉时期。所收录的文献内容，都产生于公元前，其中很多属于战国时期的作品。"夏小正"篇相传是夏代遗书，是我国现存的一部最古老的"月令"，所以说，《大戴礼记》是研究上古社会情况的重要资料。而"五帝德"和"帝系"则是研究上古世系不可忽视的重要文献。

一、帝系

据典籍所载，从公元前 2600 年前，中国中原地区开始了从黄帝到禹的历史传承时期。史称："少典产轩辕，是为黄帝。

黄帝产玄嚣，玄嚣产蟜极，蟜极产高辛，是为帝喾。帝喾产放勋，是为帝尧。

黄帝产昌意，昌意产高阳，是为帝颛顼。颛顼产穷蝉，穷蝉产敬康，敬康产句芒，句芒产蟜牛，蟜牛产瞽叟，瞽叟产重华，是为帝舜……颛顼产鲧，鲧产文命，是为禹。

黄帝居轩辕之丘，娶于西陵氏之子，谓之嫘祖氏，产青阳及昌意。青阳降居泜水，昌意降居若水。昌意娶于蜀山氏，蜀山氏之子谓之昌濮氏，产颛顼。颛顼娶于滕氏，滕氏奔之子，谓之女禄氏，产老童。老童娶于竭水氏，竭水氏之子，谓之高緺史，产重黎及吴回。

吴回氏产陆终。（楚）……

帝喾卜其四妃之子，而皆有天下。上妃，有邰氏之女也，曰姜嫄氏，产后稷（弃）（周）；次妃，有娀氏之女也，曰简狄氏，产契（殷）；次妃曰陈隆氏，产帝尧……

帝尧娶于散宜氏之子，谓之女皇氏。帝舜娶于帝尧之子，谓之女匽氏。鲧娶于有莘氏之子，谓之有志氏，产文命。禹娶于涂山氏之子，谓之女憍氏，产启"。①

按《史记》所说，自黄帝至舜、禹，皆同姓而异其国号。这实际上是一个大家族。至于是否是父子关系或祖孙关系，没有确实的史料可资印证。可以肯定的是同一个氏族。至于楚，可能是黄帝族，也可能是南方的一个部族，同炎帝有关。炎帝神农氏，刀耕火种，开辟了另一个农耕世界（稻作农业）。

二、五帝德

我们讨论五帝德，首先要明白什么叫德。从字书上看，其一指品格。《左传》桓公二年，《疏》：在心为德。德是行之未发者也。其二，德，本性。《大戴礼记·四代》：有天德，有地德，有人德。《白虎通·封禅》：地以厚为德。其三指行为、节操。其四代指真理。《庄子·天地》：通于天地者，德也。《韩诗外传》五：至精而妙乎天地之间者，德也。其五，善教。《礼记·月令》注。其六，恩惠。《左传》襄公七年：恤民为德。等等。古代对有德之人的一般认识，据《庄子·天地》所说，德人者，居无恩，行无虑，不藏是非美恶。又说：孝为德之本。帝德，关系到社会民生。西汉孝文帝二年诏："朕闻之，天生民，为之置君以养治之。人主不德，布政不均，则天示之灾以戒不治。"②

那么，五帝的德主要有哪些表现？

由于五帝所处时代离我们太远，又由于多种原因的影响，得以保存下来的关于五帝的历史资料少之又少，现将历史典籍上的零星记载，摘记如下：

黄帝。孔子曰："黄帝，少典之子也，曰轩辕。生而神灵，弱而能言，幼而慧齐，长而敦敏，成而聪明③。治五气，设五量④，抚万民，度四方，教熊、罴、貔、豹、虎，以与赤帝战于版泉之野。三战，然后得行其志。……以顺天地之纪，幽明之故，死生之说，存亡之难⑤。时播百谷草木，故

---

① 《大戴礼记·帝繫》。
② 《汉书·文帝纪》。
③ 神灵，神异之人；慧齐，指皇帝年幼即才智周遍；敦敏，敦厚勤勉；成而聪明，成人后闻见明辩。
④ 五气，五行之气。五量，龠、合、升、斗、斛。
⑤ 幽明之故，指仰观天文，俯察地理，故知幽明之故；存亡，指安危；难，犹说。

教化淳鸟兽昆虫，历离日月星辰，极畋土石金玉，劳心力耳目，节用水火财物。生而民得其利百年，……亡而民用其教百年。"①

《史记·五帝本纪》所记与此基本相同。对于黄帝的事迹，可能是时代久远的缘故，史书所存录的事实特少。在其惠民方面的政绩，主要是如下几个内容：（1）神农氏世衰，诸侯相侵伐，暴虐百姓，于是轩辕乃用干戈，进行征伐。（2）炎帝欲侵陵诸侯，轩辕乃修德振兵，培育农业，抚护所属居民，经过与炎帝进行多次战斗，才达到统率众诸侯的目的。（3）蚩尤最为暴。蚩尤作乱，不用帝命。于是黄帝乃征师诸侯，与蚩尤战于涿鹿之野，遂擒杀蚩尤。取代神农而为黄帝（天子）。（4）设官分职，治理所属居民；置左右大监，监视万国（诸侯）。（5）按时耕作，培育林木，驯化鸟兽虫蛾，观察日月星辰气象、水土矿藏，劳勤心力耳目，节用水火材物。有土德之瑞，故号黄帝。

颛顼。孔子曰："颛顼，黄帝之孙，昌意之子也，曰高阳。洪渊以有谋，疏通而知事，养材以任地，履时以象天，依鬼神以制义，治气以教民②，絜诚以祭祀，乘龙而至于四海：北至于幽陵，南至于交趾，西济于流沙，东至于蟠木。动静之物，大小之神，日月所照，莫不祗励。"③ 从上可见，作为颛顼来说：（1）其志远大深厚，治事疏通。（2）因地养材，按天象自然安排农事。（3）以为山川鬼神能兴云致雨，润养万物，故依凭以制义。（4）利依四时五行之气以教化万民。（5）意域内大至五湖四渎，小至丘陵坟衍，以及鸟兽草木无不和谐共存。

帝喾。孔子曰：帝喾乃"玄嚣之孙，蟜极之子也，曰高辛。生而神灵，自言其名。博施利物，不于其身。聪以知远，明以察微。顺天之意，知民之急。仁而威，惠而信，修身而天下服。取地之材而节用之，抚教万民而利诲之，历日月而迎送之，明鬼神而敬用之……其动也时，其服也士……执中而获天下，日月所照，风雨所至，莫不从顺。"④ 帝喾之德，按《正义》"帝王纪"云，帝俈高辛，姬姓也。其母生见其神异，自言其名曰岌。龆龀（儿童换牙时）有圣德，年十五而佐颛顼。（1）施物及人，不私于己；（2）治事能知远察微；（3）能顺应天时之宜，知民之所急（困难）；

---

① 《大戴礼记·五帝德》。
② 制，率神从天，居鬼从地；义，宜也。气，五行之气；教民，使知四时，布种百谷。
③ 《大戴礼记·五帝德》。
④ 《大戴礼记·五帝德》。

(4) 威而仁，施惠而实；(5) 取材以时，用材节俭；(6) 使万民能有安存和教养的环境；(7) 观察日月运行情况，以指导军民有关活动；(8) 指动众使民以时，自身服用公廉，其治民诚守中庸之道，如水之灌溉，平等而致中正，遍于天下，体现其道德高尚，境内（日月所照，风雨所至）人们无不敬佩和信服。

帝尧。孔子曰："高辛之子也，曰放勋。其仁如天，其知如神；就之如日，望之如云。富而不骄，贵而不豫……伯夷主礼，龙、夔教舞，举舜、彭祖而任之，四时先民治之①。流共工于幽州，以变北狄；放驩兜于崇山，以变南蛮；杀三苗于三危，以变西戎；殛鲧于羽山，以变东夷②。其言不贰，其行不回，四海之内，舟舆所至，莫不说夷。"③

按《史记·五帝本纪》的表述，有《大戴礼记》未曾记载的内容，如："能明驯德，以亲九族。九族既睦，便章百姓。百姓昭明，合和万国。""乃命羲和，敬顺昊天……敬授民时。""分命羲仲，居郁夷……敬道日出，便程东作……申命羲叔，居南交，便程南为，敬致……申命和仲，居西土……，便程西成……申命和叔，居北方，曰幽都，便在伏物……岁三百六十六日，以润月正四时。信饬百官，众功皆兴。"

在用人问题上，尧问四岳，有谁能成为其继任者。放齐推荐丹朱，说"嗣子丹朱开明"；驩兜推荐共工，说"共工旁聚布功，可用"。尧又令人推荐能治理洪水的专门人才，"皆曰鲧可"。面对众官员的推荐，尧根据自己多年所掌握的情况予以否定，他说：丹朱"顽凶"；"共工善言，其用僻，似恭漫天"；"鲧负命毁族"；均不可用，最后都交舜作了处理。

史称，尧，是帝尧死后之谥，取"翼善传圣曰尧"之意。按史书所记，尧的德政，主要体现在以下几个方面：(1) 将社会上认知的年轻有为、堪当大任的年轻人，如"八元"（高辛氏有才子八人）、"八恺"（高阳氏有才子八人），都吸收到中央机构中来进行培养教育；(2) 公正无私。自己年老后，将从领导岗位上退下来，在继任领导人的选择上十分慎重。当时，四岳和其他高层官员提供了多个在社会上有影响力的人物，如

---

① "四时"，即命正春夏秋冬，敬授农时。
② 变，《史记》【索隐】云："变，谓变其形及衣服，同于夷狄也。"
③ 贰，疑；回，邪；夷，平。此段引语出自《大戴礼记·五帝德》。

尧子丹朱、共工、四岳等人；尧根据自己的长期考察，认为丹朱"顽凶"，"共工善言，其用僻，似恭漫天"；征求四岳，四岳则自认为"鄙德忝帝位"，即是说自己无德无能，不堪此重任。至于众人推荐治水重任的鲧，尧认为"鲧负命毁族①，不可！"一口否定。至于舜，尧亦早有考虑，但还需进一步深入考察（尧曰："吾其试哉"）。于是：（1）"尧妻之二女，观其德于二女"（此举令人费解。至少是十分草率。人还未见到就将自己的两个女儿许配给舜为妻，是政治的需要还是其他什么考虑，难以说清）。（2）先后安排舜熟悉五典、百官和四方诸侯；到周边地区经受山林川泽、暴风雷雨的考验。（3）三年后，使摄行天子之政，"尧立七十年得舜，二十年而老"，将职位让与舜，而不传给自己的儿子（认为自己的儿子不能担负如此重任）。这是史书上记载的、开启禅让制的第一人。（4）富而不骄，贵不贪图逸豫，严格约束自己。（5）对所属官员，按能分职：命羲和仲叔分宅东南西北，而敬授人时；对不勤本职工作的人给予严厉的处分；共工，水官，其先祖亦居此官，尧末时，羲和之子皆死，庶绩多缺而官废。当此之时，驩兜、共工更相荐举，尧将其发配到边远之地，改变其装饰和衣服，同于夷狄；只是对"禹、皋陶、契、后稷、伯夷、夔、龙、倕、益、彭祖自尧时而皆举用，未有分职。"（6）意志坚定，言行不邪，四海之内，所有居民，都赞颂尧的美德。

帝舜。孔子曰："蟜牛之孙，瞽叟之子也，曰重华。好学孝友，闻于四海，陶家事亲②，宽裕温良，敦敏而知时，畏天而爱民，恤远而亲亲……叡明通知，为天下工：使禹敷土，主名山川，以利于民；使后稷播种，务勤嘉谷，以作饮食；羲和掌历③，敬授民时；使益行火，以辟山莱；伯夷主礼，以节天下……皋陶作上，忠信疏通，知民之情；契作司徒，教民孝友，敬政率经。其言不惑，其德不慝，举贤而天下平。南抚交阯大教，鲜支、渠廋、氐、羌，北山戎、发、息慎，东长、鸟夷羽民。舜之少也，恶顇劳苦，二十以孝闻乎天下。三十在位，嗣帝所，五十乃死，葬于苍梧之野。"④

---

① 负命毁族，《史记·五帝纪》引《正义》云：负，违也；族，类也。鲧性很戾，违负教命，毁败善类。

② 陶家，当为陶稼。《孟子》曰：舜"自耕稼、陶、渔"。

③ 历，《书·尧典》："乃命羲和，钦若昊天，历象日月星辰敬授人时。"《史记》索引云：黄帝使羲和占日。

④ 《大戴礼记·五帝德》。

孔子对舜治国的评价是："无为而治者，其舜也与。"① 孔子的看法与史籍的记载有些偏离，其实，舜在处理不同政见者、处理工作不力者方面，还是严厉果断的！

按《史记·五帝本纪》所记："父顽、母嚚、弟傲，能和以孝，治，不致奸。"尧命舜"慎和五典，五典能从；乃遍入百官，百官时序；宾于四门，四门穆穆；诸侯远方宾客皆敬；"舜摄行天子之政后，齐七政，类于上帝，禋于六宗，望于山川，辩于群神；见四岳群牧，颁瑞；巡狩东南西北，见四方君长，"合时月正日，同律度量衡，修五礼五玉三帛二生一死为挚，如五器。""五岁一巡狩，群后四朝，遍告以言，明试以功，车服以庸。肇十有二州，决川。象以典刑，流宥五刑，鞭作官刑，扑作教刑，金作赎刑；眚灾过赦；怙终贼刑。""昔高阳氏有才子八人，世得其利，谓之八恺；高辛氏有才子八人，世谓之八元。此十六族者，世济其美，不陨其名。至于尧，尧未能举。舜举八恺，使主后土，以揆百事，莫不时序；举八元，使布五教于四方，父义、母慈、兄友、弟恭、子孝，内平外成。"对尧时已被举用但未分职的禹、皋陶、契、后稷、伯夷、夔、龙、倕、益、彭祖等人，征求四岳意见后，都分别安排到重要的岗位上。"三岁一考功，三考绌陟。"而对帝鸿氏、少昊氏、颛顼氏和缙云氏族中的不才子，指为四凶族，都被流放于四夷，以御魑魅。

根据《大戴礼记·五帝德》和《史记·五帝本纪》所记，舜，乃重华死后的谥号。他在尧招用以前，处境相当困难。"耕历山，渔雷泽，陶河滨，作什器于寿丘，就时于负夏"，从事各种劳动、劳务。而他的家庭，"舜父瞽叟顽、母嚚、弟象傲，皆欲杀舜，舜顺适不失子道，兄弟孝慈，欲杀，不可得。"尧赐舜绨衣，与琴，为筑仓廪，予牛羊，瞽叟尚复欲杀之："使舜上涂廪，瞽叟从下纵火焚廪，舜乃以两笠自扞而下，去，得不死；后瞽叟又使舜穿井，舜穿孔为匿空旁出；舜既入深，瞽叟与象共下土实井，舜从匿空出。"舜就是在这种环境下成长起来的。史称，舜"命十二牧论帝德，行厚德，远佞人（指有口才而不正派之人）；"并说"天下明德皆自虞帝始。"帝舜之德，可以归结为以下几点：（1）孝父母、友弟；《书》云：舜"父顽，母嚚，象傲，克谐以孝。"瞽叟……常欲杀舜，舜避逃；及有小过，则受罪。舜事父及后母与弟，日以笃谨，匪有解。

---
① 《论语·卫灵公》。

（2）举贤建官。舜摄行天子之政后，敢于启用有用人才。史称："八元"（高辛氏族）和"八恺"（高阳氏族），"此十六族者，世济其美，不陨其名。至于尧，尧未能举。"舜代政后，"举八恺，使主后土，以揆百事，莫不时序；举八元，使布五教于四方，父义、母慈、兄友、弟恭、子孝。"又如，"禹、皋陶、契、后稷、伯夷、夔、龙、倕、益、彭祖，自尧时而皆举用，未有分职。"尧死后，立即将他们安排在重要岗位上。
（3）对那些有工作能力、但品德差，难于合作的人和部落，则坚决摒弃。如"昔帝鸿氏有不才子，掩义隐贼，好行凶慝，天下谓之混沌；少皞氏有不才子，毁信恶忠，崇饰恶言，天下谓之穷奇；颛顼氏有不才子，不可教训，不知话言，天下谓之梼杌，此三族，世忧之。至于尧，尧未能去。缙云氏有不才子，贪于饮食，冒于货贿，天下谓之饕餮。天下恶之，比之三凶。舜宾于四门，乃流四凶族，迁于四裔，以御魑魅。"总之，为了稳定社会，为了维护集体内部的团结和统一，对那些无德无能、毁信弃义、贪于货贿者，予以彻底清除。（4）勤政爱民。史称舜慎和五典、遍入百官、宾于四门、入山林川泽，见四岳群牧，巡狩四周各诸侯国；谋于四岳，惟时相天事；对所属官员，三岁一考功，三考黜陟。

夏禹。孔子曰："高阳之孙，鲧之子也，曰文命。敏给克济①，其德不回，其仁可亲，其言可信；声为律，身为度，称以上士②；亹亹穆穆，为纲为纪③。巡九州，通九道，陂九泽，度九山④。为神主⑤，为民父母，左准绳，右规矩，履四时，据四海，平九州，戴九天，明耳目，治天下。举皋陶与益以赞其身⑥。举干戈以征不享、不庭无道之民。四海之内，舟车所至，莫不宾服。"⑦

---

① 济，《尔雅》：成也。声为律，抑扬顿挫、高低缓慢合度。
② 上士，士之贤者。《老子》：上士闻道，勤而行之。
③ 亹亹，勉也；穆穆，敬也；纲纪，立法立制。
④ 巡九州，州当为川。《史记》索引云：九川者，弱、黑、河、漾、江、沇、淮、渭、洛为九川；九泽者，九州之泽，《骈雅·释地》：九泽，具区、云梦、圃田、望诸、大野、弦蒲、豯养、杨纡、昭余祁也。九山，指九州的名山。又《史记·夏本纪》注：索引曰，汧（岍）、壶口、砥柱、太行、西倾、熊耳、嶓冢、内方、歧，是九山也。
⑤ 神之主，而民之望也。
⑥ 规圆，矩方；据四海，定四海；平九州，《左传》襄公四年，"芒芒禹迹，画为九州"；赞，佐也；《史记·夏本纪》："帝禹立而举皋陶荐之，且授政焉，而皋陶卒……而后举益，任之政"。
⑦ 享，献也；《书》曰：惟时有苗弗率；不庭，背叛不来王庭者；宾，敬也。此段引语出于《大戴礼记·五帝德》。

按《史记·五帝本纪》和《史记·夏本纪》所记:"禹伤先人父鲧功之不成受诛,乃劳身焦思,居外十三年,过家门不敢入。薄衣食,致孝于鬼神;卑宫室,致费于沟淢。""于,予何言!予思日孳孳。""鸿水滔天,浩浩环山襄陵,下民皆服于水。予陆行乘车,水行乘舟,泥行乘橇,山行乘檋,行山刊木。与益予众庶稻鲜食。以决九川致四海,浚畎浍致之川。与稷予众庶难得之食。食少,调有余补不足,徙居。众民乃定,万国为治。"皋陶曰:"然,此而美矣。""唯禹之功为大,披九山,通九泽,决九河,定九州,……方五千里,至于荒服。" "于是九州攸同,四奥既居,九山刊旅,九川涤原,九泽既陂,四海会同,六府甚修,众土交正,致慎财赋,咸则三壤成赋"。

关于大禹治水,据考古发掘,西周中期燹(遂)国某一代国君燹(遂)公(舜之后人)所铸青铜礼器"燹(遂)公盨",其铭文记述有"大禹治水"和"为政以德"等的内容。开篇就说"天命禹敷土,隧(坠)山浚川……"。文中记述大禹治水所采用的方法是削平山岗、堵住洪水与疏导河流并用的方法;在治理水患之后,划定九州,并根据各地的土地条件(地势高低、土质肥瘠等)的不同,规定了不同等级的贡赋。为此,受惠之民,尊禹为王。还有一个重要的内容就是多次提到"德"。要求民众既要注重自身德性的修养心性,做人要"齐明中正",还要孝顺父母,兄弟友善,婚姻和谐,注重对祖先和神灵的祭祀;君王及官吏要有德于民,顾念天下黎民百姓,只有这样,百姓才能好其德,国家才能长治久安①。

孔子为什么崇敬大禹?他说:"禹!吾无间然矣。菲饮食,而致孝乎鬼神;恶衣服,而致美乎黻冕;卑宫室,而尽力乎沟淢。禹!吾无间然矣。"②就是说,大禹用最丰盛、最洁净的食物敬献山川之神,而自己则食用最一般的农家饭菜;平日穿的是粗布衣服,盛典时才穿庄重的专用服装(如祭祀用服);住的是低矮简陋的房子,但把全身心放在农田建设上面,是道德高尚的人。

根据史籍所记,禹的功和德是流传后世、尽人皆知的。是他最终整治了洪水,开创了中国划区而治,分田制赋的局面。大禹之德,可以归纳为下列

---

① 见《北京晚报》,2002年10月21日。
② 《论语·泰伯》。

几点：（1）以身作则。禹奉命平水土后，他乃劳身焦思，行山表木，居外十三年，洪水在那里，民工在那里，大禹也在那里。陆行乘车，水行乘船，泥行乘橇，山行乘檋；左准绳，右规矩。禹心中只是思日孳孳，直到洪水疏治，众民乃定为止。（2）公而忘私。为了治理洪水，大禹居外十三年，过家门不敢入，禹伤先人父鲧功之不成，不敢有半点私心，在他一生中，薄衣食，致孝于鬼神；卑宫室，致费于沟洫。当舜听信流言，当庭质问大禹说："毋若丹朱傲，惟慢游是好，毋水行舟，朋淫于家，用绝其世。予不能顺是。"① 禹曰："予（辛壬）娶涂山，辛壬癸甲，生启予不子，以故能成水土功。辅成五服……帝其念哉。"② （3）勤政爱民。按《大禹谟》："禹曰：於，帝念哉！德惟善政，政在养民。水火金木土谷维修，正德、利用、厚生惟和。"注称正德以率下，利用以阜财，厚生以养民。也就是正身之德，利民之用，厚民之生。史载，禹与益、后稷奉帝命治水，命诸侯百姓兴人徒以傅土。行山表木，定高山大川。劳身心思，居外十三年，开九州、通九道、陂九泽、度九山。"令益予众庶稻，可种卑湿；命后稷予众庶难得之食。食少，调有余相给，以均诸侯。"又说"食少，调有余补不足，徙居。众民乃定，万国为治。"③ （4）广纳众言。据《史记》所述：禹、伯夷、皋陶相与语帝（舜）前。皋陶述其谋曰："信其道德，谋明辅和。"禹曰："然，如何？"皋陶曰："于，谨其身修，思长，敦序九族，众明高翼，近可远在已"。皋陶又说："于，在知人，在安民。"禹曰："吁！皆若是，为帝其难之。知人则智，能官人；能安民则惠，黎民怀之。"皋陶曰：亦行有九德。"始事事，宽而栗，柔而立，愿而共，治而敬，扰而毅，直而温，简而廉，刚而实，彊而义，章其有常，吉哉。日宣三德，蚤夜翊明有家。日严振敬六德，亮彩有国。翕受普施。九德咸事，浚乂在官，百吏肃谨。毋教邪淫奇谋。非其人居其官，是谓乱天事。天讨有罪，无刑五用哉。吾言裳可行乎？"禹曰："女言致可绩行"。（5）"信其道德"。大禹不居功，不骄傲，尊上爱民，皋陶之所以敬禹之德，在于大禹具有他人所不具备的优秀品德：即不居功。史称，禹陂九山，通九泽，决九河，定九州，各以其职来贡，不失厥宜。方五千里，至于荒服。则禹之功为大。而却使"四海之内咸戴帝

---

① 《史记·夏本纪》。
② 《史记·夏本纪》。
③ 《史记·夏本纪》。

舜之功。"① 帝舜问四岳，"有能成美尧之事者使居官"？皆曰"伯禹为司空，可成美尧之功"。禹让于契、后稷、皋陶。帝舜崩，三年丧毕，"禹辞避舜之子商均于阳城。"而帝禹即位后，"举皋陶荐之，且授政焉"。不幸，皋陶早死。随后又举益，并"授执政"。因为禹为人敏给克勤，其德不违，其仁可亲，其言可信。于是，皋陶敬禹之德。（6）确立分田致赋制度。首先，按司马迁总结中所说，大禹治水成功，同时"定九州，各以其职来贡，不失厥宜。方五千里，至于荒服"。② 这里是指各级地方长官对中央的职贡。其次是各地居民安居下来后，有了土地可供耕种，有了生活的条件。于是，他们也就负有向国家缴纳赋税的义务。史称通过各地（灾区）的首长和广大人民的艰辛劳动，经过十三年的艰苦努力，大禹终于取得治水成功，这就是"九州攸同，四奥既居，九山刊旅，九川涤原，九泽既陂，四海会同"。由于水患得到初步治理，人民得以安居，于是，"六府甚修，众土交正，致慎财富，咸则三壤成赋。"就是说，因此确立金木水火土谷六个管理机构，对各地的土地出产，按上中下三等分别征收。初步体现了税收强制性、固定性和有区别的原则。

以《五帝德》为说明，是因为司马迁治史一贯严谨，其著述可信度高，这已为历史遗存无数次所证明。下面的文字也可作证。"太史公曰：学者多称五帝，尚矣。然《尚书》独载尧以来；而百家言黄帝，其文不雅驯，荐绅先生难言之。孔子所传《宰予问五帝德》及《帝系姓》，儒者或不传。余尝西至空桐，北过涿鹿，东渐于海，南浮江淮矣，至长老皆各往往称黄帝、尧、舜之处，风教固殊焉，总之不离古文者近是。余观《春秋》、《国语》，其发明《五帝德》、《帝系姓》章矣，顾弟弗深考，其所表见皆不虚。《书》缺有间矣，其轶乃时时见于他说，非好学深思，心知其意，故难为浅见寡闻道也。"③

可见，五帝之德的史料，具有其可靠性，进一步研究其内容，我们发现其核心内容是关注民生，主要的是关注本氏族成员的生存问题。从黄帝到夏禹，他们各自的工作重点虽有所不同，处理方法也不完全一样，但目标任务基本是一致的，这就是代表本氏族成员的利益和要求：（1）增加

---

① 《史记·五帝本纪》。
② 《史记·五帝本纪》。
③ 《史记·五帝本纪》。

和改善食物来源（种植、培育、采摘、狩猎、捕捞）；（2）保持本氏族社会的稳定；（3）保证本氏族的安全，等等。就是说，以黄帝（或帝喾、尧、舜、禹）为核心的领导集体，他们代表的是全氏族成员的利益，它是一种稳定力量，又是氏族发展、进步的推动力量。当然，为了实现这个目标，他又需要全氏族成员的支持，需要氏族成员出人出物，即交纳粮物，积极参与本氏族的公益事业活动，如治水、修路、打仗（抵御外侵）等等。这就构成氏族财政（归公共所有的财物和劳动力）。而这种氏族财政活动，又是在自愿的基础上，具有强力的作用，而且基本是定量的、无返还（无赏）义务的。我们认为，氏族财政是氏族社会生存所必需的，它是氏族社会的有机组成部分。

第四节　古代的禅让制度

从现有的史料（或传说）来看，中国古代氏族社会并没有发生像恩格斯所说的那种议会制，但有部落联盟，就是一个大的部落群体联合周边几个、十几个或几十个、上百个规模小的部落，组成一个强大的部落联盟。之所以整合成部落联盟，一是可以对抗外族（部落联盟）的入侵，使本部落居民的生命和财产不致遭受损失；二是扩大本氏族的生产、生活范围，有更多的土地和人民，以创造更多的财富。

在这个部落联盟里，虽然形成了一个领导集体（包括各个部落的首领），从历史传说来看，应属于各部落酋长的联席会议，在这里，拥有决策、决断权的最高首领，则是那位大部落的酋长，如尧、舜、禹等人即是。部落联盟的首领也不是经选举产生的。各部落的首领有推荐权，但没有决定权。联盟的首领类似于终身制，最后由他决定传给谁来继任。这就是中国历史上所说的禅让制。

禅让制度，它体现的是一种精神，是一种"世界大同"的共同幸福的精神。这从《礼记·礼运》所倡导的"大道之行也，天下为公"一语中就可以说明。

华夏先民所实行的禅让制度，现在能从古代典籍中看到的，仅有尧让舜、舜让禹，禹让皋陶；因皋陶不幸早死，再让益，而益任职时间不长，未能取得民众的信任而失败。禅让制度从此告终。其实,古代的禅让制度,也并不是后代人们所向往的那样尽善尽美,和平谦让,它是特定历史时期的产物。实际上,其中多数是兵戎相见,一样带有血腥味。史书上记载不少这样的事列,如:炎黄之争、黄帝取代神农、黄帝与蚩尤之战、共工与颛顼争为帝、尧与三苗之争等等。其中有关共工之事,《史记·律书》:"昔黄帝有涿鹿之战,以定火灾;颛顼有共工之陈,以平水害"。《淮南子·兵略训》:"共工为水害,故颛顼诛之。"有《淮南子·天文训》:昔共工与颛顼争为帝,怒而触不周之山,天柱折,五维绝。事实上,《淮南子》等书所记的有关共工与之争帝的并不是只有颛顼一人,还与高辛(帝喾,黄帝曾孙)争①,与神农争②,与祝融争③,与女娲争④,与禹争⑤。用现代的眼光来看,那时开辟的地方并不很大,部族之间的争斗是一种正常现象,难以避免。

一、黄帝取代炎帝的事实

神农时期,刚从"小国寡民"的状态下走出来;进入炎黄时代,人多了,地域广了,为了养活更多的人,为了保护已经占有或即将占有的利益,这时,需要有富有智慧、善于谋划的智者,有为长远计、开发进取的强者,有为集体利益一往无前、奋不顾身的勇士,有熟悉天象四时、土地利用的耆老,这就造就了炎黄一代开拓进取的新时代。

史称,"轩辕之时,神农氏势衰。诸侯相侵伐,暴虐百姓,而神农氏弗能征。于是轩辕乃习用干戈,以征不享,诸侯咸来宾从。而蚩尤最为暴,莫能伐。"⑥

轩辕,皇甫谧云:居轩辕之丘,因以为名,又以为号。《正义》案:黄帝生于寿丘,地在兖州曲阜东北六里,鲁东门之北。神农氏,《正义》引《帝王世纪》云:神农氏,姜姓也,母曰任姒,有蟜氏女,登为少典妃。感生炎帝,人身牛首,长于姜水,有圣德,以火德王,故号炎帝。《括地志》云:神农生于厉乡,所谓厉山氏也。厉山在随州随县北百里。班固曰:"教

---

① 《淮南子·原道训》。
② 《琱玉集》引《淮南子》。
③ 《史记》司马贞补《三皇本纪》。
④ 《路史·太昊纪》。
⑤ 《荀子·成相》:"禹有功,抑下鸿,辟除民害,逐共工。"
⑥ 《史记·五帝本纪》。

民耕种，故号曰神农。"从这些内容来看，炎帝族和神农氏族，早先应是一个家族。至于黄帝氏族在山东，炎帝氏族在湖北，相隔不算太远，可能是部落迁徙的结果。之所以说神农氏世衰，《索隐》表述是指神农氏后代子孙道德衰薄，非指炎帝之身。这种表述是正确的。

  关于黄帝与炎帝之战，其原因是"炎帝欲侵凌诸侯。"① 炎帝，应该也是神农氏族一个组成部分，也有说就是神农氏。与黄帝向外扩张的同时，他为了扩大自己的实力，也积极向周边进行发展。但此时的周边部落首领，不愿融入炎帝部，而是倾向同黄帝结为联盟。借此机会，轩辕乃采取了治五气，艺五种等一系列利民措施。所谓五气，古代指五行之气，时称五气布，则四时顺。五种，指为黍、稷、菽、麦、稻五种粮食作物。实际上，此时虽然南方已经培育出了水稻，但在北方还是很稀见。在粮食种植适时、居民生活基本得到保障的基础上，于是开始谋划制度四方，训练一支强大的、以熊、罴、貔貅、貙虎命名的军队，在阪泉地方同炎帝进行了一场生死大决战②，在经过数次大战之后，黄帝取得了最后的胜利。

  关于黄帝取代神农，可从两个方面来理解。第一是神农氏族当部落领袖为时很久，治理的思维方式和统治方式、方法，都已不能适应发展了的情况，所属部落中一些发展较快、实力强大的部落首领（或诸侯），不服从中央的指令，为了各自的利益而相互侵伐，而且粗（残）暴地对待属地居民，而神农氏（首领）已无力解决所属诸侯间的这些问题。就是说，神农氏出现了统治危机，已危及部落联盟的稳定；第二是黄帝族已然强大。黄帝摄政后，对周边不服中央管辖、不贡献方物者，不再是神农那种说服的方法、靠氏族首领的品德和影响力，而是通过武力进行征伐，以使其就范。

  关于黄帝部落取代神农炎帝部落，并非是简单地接替，而是经过了一番较长时间的争斗。有关这方面的传说（神话）很多。(1)《山海经·海外西经》："形天与帝至此争神，帝断其首，葬之常羊之山。"按，刑天之神话，乃黄帝与炎帝争斗的神话之一。形天，炎帝之臣。(2)《吕氏春秋·荡兵篇》："兵所自来者久矣，黄炎故用水火矣。"(3)《大戴礼记·五帝德》：黄帝"与赤帝战于阪泉之野，三战然后得行其志。"炎帝被战败后，蚩尤作兵伐黄帝。

---

 ① 《史记·五帝本纪》。
 ② 一说在今河北涿鹿东南；一说在今山西运城市解池附近。

蚩尤，应是神农氏部落联盟中强大部落首领之一。有说蚩尤乃炎帝之臣①。《集解》引应劭曰："蚩尤，古天子。"孔安国曰：九黎君号蚩尤。瓒曰：《孔子三朝纪》曰，"蚩尤，庶人之贪者。"《管子》曰："蚩尤爱庐山之金而作五兵。明非庶人，盖诸侯号也。"《正义》引《龙鱼河图》曰：黄帝摄政，有蚩尤兄弟八十一人，并兽身人语，铜头铁额，食沙石子，造立兵仗刀戟大弩，威振天下。诛杀无道，不仁慈；万民欲令黄帝行天子事，黄帝以仁义不能禁止蚩尤，乃仰天而叹。天遣玄女下授黄帝兵信神符，制服蚩尤，帝因使之主兵，以制八方。蚩尤没后，天下复扰乱，黄帝遂画蚩尤形象以威天下，天下咸谓蚩尤不死，八方万邦皆为弭服。"《山海经》云：黄帝令应龙攻蚩尤，蚩尤请风伯、雨师以从，大风雨。皇帝乃下天女曰；"魃"以止雨，雨止。遂杀蚩尤。从"蚩尤作乱，不用帝命"，到"黄帝乃征师诸侯，与蚩尤战于涿鹿之野，遂擒杀蚩尤。"蚩尤最终不敌以黄帝为首的众多的部落联盟军队的进攻，为黄帝指挥的联盟军所彻底击溃。蚩尤与黄帝之战，乃古代传说中的一大战争，历时数十年之久。

由于蚩尤被擒杀，于是众"诸侯咸尊轩辕为天子，代神农氏，是为黄帝。"黄帝为了强固自己的统治，进一步扩大自己的统治区域，于是开始了南征北战，"天下有不顺者，黄帝从而征之。平者去之，披山通道，未尝宁居。"②只是由于当时的农业生产力还十分落后，居民的生产和生活，在相当程度上还有待于大自然的供给。当一个地方土地的肥力用尽后，就必须搬迁到另一个地方去，以开辟新的生产基地。同时，开辟通道，把那些远离自己的部落方国，分别联合到自己联盟中来，为自己最后统一华夏奠定基础。

不过，统一这一工作，还将是长期的。黄帝"东至于海，登丸山，及岱宗。西至于崆峒，登鸡头。南至于江，登熊湘。北逐荤粥，合符虎山，而邑于涿鹿之阿。迁徙往来无常处。以师兵为营卫，官名皆以云命，为云师。置左右大监，鉴于万国。万国和而鬼神山川封禅与为多焉。获宝鼎，迎日推䇲。举风后、力牧、常先、大鸿以治民。顺天地之纪，幽明之占，死生之说，存亡之难。时播百谷草木，淳化鸟兽虫蛾，旁罗日月星辰水波土石金

---

① 《世本》宋衷注。
② 《史记·五帝本纪》。

玉，劳动心力耳目，节用水火材物。有土德之瑞，故号黄帝"。①

丸山（凡山），[正义]引《括地志》，丸山，即丹山，在青州临朐县界朱虚故县西北二十里。鸡头，山名，在陇西。[正义]《括地志》：在肃州福禄县，一曰崆峒山别名。熊、湘，湘山在长沙益阳县。[正义]《括地志》：熊耳山在商州上洛西四十里，齐桓公登之以望江汉。湘山，一名艑山，在岳州巴陵县南十八里。这段话是指黄帝活动的地域范围，即东到山东青州临朐和泰山一带（今山东中、西部），西至甘肃西部崆峒山（今平凉市西北），南至湖北湖南北部，北至匈奴界，同各国诸侯合符于釜山。合符，指同各国诸侯合符契圭瑞，而朝之于釜山②，犹禹合诸侯于塗山然。而以涿鹿山下平原之处（阿，广平）为都城。不过，文中所指的"以师兵为营卫"，说明当时还未建成城郭，属于蒙古包式的帐篷（军营）。只是已初步设官分职，其职官系统以云命名（春夏秋冬中）。而对各国诸侯，则设左右大监来进行调控。其职在得到各国人民的拥护，为此，设官观察；研究四时气象，保护农业发展。炎帝之前，未有衣裳屋宇，及至黄帝，造屋宇，制衣裳，营殡葬，使万民免受存亡之难。为了安定民生，一方面领导居民播种百谷，淳化鸟兽，以保证农民生产生活之需；另一方面，设专人观察气象，调查土地出产，规定土地出产和使用等诸多方面的制度，如规定江湖陂泽、山林原隰，皆收采禁捕以时，用之有节，以保证农业生产能得到正常运行、公共财物能得到合理、节约的使用。这里所说的旁罗，犹遍布；日月，指阴阳时节，以期出现天不异灾，土无别害，水少波浪，山出珍宝的美好年景。但此时农业生产力仍然十分落后，土地出产物还不能保证居民生产、生活的基本需求。所以需要不时迁徙，换土易居，这就是自黄帝以还、直至殷商，其最高首领和中心居民区的居民需要不断迁徙的原因。

在这种开拓疆土，广纳万邦的时代，是否实行选举制，抑或实行禅让之制，史籍中没有记载，就是继任者帝喾（高阳）、颛项（高辛）之说，也还有可研究的地方。只有到了尧、舜、禹时期，传承脉络十分清楚；关于禅让的经过，典籍记载也比较详细，或者说，此时社会已逐渐进入稳定发展时期，禅让制已成为可能。

---

① 《史记·五帝本纪》。
② 郭子横《洞冥记》称东方朔云：东海大明之墟有釜山。在妫州怀戎县（今河北涿鹿西南）。

二、尧舜禹禅让

（一）尧让舜

古称禅让，是指首领主动让位给他人，并不是后代所谓的民主选举。帝尧之所以提出禅让问题，其一是因自己年龄已老，孔安国云：尧寿百一十六岁。其二是在位时间过长，《正义》引皇甫谧云：尧即位九十八年。包括舜摄政二十八年（行政20年，摄政8年）。凡年百一十七岁，考虑要有接班人。其三是考虑自己的儿子在才德上并不出众，不堪委以重任。

后世社会，都习惯称尧舜禹为圣人，这是有道理的。前面讲到五帝的圣德就是一例。帝尧的人品，史称："其仁如天，其知如神，就之如日，望之如云。富而不骄，贵而不舒。黄收纯衣，彤车乘白马。能明驯德，以亲九族。九族既睦，便章百姓。百姓昭明，合和万国。"这里是说，尧之仁，有如天之涵养，神之微妙；如日之可依，如百姓期盼之膏雨。

史称，尧，是帝尧死后之谥，取"翼善传圣曰尧。"① 之意。尧名放勋，号陶唐，都平阳，于《诗》为唐国②。

按史书所记，尧的德政，主要体现在以下几个方面。（1）将社会上认知的年轻有为、堪当大任的年轻人，如"八元"（高辛氏有才子八人）、"八恺"（高阳氏有才子八人），都吸收到中央机构中来进行培养教育；（2）公正无私。自己年老后，将从领导岗位上退下来，在继任领导人的选择上十分慎重。当时，四岳和其他高层官员提供了多个在社会上有影响力的人物，如尧子丹朱、共工、四岳等人；尧根据自己的长期考察，认为丹朱"顽凶"，"共工善言，其用僻，似恭漫天"；征求四岳，四岳则自认为"鄙德忝帝位"，即是说自己无德无能，不堪此重任。至于众人推荐治水重任的鲧，尧认为"鲧负命毁族③，不可！"一口否定。至于舜，尧亦早有考虑，但还需进一步深入考察（尧曰："吾其试哉"）。于是，"尧妻之二女，观其德于二女"（此举令人费解。至少是十分草率。人还未见到就将自己的两个女儿许配给舜为妻，是政治的需要还是其他什么考虑，难以说清。）；先后安排舜熟悉五典、百官和四方诸侯；去到周边地区经受山林川泽、暴风雷雨的考

---

① 《谥法》。
② 《帝王纪》。
③ 负命毁族，《史记·五帝纪》引《正义》云：负，违也；族，类也。鲧性很戾，违负教命，毁败善类。

验；三年后，使摄行天子之政，"尧立七十年得舜，二十年而老"，将职位让与舜，而不传给自己的儿子（认为自己的儿子不能担负如此重任）。这是史书上记载的、开启禅让制的第一人。（3）富而不骄，贵不贪图逸豫，严格约束自己；（4）对所属官员，按能分职：命羲和仲叔分宅东南西北，而敬授人时；对不勤本职工作的人给予严厉的处分；共工，水官，其先祖亦居此官，尧末时，羲和之子皆死，庶绩多缺而官废。当此之时，驩兜、共工更相荐举。尧将其发配到边远之地，改变其装饰和衣服，同于夷狄；只是对"禹、皋陶、契、后稷、伯夷、夔、龙、倕、益、彭祖自尧时而皆举用，未有分职。"（5）意志坚定，言行不邪，四海之内，所有居民，都赞颂尧的美德。

其行政情况，史称"乃命羲和，敬顺昊天，数法日月星辰，敬授民时。分命羲仲，居郁夷，曰旸谷。敬道日出，便程东作……申命羲叔，居南交，便程南为，敬致……申命和仲，居西土，曰昧谷，敬道日人，便程西成……申命和叔，居北方，曰幽都，便在伏物……岁三百六十六日，以闰月正四时。信饬百官，众工咸兴。"①

这里所说的羲和是指羲氏和和氏，主掌天时地利之官。昊天，《释天》云：春为苍天，夏为昊天，秋为旻天，冬为上天。一年四季之中，他们根据气象的变化，适时指导农业生产。命羲仲主管东方青州、嵎夷之地，便程东作。羲叔居南交，主南方之事。难为、敬致，指的都是恭勤民事。和仲居西土②，主西方之官。和叔居北方幽州地方。冬天对人、畜、积聚等及早收藏。根据多年积累的经验以及农业生产的需要，定一年为三百六十六日，并知用闰月来调整日月之误差。

帝尧因年已老，考虑要有接班人，为继承人问题多次询问议事大臣，谁可作为尧的继承人。放齐回答，"嗣子丹朱开明"，可为继承人。史传丹朱为尧妻（散宜氏之女）女皇所生。《汲冢纪年》曰："后稷放帝子丹朱"。范、汪《荆州记》丹水县在丹川，尧子朱之所封也。《括地志》云：丹水故城在邓州内乡西南。尧对其子丹朱的印象不是很好，认为丹朱"顽凶"，不可用。所谓顽凶，《左传》云，口不道忠信之言为嚣，心不则德义之经为顽。凶，讼也。就是说，心既顽嚣，又好争讼。这样的品德当然不能选为继

---

① 《史记·五帝本纪》。
② 指陇西及其以西地区。

承人。令人生疑的是，从尧对丹朱的评语来看，尧能德化他人，却不能德化自己的儿子，尧的家教就此事就十分成问题。眼看丹朱不成，尧又要求众人再推荐，廷臣讙兜推荐共工，说"共工旁聚布功，可用。"尧不同意这种看法，他认为"共工善言，其用僻，似恭漫天。"意即共工善为言语，心不正，用意邪僻，貌似恭敬，其实罪恶漫天。不同意对他的推举。此事就停顿下来。

  帝尧考虑在继承人的问题上，众人同自己的观点并不统一，于是退而征求四岳关于治水之人的意见。尧说，"汤汤洪水滔天，浩浩环山襄陵，下民其忧，有能使治者？"四岳推荐鲧。但尧对鲧的看法不好。尧认为，"鲧负命毁族，不可。"意即鲧性格暴戾，敢违负教命，毁败（损害）百姓，不能用为治水之官。对此评语，四岳感到很奇怪，在四岳心目中，鲧是一个很能干的人，断言"等之未有贤于鲧者，"① 凭什么说鲧是一个负命毁族的人呢？再次要求帝尧试用，说，"试不可用而已。"就是说，鲧如果真不行，不胜任此职，则可换人。这时，尧已无法再坚持己见，于是，用鲧治水。"九岁，功用不成"。这点，就现在观点来看，也是可以理解的，因为洪水为患已历经多年，而且，在当时情况下，也只能用疏、堵两种办法。至于到第九年时，才说功用不成，中间并未换人，为什么发现功用不理想时不采取措施，要等到最后算账，将鲧置于死地？这只能有一种解释，说明帝尧同四岳之间很不和谐，形成了对立情绪。当然，这只不过是美尧中的一点不足吧。

  尧在位七十年，年事已高，选举接班人已到了紧要阶段。《正义》引孔安国的话说，"尧年十六以唐侯升为天子，在位七十载，时八十六，老将求代。"尧问四岳，"在诸侯之中，有能顺事用天命者，入处我位，统治天子之事者乎？"② 四岳皆说自己"鄙俚无德"，不堪担此重任，不愿推举。要求四岳"悉举贵戚及疏远隐匿者"，即在朝野的权贵的亲戚或远离朝野、隐匿山林的贤者、能者，都可荐举。众人顺应尧意，推荐了民间的单身汉虞舜。

  关于舜的简单情况，四岳说："盲者子。父顽，母嚚，弟傲，能和以孝。治，不至奸。"尧同意对舜进行考核。同时，（1）尧以二女许给舜为

---

① 《史记·夏本纪》。
② 《史记》《集解》引郑玄语。

妻,以观其德;① (2) 以舜掌五教②,即司徒之职;同时令他在朝会时迎接诸侯、群臣,以熟悉众官员;(3) 命舜去"山林、川泽"进行考察③,以便于他熟悉社会,提高其办事能力。三年后,尧对舜的考察结束,决定让舜摄行天子之政。并在正月朝日,在文祖举行了隆重的授权仪式④,以观天命,即看各地的反应。舜即"类于上帝,禋于六宗,望于山川,辩于群神。揖五瑞,择吉月日,见四岳诸牧,班瑞。"这里可见,古代对重大的祭祀是十分隆重的,包括祭告上帝,禋祭星辰风雨等神,遥祭山川;收集诸侯所执圭璧⑤,庭见四岳群牧,新王班瑞。

帝舜摄行天子之政后,首先是到各地巡狩,以宣示自己的领导地位,传达其行政观。如《史记》所载:"岁二月,东巡狩,至于岱宗,柴,望秩于山川。遂见东方君长,合时月正日,同律度量衡;修五礼、五玉、三帛、二生、一死为挚,如五器,卒乃复。五月,南巡狩;八月,西巡狩;十一月,北巡狩;皆如初。归,至于祖祢庙,用特牛礼。"

按《史记》《正义》所说,(1) 之所以巡狩,是因诸侯自专一方(国),威福任己;恐其隐匿上命,泽不下流。岱宗,指泰山,五岳之长,故在此祭东岳,考绩百官。(2) 望秩,以秩望祭东方诸侯境内之名山大川。秩:五岳视三公,四渎视为诸侯;(3) 合时月正日,《正义》引郑玄云:帝王易代,莫不改正。尧正建丑。舜正建子。舜即位后,会东方诸侯,乃合同四时气节,月之大小,日之甲乙,使齐一也。即统一四时、月、日,以免错误。(4) 同律度量衡。即统一音律和度量衡,使天下相同,以齐远近,立民信。(5) 五礼,《周礼》:以吉礼事邦国之鬼祇,以凶礼哀邦国之忧……《尚书·尧典》云:贵如上帝,吉礼也;如丧考妣,凶礼也;群侯四朝,宾礼也;《大禹谟》:女徂征,军礼也;《尧典》云:女于时,嘉礼也。(6) 五玉,即五瑞。诸侯所执。三帛,三孤所执。五玉礼成后归还,三帛不还。到年终,正好巡狩一周,于祖庙用特祭宣告成功。

定制:五岁一巡狩,群侯四朝。遍告以言,明试以功,车服以庸。肇十有二州。决川。象以典刑,流宥五刑,鞭作官刑,扑作教刑,金作赎刑。眚

---

① 《史记·五帝本纪》:"尧妻之二女,观其德于二女"。
② 五典。
③ 指农村偏僻地区。
④ 文祖,指庙堂。
⑤ 诸侯,指公侯伯子男五等。

裁过赦，怙终贼，刑。即将天子巡狩、诸侯朝会、立功受奖、以及规定了各种刑法。

舜所采取的措施：

第一，摄天子位期间（28年）：（1）祭天（上帝）；禋祭星辰、冯师、雨师等六宗；遥祭山川、五岳、四渎；祭群神。（2）将群牧玉瑞收回，择吉日班瑞。（3）到全国重要地区巡狩，并统一音律、统一度量衡。（4）确立巡狩、朝会、疆域、刑法等制度。

第二，践天子位后：

（1）将位高权重、独霸一方、威胁中央稳定的元老级的人物，一律驱逐到边境地区居住。舜经请示帝尧，流共工于幽陵，以变北狄；放驩兜于崇山，以变南蛮；迁三苗于三危，以变西戎；殛鲧于羽山，以变东夷。四罪而天下咸服。

关于鲧的功罪问题，这也是历史上的一桩疑案。主要是治水不得法，几年劳而无功。《山海经》的说法主要是"不待帝命"，自作主张。"洪水滔天，鲧窃帝之息壤以堙洪水，不待帝命。"①神话说的"滔滔洪水"是天灾，是上帝为惩罚人类而为。鲧事先没有请示中央，擅自将天地自然的泥土和石块用以堵塞洪水。《开筮》："滔滔洪水，无所止极。伯鲧乃以息石、息壤以填洪水。"息壤，郭璞解释是"言土自然长息无限。"那时人少，挖土工具又极其简陋，中原地区那么多土，"自然长息无限。"不知尧舜为什么非要杀了他。不仅我们现在的人不理解，就是两千多年前的人也有不理解的。《楚辞·天问》中所提出的种种问题就是一例。文曰："不任汩鸿，师何以尚之？佥曰何忧，何不课而行之？鸱龟曳衔，鲧何听焉？顺欲成功，帝何刑焉？永遏在羽山，夫何三年不施？伯鲧腹禹，夫何以变之？纂就前绪，遂成考功，何续初继业，而厥谋不同？洪泉极深，何以窴之？地方九则，何以坟之？应龙何画，江海何历？鲧何所营？禹何所成？……九州安错，川谷何洿？东流不溢，孰知其故？东西南北，其修孰多？南北顺橢，其衍几何？"这段话既有历史内容，也有神话传说。然则鲧之被殛，是因他"盗窃"天帝的息壤用以平治洪水，这同历史上所谓"方命圮族"②，不同，所以屈原在《离骚》中以"鲧婞直以亡身兮，终然殀乎羽之野"的词句表示惋叹。

---

① 《山海经·海内经》。
② 《书·尧典》。

鲧治水是功是过，在民众的心里似乎倾向于功大于过，表现在鲧被殛羽山，其尸身三年不腐！而且竟然还生下禹，后来大禹继续治水成功。其次是神话说他死后化为黄龙①，或说"化为黄熊"②。龙、熊字异而音近。熊属贬义词，或是后人（楚人）姓熊。《山海经·海内经》："黄帝生骆明，骆明生白马，白马是为鲧。"《世本》云："黄帝生昌意，昌意生颛顼，颛顼生鲧。"《周礼·庾人》："马八尺曰龙。"则天马化龙，还是龙。

至于鲧与天帝作斗争（实际上是对尧的决定有不同的意见），据《吕氏春秋·行论》所述："尧以天下让舜。鲧为诸侯，怒于尧曰：'得天之道者为帝，得地之道者为三公。今我得地之道而不以我为三公！'以尧为失论（丧失原则）。欲得三公，怒甚猛兽，欲以为乱。……舜于是殛之于羽山，副之以吴刀。"这哪像是禅让！简直是家长制。有不同意见，继承人不仅将他杀了，而且还要用吴刀将他剖了！

其实，禹继其父继续治水，其方法也大同小异。《淮南子·坠形训》："禹乃以息土填洪水，以为名山（大山）。"由此可证，禹治洪水，始初也是用的堰塞之法，并非有的史家所说的鲧用堰塞之法，大禹用疏导之法。只是到后来，治水时间长了，积累的经验也多了，反映大禹治水是堰疏并举，如《天问》所说的"洪水极深，何以寘之？"寘之，堰之也。"应龙何画？"是指疏导。

（2）启用有用人才。帝尧时，八元、八恺均未能正式使用。首先，舜举八恺，使主后土③，以揆百事，莫不时序。即主掌农业产、收割，按四时八节生产、收割。举八元，使布五教于四方，使内平外成。即主掌教化，使夷狄向化，华夏太平。同时流放四凶于边远地区④，以使内地人民有一个比较安定的生活环境。其次，禹、皋陶、契、后稷、伯夷、夔、龙、倕、益、彭祖，自尧时而皆举用，但未有分职⑤，于是舜乃至于文祖，谋于四岳，说"有能奋庸美尧之事者，使居官相事？"四岳一致推荐"伯禹为司空，可美帝功。"舜命禹仍主平水土。禹推让于稷、契与皋陶，而舜对此三人另有安排。同

---

① 《归藏启筮》。
② 《左传》昭公十七年。
③ 天曰皇天，地曰后土。后土，地官。司空主土。
④ 内帝室子孙三人，非帝室子孙一人。
⑤ 分疆爵土。

时，舜命弃"播时百谷"；契为司徒，"敬敷五教"；皋陶典狱，倕为共工①，掌理百工之事。益掌虞②，朱虎、熊黑为辅；伯夷为秩宗，主次秩尊卑；夔为典乐，龙为纳言，主宾客。舜共命22人（十二牧加上上述十人），各行其职，顺时、顺天所宜行事。"三岁一考功，三考黜陟。"在这些人中，为什么"唯禹之功为大"？因为在治理洪水之前，尧曰："汤汤洪水滔天，浩浩环山襄陵，下民其忧"。禹受命治理洪水，"披九山，通九泽，决九河，定九州，各以其职来贡，不失厥宜。方五千里，至于荒服。南抚交阯、北发、西戎、析枝、渠廋、氐、羌，北山戎、发、息慎，东长（夷）、鸟夷。四海之内，咸戴帝舜之功。"而"国"强民安的出现，与禹的坚毅不拔、尽职尽责是分不开的。

据司马迁所说，自黄帝至舜、禹，皆同姓而异其国号，以章明德。就是说，从黄帝至舜禹，属于同一个氏族部落。

关于上古的人和事，多半来源于传说、神话，我们这里选用的资料，基本上是司马迁的作品。因为，司马迁博考古今，遍访国内老者、长者，择其言不虚者而采用，可见其治学严谨，有着对历史负责的科学态度。从近代考古发掘的古代历史遗存，也证明了司马迁所介绍的史实不妄。司马迁他自己也表明了这点。他说：学者多称五帝，尚矣。就是说，关于上古黄帝、颛顼、帝喾、尧、舜等五帝，离我们已经已经相当久远了。然《尚书》独载尧以来；而百家言黄帝，其文不雅驯，荐绅先生难言之。孔子所传宰予问《五帝德》及《帝系姓》，儒者或不传。余尝西至空桐③，北过涿鹿（传黄帝、尧、舜所都），东渐于海，南浮江淮，至长老皆各往往称黄帝、尧、舜之处，风教固殊焉，总之不离古文者近是。予观《春秋》、《国语》，其发明《五帝德》《帝系姓》章矣，顾弟弗深考，其所表见皆不虚。《书》缺有闲矣，其轶乃时时见于他说。非好学深思，心知其意，故难为浅见寡闻道也"。

（二）舜让禹

夏禹，名文命。谥曰禹。《集解》引谥法曰：受禅成功曰禹。《正义》曰：夏者，帝禹封国号也。《帝王纪》云：禹受封为夏伯，在豫州外方之

---

① 主百工之官。
② 主山泽之官。
③ 古原州高平县。传言黄帝问道广成子处。

南,今河南阳翟事也。史称,"禹为人敏给克勤,其惪不违,其仁可亲,其言可信",谦己厚人。史称舜问四岳,"有能奋庸美尧之事者,使居官相事?"皆曰:"伯禹为司空,可美帝功"。舜命禹平水土。禹拜,让于稷、契与皋陶。① 这是其一。"舜子商均亦不肖,舜乃预荐禹于天",为嗣。十七年而帝舜崩,丧毕,禹辞辟舜之子商均于阳城。这是其二。其三,帝禹立而举皋陶荐之,且授政焉,而皋陶卒;而后举益,任之政。可见,夏禹没有私心,从来没有把自己看得比同朝人高明多少,而是把名誉、职位首先让与他人。

舜让禹似乎又有些区别。史称:"舜年二十以孝闻,年三十尧举之,年五十摄行天子事,年五十八尧崩,年六十一代尧践帝位。践帝位三十九年,南巡狩,崩于苍梧之野"。从这段文字中可以看出,舜之禅让,(1)是年龄过大,活到一百岁。(2)任职时间很长,从摄行天子事到南巡去世,历时五十年;从践帝位到崩于南巡,也已三十九年。(3)在确定禹为继承人的问题上,一直并不十分明显。是否是鲧曾反对选舜为继承人,或者说舜借机将鲧处以重刑等诸多因素起作用,没有文字材料可谓证明。关于禹、皋陶、契、后稷等十人"自尧时而皆举用,未有分职"。舜践位后,急于用人,舜至文祖征询四岳意见。舜问"有能奋庸美尧之事者,使居官相事?"四岳一致推荐禹"可美帝功"。于是,舜命禹平水土。此后,禹等二十二人咸成厥功,"唯禹之功为大。"禹给人的印象是:禹"为人敏给克勤;其德不违,其仁可亲,其言可信;声为律,身为度,称以出,亹亹穆穆,为纲为纪。"舜戒禹曰:"毋若丹朱傲,维慢游是好,毋水行舟,朋淫于家,用绝其世。予不能顺是。"这个问题太大,对此,禹立即给予回答,他说:"予娶涂山,辛壬癸甲,生启予不子,以故能成水土功。辅成五服,至于五千里,州十二师,外薄四海,咸建五长,各道有功。苗顽不即功,帝其念哉。"作为禹来说,他领导所在地的首领和居民,治理了长期为患的洪水,使人民得以安居,社会得以稳定,地方政权得以行政,一些必要的行政和财经制度得以施行。其功难没。同时,因为"舜子商均亦不肖",舜乃予荐禹于天,为嗣。十七年而帝舜崩。

故事又回到原来的地方。帝舜崩,三年丧毕,禹亦乃让舜子,如舜让尧子。史称禹辞辟舜子商均于阳城,而"天下诸侯皆去商均而朝禹。"禹于是

---

① 《夏本纪》记为"让于契、后稷、皋陶"。

天子位，南面朝天下。

帝禹立而举皋陶荐之，且授政焉。禹以皋陶为继承人，这是很正确的选择，因为皋陶历任尧（未分职）、舜（以皋陶作士以理民）、禹三朝，而且，皋陶行政能信其道德，谋明辅和；主刑而维明能信；为人正直，受到四岳、诸侯的拥戴。不幸的是皋陶死的太早。禹于是又举益作为继承人，且任之政。从这里可以看出，禹并无私心，没有想到将帝位传给自己的儿子，所以史称禹传子、开始家天下的说法是不准确的。禹还是按照尧舜以来的优良传统，将帝位传给为社会作过重大贡献的人。

在禅让的问题上，后世学者也有不同的理解。这就是主动禅让和被动禅让之说。关于主动让位的事，正史上有如上说。还有一说，如《庄子·盗跖》中说："黄帝不能致德，与蚩尤战于涿鹿之野，流血百里；尧舜作，立群臣，汤放其主，武王杀纣……"又说："世之所高，莫若黄帝。黄帝尚不能全德，而战涿鹿之野，流血百里。尧不慈，舜不孝，禹偏枯，汤放其主，武王伐纣，文王拘羑里，此六子者，当世之所高也，孰论之，皆以利惑其真，而强反其情性，其行乃甚可羞也"。《韩非子·说疑》中所说："舜逼尧，禹逼舜，汤放桀，武王伐纣。此四王者，人臣弑其君者也，而天下誉之。"其原因是舜、禹、汤和武王"威足以临天下，利足以盖世"。我则认为之所以说舜逼尧、禹逼舜，可能是指尧、舜、禹等领导人年龄都偏大，处理问题有不合时宜的情况。按史书所说：尧年十六为天子，八十六岁"老将求代"，一百一十七岁去世。在位时压制了一批年轻能干的人。舜三十被起用，六十一岁摄帝位，践帝位三十九年，一百岁去世。禹在位时间远不及尧舜二帝，但历尧、舜两朝，为舜选定为继承人时已是七十多岁的老人了，所以，这个"逼"，应该是指的年龄问题，而不是抢权夺权。

我们认为，事情起变化的主要力量还是各国诸侯。史称，禹立十年，帝禹东巡狩，至于会稽而崩。以天下授益。三年之丧毕，益让帝禹之子启，而辟居箕山之阳。但是这次诸侯的选择不是益，而选择了禹子启。他们认为"禹子启贤，天下属意焉。"及禹崩，虽授益，因益辅佐禹的时间不长，威信不够（天下未洽），故诸侯皆不去朝益而朝启，曰："吾君帝禹之子也。"于是启遂即天子之位，是为夏后帝启。这就开始了家天下的社会发展历史。

其实，在传不传子的问题上，尧、舜也不是没有考虑过；四岳也是首先考虑尧之子、以后是以舜之子作为继承人首选的。所以，父死子继，在中国是有其思想基础的。

据司马迁所说，自黄帝至舜、禹，皆同姓而异其国号，以章明德。就是说，从黄帝至舜禹，属于同一个氏族部落。

关于上古的人和事，多半来源于传说、神话，我们这里选用的资料，基本上是司马迁的作品。因为，司马迁博考古今，遍访国内老者、长者，择其言不虚者而采用，可见其治学严谨，有着对历史负责的科学态度。从近代考古发掘的古代历史遗存，也证明了司马迁所介绍的史实不妄。司马迁他自己也表明了这点。他说：学者多称五帝，尚矣。就是说，关于上古黄帝、颛顼、帝喾、尧、舜等五帝，离我们已经已经相当久远了。然《尚书》独载尧以来；而百家言黄帝，其文不雅驯，荐绅先生难言之。孔子所传宰予问《五帝德》及《帝系姓》，儒者或不传。余尝西至空桐①，北过涿鹿（传黄帝、尧、舜所都），东渐于海，南浮江淮，至长老皆各往往称黄帝、尧、舜之处，风教固殊焉，总之不离古文者近是。予观《春秋》、《国语》，其发明《五帝德》《帝系姓》章矣，顾弟弗深考，其所表见皆不虚。《书》缺有闲矣，其轶乃时时见于他说。非好学深思，心知其意，故难为浅见寡闻道也"。

禹的治绩：

（1）整治洪水。华夏地区遭洪水危害，已经多年。禹奉舜命治理洪水后，遂与益、后稷立即行动。命诸侯百姓兴人徒以傅土，行山表木，定高山大川……劳身焦思，居外十三年，过家门不敢入。薄衣食，致孝于鬼神。卑宫室，致费于沟洫。使久治不愈的水患，得到基本治理，立下不世之功。

（2）在艰难的治水日月里，"令益予众庶稻，可种卑湿，命后稷予众庶难得之食。食少，调有余相给。以均诸侯。"由于人们长年遭受水患，缺衣少食，十分困苦。所以，夏禹同他的助手，一边要领导人们疏理洪水，一边又要解决人们的生计问题。否则，治水缺少劳动力，不仅受灾人群的生活难以稳定；而且延误工期，鲧的下场将是禹的榜样。当时的作法，实际上是就地取材和因地制宜的办法。其一是在洪水退去后的近水地方（地势低湿），引导居民种植水稻，年内即有收获；其二是就山靠山，近水靠水。在山区，引导山民打猎（猎捕鸟兽）和采集，以补充食物的不足。对于那些由于山水资源不足、所谓穷山恶水地方，难以解决食用困难问题，则会同周边食物相对富裕的地区（诸侯），调借部分食物以供救济，以便灾民尽快走出

---

① 古原州高平县。传言黄帝问道广成子处。

困境。

（3）注意安定团结，以德行天下。帝舜主持朝会，禹、伯夷和皋陶在舜前谈论政事（主要是官德问题）。皋陶的设想（谋划）是："信其道德，谋明辅和。"禹觉得他讲的太原则，请他讲得更清楚一些。皋陶曰："慎其身修，思长，敦序九族，众明高翼，近可远在己。"这里是说，谨慎修持其身，思为长久之道；敦厚九族次序，将贤明之人选作辅佐之臣，由近可及远矣。禹赞美其言。

皋陶又说："在知人，在安民。"

禹曰："吁！皆若是，惟帝其难之。知人则智，能官人。能安民则惠，黎民怀之。能知能惠，何忧乎讙兜，何迁乎有苗，何畏乎巧言善色佞人！"这是禹听了皋陶的话后发自内心的感慨。他说：关于知人和安民的问题，连帝尧也很难做到哦！他说，如果真正了解自己的同僚、臣下（朝野各官员），就会把有用的人才安置到合适的岗位上，发挥其各自的才能；如果把平民百姓的痛苦都放在心上，不遗余力地去解决人民生产生活中的困难，施惠于民，老百姓就会永远怀念你。如果能够做到知人用人、施惠于民，那么就不会发生将立有劳绩的廷臣（讙兜）、远居南方的地方诸侯（三苗）无理驱逐或残酷打击的事了。禹的父亲鲧也不会遭受那样的伤害！因为那样做，即伤害了各地的诸侯、酋长，也伤害了各该氏族的民众，只会使巧言佞色者之流的目的得逞。

皋陶认为禹的话很对。接着说："于！亦行有九德。亦言其有德"。他说，始事事，宽而栗，柔而立，愿而共，治而敬，扰而毅，直而温，简而廉，刚而实，彊而义，章其有常，吉哉！"皋陶说，九德中有其三，卿大夫称家；行六德以信治政事，可为诸侯。皋陶建议，使九德之人皆用事，这样，"百吏肃谨。"他说，千万"毋教邪淫奇谋"，他认为"非其人居其官，是谓乱天事。"皋陶问大家，他的这些观点有无可行性？（"吾言底可行乎"？）对此，禹作了肯定的回答："女言致可续行"。

舜想听听禹的意见。禹拜曰，我有什么可说的？"予思日孳孳，"每天想的只是勤谨地工作，不懈怠。皋陶要他不要这么谨慎，要他说得具体一些。禹曰："鸿水滔天，浩浩怀山襄陵，下民皆服于水。予陆行乘车，水行乘舟，泥行乘橇，山行乘樏，行山刊木。与益予众庶稻，鲜食。以决九川致四海，浚畎浍致之川。与稷予众庶难得之食。食少，调有余补不足，徙居。众民乃定，万国为治。"

禹是一个实干家,为治理危害多年的洪水,他爬山涉水,不畏艰险,历时十三年而后成功。在治水的同时,为解决受灾地区居民的生计问题,指导人民种植水稻,猎捕鸟兽、鱼虾,采集山林产品如可食用果实、蔬菜等充作食物。如属贫瘠地区,难以采集食物,则从邻近地区进行调借;再不足,就移民就食。这些有效措施,保证了居民的稳定,也加强了所属部落联盟之间的团结。

为了巩固来之不易的安定和团结,禹提醒(建议)帝舜,"慎乃在位,安尔止。辅德,天下大应。清意以昭待上帝命,天其重命用休。"就是说,请帝舜能够谨慎地对待自己的帝位,安尔所止,无妄动,妄动扰民。只有以德行天下,才能得到天下人民的拥戴。也只有以恭敬的心态对待上天的瑞应,也才能得到上天荫佑。

对于舜来说,长期的水患一旦得到治理,为国家的安定稳固奠定了基础。舜的宗旨是:"陟天之命,维时维几。"即遵奉天命已临民,关键在顺时,在谨慎自己的行为。皋陶接着也说:"率为兴事,慎乃宪,敬哉!"又说,"元首明哉,股肱良哉!庶事康哉"。这是说,要珍惜这个大好机会。今后办事,要建立和奉行法制,遵重官员行政,只有元首明,股肱良,诸事才能健康发展。

(4)确立财政征收原则。夏禹治水,并不是单纯的治理洪水这一件事,还包括安置受灾居民(住房)、安排和指导生产生活、组织民政管理等事,其中最紧急的、重要的是临时划定基层行政管辖区,指定各该区的领导人,指导居民今后的农业生产、耕牛、种子和农具。因为这是治水后的第一位的工作,他关系到社会的稳定和政权的稳固。因为,只有居民的生活稳定了,社会才能稳定,政权才能巩固。所以,夏禹及其辅助人员治理一地,安排一地。治水工程完成,全国区划、民政、经济等等也就一体完成了。我们说,治理天灾所带来的危害,安定民生,这是行政领导人的第一位工作,但还有另一个重要的工作这就是组织居民向国家纳税,以保证国家行政的经济需要。

夏禹当时所制定的纳税原则是:

(1)因地制宜,任土作贡。"相地宜所有以贡,及山川之便利。"

夏禹确立的赋税制度是五服制。

(2)生产自救;调剂余缺。"与益予众庶稻、鲜食";"与稷予众庶难得之食",食少,调有余补不足,徙居。

第三章

国家、财政和农业

第一节　国家和阶级

我们说，国家，是阶级矛盾日益尖锐，发展到不可调和时的产物。但是，中国的历史表明，阶级的形成经过了相当长的历史时期；国家权力的出现，也经过相当长的演变过程。中国古代传说，生动地证明了这一点。

自容成氏、大庭氏、伏牺氏至神农氏之初，"当是时也，民结绳而用之。甘其食，美其服，乐其俗，安其居，邻国相望，鸡狗之音相闻，民至老死而不相往来。若此之时，则至治已。"① 在《盗跖篇》中说："神农之世，卧则居居，起则于于；民知其母，不知其父；与麋鹿共处，耕而食，织而衣，无有相害之心。"《商君书·画策》篇中也说："神农之世，男耕而食，妇织而衣，刑政不用而治，甲兵不起而王。"这里所说虽互有矛盾之处，"民知其母，不知其父"是母系氏族时期情况；而"男耕而食，妇织而衣"的生产生活，则是进入父系氏族以后的情况了。从传说的情况看，神农氏部落延续时间比较长久，是个比较强大的部落，生产发展也比较快；所以，到后期，随着剩余产品的出现，也出现了财产的私人占有现象，于是，随之而来的是为财产私人占有而争斗，为生存权利而争斗。部落之间的流血冲突，规模之大，战斗之残酷，以神农之后，黄帝之时为最明显。《庄子·盗跖》说："然而黄帝不能致德，与蚩尤战于涿鹿之野，流血百里"。《商君书》

---

① 《庄子·胠箧》。

说："神农既殁，以强胜弱，以众暴寡，故黄帝内行刀锯，外用甲兵"。司马迁在《史记》中说，"天下有不顺者，黄帝从而征之，平者去之。披山通道，未尝宁居。东至于海，登丸山，及岱宗；西至于空桐，登鸡头；南至于江，登熊、湘，北逐荤粥，合符釜山，而邑于涿鹿之阿。"至"尧舜作，立群臣。"至尧之时，"天下犹未平"。加以"洪水横流，氾滥于天下"，致"五谷不登，禽兽逼人"，可能是人因天灾饥饿而死者甚多，于是，尧举舜治理，舜以益掌火，益烈山泽而焚之，驱走禽兽，播种五谷，恢复农业；使禹疏九河，安定民居，一个强有力的领导集体，在中原大地形成。据传说，直到禹之时，部落联盟领袖虽仍由氏族成员选举产生，但是，已有传子的意向，如"尧知子丹朱之不肖，不足授天下，于是乃权授舜"；同样，"舜子商均亦不肖，舜乃预荐禹于天"，禹传位于益而民以禹子代之。在选举的背后，争夺十分激烈，不免刀光剑影。如黄帝与炎帝战于阪泉，与蚩尤战于涿鹿之野，"共工与颛顼争为帝"，"舜流共工于幽州"；《韩非子·说疑》还说："舜逼尧，禹逼舜，汤放桀，武王伐纣"，把尧、舜、禹、汤之事并列；而禹"传"子，有扈氏不服，启伐之，遂灭有扈氏。可见，在国家出现以前，禅让制遂渐被世袭制取代。而一旦氏族公仆成了氏族主宰后，为部落服务的公共事务机构也演变成统治氏族成员的专政工具。这时，氏族社会已处于国家产生的前夜。

按照恩格斯的研究，古代部落对部落的"战争"，在始初时期是为了争夺生存的空间和食物的来源地的话，后来发展为"在陆上或海上为攫夺家畜、奴隶和财宝而不断进行的抢劫，变为一种正常的营生"，这时（或稍后）氏族制度成了暴力掠夺的保护者。它所缺少的只是这样一个机关，它不仅可以保障个人新获得的财富不受侵犯，不仅可以使私有财产神圣化，而且还会给不断加速的财富积累以普遍承认；不仅可以使正在开始的的社会划分为阶级的现象永久化，而且可以使阶级剥削永久化。这个机关就是国家①。对恩格斯上面这一理论，我的理解是：第一，国家这一机构，它保护个人的私有财产，同时它保护阶级和阶级剥削；第二，氏族制度发展到后来，已经具备类似国家的某些职能，包括保护以暴力掠夺财富的行为。

恩格斯在《家庭、私有制和国家的起源》一书的第九章《野蛮时代和

---

① 恩格斯：《家庭、私有制和国家的起源》，《马克思恩格斯选集》第四卷，人民出版社1972年版，第104页。

文明时代》中论断:"国家绝不是从外部强加与社会的一种力量。""国家是社会在一定发展阶段上的产物。国家是表示:这个社会陷入了不可解决的自我矛盾,分裂为不可调和的对立面而又无力摆脱这些对立面。而为了使这些对立面、这些经济利益互相冲突的阶级,不致在无谓的斗争中把自己和社会消灭,就需要有一种表面驾于社会之上的力量,这种力量应当缓和冲突,把冲突保持在'秩序'的范围以内。这种从社会中产生但又自居于社会之上并且日益同社会脱离的力量,就是国家"①。恩格斯在这里把国家产生的原因和性质作了科学而形象的说明。为了不致把早期的国家和氏族组织(后期的氏族组织)的形式和作用混同起来,恩格斯特地把二者不同之处作了说明。他说:(1)国家是按地域来划分它的国民,并允许公民在他们居住的地方实现他们的公共权利和义务。(2)公共权力的设立。但这种公共权力已不再同自己组织武装力量的居民直接符合了。构成这种权力的,不仅有武装的人,而且还有诸如监狱、和各种强制机关,这些东西都是以前的的氏族社会所没有的。(3)为了维持这种公共权力,就需要公民缴纳费用——捐税。捐税是以前的氏族社会完全没有的②。按照这一理论,我认为中国古代国家的出现不是在夏代,而是在虞舜时期,或者还要更早,因为,大禹在治水时,重新划地以居民(以前的居住地被洪水冲毁了),并制定了九州之贡赋;治水成功后,涂山之会,贡玉帛者万国。完全是一个有众多部落联合而成的大国(王国)!而这一伟大的成果,是在氏族社会的长期孕育下,才得以产生的。因为,从原始人群到氏族社会,生存环境恶劣:风霜雨雪、毒蛇猛兽时刻在威胁人类的生存;为了生存,氏族男女、上下之人共同推举本氏族中经历多者,有智谋,有勇力的长者、智者、勇者、壮者为头人,带领大家生产、生活和共同御外;为了氏族居民的生存,要组织有效的生产,应对自然界发生的旱涝雨雪风雹等灾害,尽量减少人畜的伤害;要尽量生产除了维持自己生存的食粮外,还要生产出更多的粮食以供由于老幼、病弱残、无劳动能力者及救济失去生产能力的人;对因公共利益而脱离生产、劳动收入减少的"公事者"给予补助;对因氏族(部落)之间资源分布不均、土地占有有多有少以及其他原因而引发的氏族冲突,造成伤亡者,要给以抚

---

① 恩格斯:《家庭、私有制和国家的起源》,《马克思恩格斯选集》第四卷,人民出版社1972年版,第166页。

② 恩格斯:《家庭、私有制和国家的起源》,《马克思恩格斯选集》第四卷,人民出版社1972年版,第166—167页。

恤、救济。正是所有这些因素，逐渐萌生了超出氏族范围的政治和经济因素，这就是社会进步。

中国古代的治国思想，是"大道之行也，天下为公。"一个是大道，一是为公。"选贤与能，讲信修睦；故人不独亲其亲，不独子其子，使老有所终，壮有所用，幼有所长，鳏寡孤独废疾者，皆有所养；男有分，女有归；货恶其弃于地也不必藏于己，力恶其不出于身也不必为己，是故谋闭而不兴，盗窃乱贼而不作。"① 在天下为公的思想指导下，各级官员的选配、睦邻政策的执行、家庭的构建和维护、养老抚恤救济的开展、农功工商各业各安其职、盗窃乱贼之事不发生。这就是国家职能所在。为要保证国家职能的实现，就需财政从物资上给予保证。

据传，在神农之前，"身无在公之役，家无输调之资。安土乐业，顺天分地"。② 但自部落联盟的出现，公共事务的增加，分管专职的成员在为氏族的生产、生活和安全付出劳动时，为补偿自己的劳动损失，必然要从氏族成员的剩余产品中得到补偿，这就是恩格斯所说的："氏族首长已经部分地靠部落成员的献礼如家畜、谷物等来生活。"③ 对此，中国古文献早有记载。相传："轩辕（黄帝）之时，神农氏世衰，诸侯相侵伐，暴虐百姓。而神农氏弗能征。于是轩辕乃习用干戈，以征不享，诸侯咸来宾从"。④ 对不来贡纳的诸侯、部落进行讨伐，促使其臣服和朝贡。

属于君权财政学（官府学）的德国人尤斯蒂（公元1705—1771年）认为："国家是在最高权力之下，以幸福为最终目的之多数人类的结合"，⑤ 即"共同幸福"。在这里，所谓幸福的意义，即是"国民道德的完成，精神的满足。或是由于国家的设施及状态，而各个人能享受合理的自由……适应身份，为营满足生活而得以获得必要的道德的及适应时宜的货财之意义。"而国家的任务，是防御由于外部的侵陵与内部的不安和混乱。

为达到各种目的而发生各种政务的必要，没有经费不能立国，包括为掌握最高权力而从事的政治、保护地位的经费：司法、国防、内务、外交经

---

① 《礼记·礼运》。
② 《抱朴子·诘鲍》。
③ 恩格斯：《家庭、私有制和国家的起源》，《马克思恩格斯选集》第四卷，人民出版社1972年版，第140页。
④ 《史记·五帝本纪》。
⑤ 幸福，这里指的是道德、精神、货财。

费。为保证经费开支，其财源：（1）归国民所有的财产；（2）直接归国家所有的财产以及由于君主的大权作用而获得的特权。至于人民的一般财产，因为是最后而且直接征收，所以叫做间接财产。国家直接财产包括土地、特权，海洋、河川湖沼、大道路、大森林、地下矿产等，因是国家所有财产，便叫直接财产，即国家经常收入的财源。直接财产不足，才可从间接财产征收赋税。

中国贡赋制度的形成，经过一个较长时期的渐变过程。史称"自虞夏时，贡赋备矣"。① 据文献记载，在舜、禹的统治时期，为保证公共职务的实现，要求臣服部落和被保护的小部落贡献财物；另一方面，也考察其是否真心臣服；同时，要求本部落居民贡纳土地出产物。据传，当时各部落一年一贡，"禹合诸侯于涂山，执玉帛者万国"②。稍有不慎，则有杀身危险，相传涂山之会，防风氏后至，禹将其杀掉③。关于部落成员的交纳，史传在禹平治洪水之后，于是，禹"定九州，量远近，制五服，任土作贡，分田定赋，什一而税。"④ 以土地出产向部落酋长（舜、禹）进行定量贡纳，开创了后世土地税的先河。

第二节　国家财政和农业

一、国家和财政

什么是财政？财政为何生？财政的本质是什么？这是迄今为止，财政学者时常在探讨的一个问题。汉代司马迁在研读了众多典籍、走访了很多夏商周三代时期人们活动过的主要区域后，自信的说："自虞夏时，贡赋备矣。"贡和赋，当然是指国家的收入。既然收入制度已经完备了，那么，国家财政也就是确立了。这就告诉我们，财政产生在虞夏之前，开始完备于虞夏之际。

---

① 《史记·夏本纪》。
② 《左传》哀公七年。
③ 《韩非子·饰邪》。
④ 《通典·食货·赋税》。

所谓财政,当然是指公共权力履行职能的物质基础。当国家这个典型的公共权力产生后,即成为国家财政。

先说财,《说文》:财,人所宝也。金、玉、布帛、粟米等宝货之总称。(见《玉篇》、《广韵》、《周礼》、《荀子》、《管子》有关文字或注解。)财力,指其拥有金钱物资的数量;财用,指钱谷货贿,也指以财给用;财委,财物与米谷薪刍。《管子·中匡》:"计得财委"注:委,牢米薪刍;财物,金钱物品之总称;财政,理财之政,即国家为行使其职能和发展的需要,而组织收入、支出的经济行为;财粟,货财与米粮,韩愈:《送石弘处士序》:农不耕收,财粟殚亡;财赋,财货贡赋,《书》:"厎慎财赋"。《传》财货,贡赋。

再说贡,社团、家庭有财无政。一个集团、一个村社,也是可以有财,但应该是无政。我们说,国家财政,必须收(征)之有政,用之也必须有政。也就是说,收上来的目的是为国所用、为氏族所用;为国王、为酋长所用。到了虞夏时,大禹平治了水土,划分了行政区域(居民管理区),安定了民生,并督促其积极生产。有生产就有收入,这就是财源之所在,就是贡赋的来源。但是,财富同赋税并不是必然的关系。也就是说,有财源并不等于就必须征税。赋税这个事物,它同广大居民(氏族群体、部落联盟、国家)的共同需要才是有着"不解之缘"。

我们知道,向居民征税的是国家。这是居民(社会)共同事务的需要所授予他的权力。这就是财政的一半——政事①。

那么,什么叫政,《说文》、《释名》、《广雅·释诂》、《论语·颜回》云:"政者,正也。"政者,释义为:(1)刑禁,法制,《礼记·王制》:"齐其政"。注:政,刑禁;《论语·为政》:"道之以政"。(2)官府所治公事曰政;(3)行事之定则。引申有:

政令,《周礼·天官·小宰》:"以治王宫之政令。"《正义》:凡施行为政,布告为令。

政役,军政与力役。《周礼·天官·小宰》:"听政役,以比居。注:政,谓军政也;役,谓发兵起徒役也"。

政事,政与事。《左传》昭公二十五年,"为政事庸力行务以从四时。"注:在君为政,在臣为事。

---

① 《礼记·仲尼燕居》:政事各得其施。疏称言布政治事,各得其所施之处。

政费，指国家机关及其他政治团体所需之经费；

政论，指议论时政之是非得失，《后汉书·崔寔传》：寔除为郎，明于政体，吏才有余。论当世便事数十条，名曰政论，指切时要，言辨而确当世称之。

政学，赋税与学业。《周礼·夏官·都司马》：以国法掌其政学，以听国司马。注：政，谓赋税也；学，修德学道。

（农用）八政①，"八政曰农，所以厚生。"政，指维持民生者。《说文通训定声》：政，段借为征。《集韵》：政，赋也。通作征。《周礼·地官·均人》：掌均地政。注：政读为征。

政通人和，指政事通达，百姓和顺。

政费，指国家及其他人民团体所需之经费。

所以《荀子》说：王者之等赋政事，财万物所以养万民也。田野什一，关市几而不征，山林泽梁以时禁发而不税。相地而衰政，理道之远近而致贡；通流财物粟米无有滞留使相归移，四海之内若一家②。

在中国古代，并无财政一词。"财政"兴起于16世纪的西方国家，传入中国已是晚清时期。中国古代叫国计、国用、邦计、度支和理财等词。

理财。首见于《易·系辞下》。"天下之大德曰生，聚人之大宝曰位，何以守位曰人，何以聚人曰财。理财正辞，禁民之为非曰义。"《疏》言：天地之大德在于广生万物，生生不息。圣人要守住其位必须信守仁爱。圣人治理其财，用之有节。

国计。经国之大计。按《宋史·张方平传》云：方平向上献十四策，富弼读后称此为国计大本，非常奏也。张方平曾多次被任命为主管财政经济方面的高官。他十分强调"财"在维护国家统治地位等方面的作用，认为财是"帝王之所以平理万物，养成群生，保邦御国，安民制治之本。"③ 但他对宋朝当时的财政政策，"奄四海以为富，笼山泽之所产，毛附之土有税，横目之民有藉，"盐铁酒茶"皆管于县官"等等做法抱有不同的看法。《荀子·富国》云："潢然使天下必有余，而上不忧不足，如是则下俱富，交无所藏之，是知国计之极也。"这里是指的国家财政。

---

① 《尚书·洪范》。
② 《荀子·王制》。
③ 《乐全集·食货轻重论》。

度支。古官名。魏晋南北朝置度支尚书，掌贡赋租税，量入以为出，故名度支。《隋书·百官志》"度支"注：度支，掌计会，凡军国损益、事役、粮廪等事。《唐书·百官志》：度支，掌天下租赋物产丰约之宜，水陆道途之利，岁计所出，而支调之。可见，度支（财政收支）包括农业物产、贡赋、徭役、粮廪、水陆交通、计会诸事。

可见，财政税收是一个特殊的存在。说它特殊，正如有些人所说的：它是恶魔，又是天使。说它是恶魔，是因为它的每一根血管都伸得很远，乃至穷乡僻壤的每一户人家，只要有收入，就有纳税的义务；旧社会的苛捐杂税，曾逼得人们家破人亡。说她是天使，是因为国家建设、国防治安、文教科卫、抚恤救济等等，无处没有它的影子。它是一个国家离不开它，人民躲不开它或者寄希望于它的物体。这就是国家财政。

中国的财政，在其职能和实务操作上，不外是收、支、平、管四个方面，但它包含着很丰富的内涵，包括工、农、鱼、牧、军事、科技各业，政治、经济、道路交通、文教卫生等各个方面协调发展，以及君与臣、父与子（包括养老、育幼）、政府与民众、国内各民族之间、中国与外国之间等利益关系（政治的和经济的），交织成一幅犬牙交错、盘根错节难以解开的局面。就这个方面来说，中国的财政理论（学说）有条件成为最古老、最深刻、最富哲理（中国古代政治、经济、军事和财政思想往往同哲学混在一起）的一门学科，但很遗憾，在中国，历史上涌现了很多思想家、政治家、圣人，但他们的使命似乎都是共同的，而且只有一个，那就是齐家、治国、平天下，以治国、平天下作为自己不可推卸的责任，上从尧、舜、禹，下至儒、道、墨、老、庄、孔、孟各家，都有著说，但都是治国大事，其中涉及财政的内容虽然很精辟，但语言文字不多，至于有关财政的专门学说，则更是少得可怜（实际上，西方的财政专著也不是很多）只是我们的一些学者，他们记住了威廉·配第[①]、亚当·斯密（1723—1790年）[②]，李嘉图（1772—1823年）[③]，阿道夫·瓦格纳（1835—1917年）[④]，但对我们国家的

---

① 威廉·配第，英国古典政治经济学的创始人，他的财政学说有《赋税论》。
② 亚当·斯密，英国古典政治经济学体系的建立者，代表作为《国民财富的性质和原因的研究》简称《国富论》。
③ 李嘉图，英国经济学家，主要著作有《政治经济学及赋税原理》。
④ 阿道夫·瓦格纳，德国经济学家，财政学家。主要著作有《政治经济学教科书》、《财政学原理》)等。

巨匠，则未能进入他们的眼界。尽管他们留下了千古名言，甚至是真理，如均节财用的原则、耕三余一（储备）的原则、量入为出原则、量出以为入原则、负担均平原则和生财有大道原则等等。

对财政税收的建议，散见于各类奏疏文字。如汉初贾谊的《陈政事疏》、晁错的《论贵粟疏》，晋傅玄的《平赋役》，北魏李安世的《均田疏》，唐杨炎改革赋税的两税法、陆贽的《均节赋税恤百姓》、白居易的《息游惰劝农桑，议赋税复租庸，罢缗钱用谷帛》、李翱的《平赋书及序》等等，无一不从国家财税制度出发，结合当时的财税实际给以评论，影响深远。

古代的财政专论也不缺乏，如：

《禹贡》，虞夏时期的财政经济。如果不对当时的国情进行深入细致的调查，不了解当时的人和事，是绝对写不出这样的能流传万世的经典文字的。

《周礼》，又称周官书。它包括西周时期的政府机构设置、官员职责和人员配备、国家财政收入（九贡、九赋、九职）、财政支出（九式）、军队（国防、治安）、司法、土木工程、养老爱幼、抚恤救济等几乎是国家政治经济（财政）的全部内容。

《盐铁论》，西汉昭帝始元六年（前81年），为收揽民心，诏有司问郡国所举贤良文学（民间知识分子）民间疾苦事。就盐、铁、酒榷、均输诸问题，贤良文学和政府官员（御史大夫桑弘羊等）展开了一场辩论。用现在的话说，应列为"民主评税"。除了氏族社会的议事会外，从奴隶社会到封建社会，在中国（也可以说在全世界），民主议税应是第一次。这次辩论，实际上是一场关于国计与民生、政府与地主豪绅、长远利益和目前利益之间在利益分配方面的斗争。从双方的激烈辩论中，我们不难看出，国家财政税收不仅影响地主豪绅的经济利益，也涉及广大民众生活水平的提高；但国家也不仅仅是统治阶级的或者说天子的，也是生活在这一地域内的广大民众的。西汉初年，外有强邻压境（匈奴连年攻扰，边民生产、生活深受其害），内有七国之乱，要使人民安定，必须消除祸源。所以，出兵讨伐是国家的需要，也是人民的需要。而相继而来的就是财政的巨大耗费。权衡利弊，不能把盐铁酒和均输之利全部放弃，于是，先罢榷酤以宽民，其他仍继续征收。至宣帝前期，终于使匈奴远遁，羌首多降，享受了一段安定的生活。

其他如《论语》、《孟子》、《管子》、《淮南子》、《荀子》等书，它们中的主题思想还是关于治国平天下的论述。其中也少不了对某些财政问题的观点："生财有大道：生之者众，食之者寡；为之者疾，用之者舒。"①

可见，议论财政，研究财政，是每位政治家、思想家的必修内容。

有学者认为，古代政治家、思想家的理财观，基本上是围绕君主财政还是国家财政（人民大众整体利益的财政）这两个命题进行的。如《太平经国书·理财》一书中说道："周之理财，只理其出，而不理其入；只理国家（君主）之财，而非理天下之财。"② 这是说，《周礼》把工作重点放在支出上，量入为出，不使支出突破原定计划。世界上的事，做什么都不能过头，限制支出是指限制那些可花可不花的钱，特别是限制那些过度支出；但如果一味地限制支出，那就会走向反面，限制过度也有可能限制了发展。宋朝王安石的理财观还是比较积极的，这就是他提出的"因天下之力以生天下之财，取天下之财以供天下之费"的观点。

又如荀子的税与民的关系："王者之等赋政事，财万物所以养万民也。田野什一，关市几而不征，山林泽梁以时禁发而不税。相地而衰政理道之远近而致贡；通流财物粟米无有滞留使相归移也③。"

又如税收与国家政权的关系："观国之强弱贫富有征。上不隆礼则兵弱，上不爱民则兵弱；已诺不信则兵弱，庆赏不渐则兵弱，将率不能则兵弱；上好功则国贫，上好利则国贫，士大夫众则国贫，工商众则国贫，无制数度量则国贫；下贫则上贫，下富则上富。故田野县鄙者财之本也，垣窌仓廪者财之末也。百姓时和，事业得叙者货之源也；等赋府库者，货之流也。故明主必谨养其和，节其流，开其源，而时斟酌焉。潢然使天下必有余，而上不忧不足。如是，上下俱富，交无所藏，是知国计之极也。故禹十年水，汤七年旱，而天下无菜色者。十年之后，年谷复熟，而陈积有余，是无它故也，知本末源流之谓也④。"

那么，我国古代的先贤们，在财政理论上为什么没有得到更进一步的发展呢？我们认为，关键在于中国古代社会的主导思想，是仁义。

所谓仁，《礼记·经解》："上下相亲谓之仁"；《书·仲虺之诰》："克

---

① 《礼记·大学》。
② 转引自《古今图书集成·食货典》。
③ 《荀子·王制》。
④ 《荀子·富国》。

宽克仁";《庄子·天地》:"爱人利物,谓之仁";《论语·颜渊》:"仲弓问仁。己所不欲,勿施于人"。

所谓义,《释名·释言语》:"义,宜也。裁制事物,使合宜也";《礼记·礼运》:君死社稷曰义;《荀子·大略》:义,理也。《左传》桓公二年云:夫民以制义,义以出礼,礼以体政,政以正民,是以政成而民听。而"仁义",《礼记·曲礼上》:道德仁义'疏',仁是施恩及物,义是裁断合宜。此外有仁义之兵、仁义之风(教化)、仁义之情(人的本质)、仁义之事、仁义之道,仁义道德等社会推崇的的信条。由于有殷纣王"鹿台之财"、"钜桥之粟"、周厉王以荣夷公专利,秦始皇"竭天下之资财犹不足以澹其欲"等历史事实,指出其"肆行骄奢,竭耗生灵,不知止息"的结局就是"以至于亡"。

由于我国的众多思想家特别是孔孟门人,一直是主张仁义治国,反对国家与民争利,把理财者视同聚敛、掊克一类的小人,甚至比"盗臣"还次一等;"孟献子曰:……百乘之家,不畜聚敛之臣;与其有聚敛之臣,宁有盗臣。此谓国不以利为利,以义为利也。"①

历史发展到宋元时代,时间跨越了近两千年,北宋大臣司马光还在攻击政治家、思想家工安石改革财政是"善理财者,不过头会箕敛而已"。②

这里还有另外一条原则,就是国家不与民争利。不仅国家不能与民争利,就是士的阶层也不能参与与民争利的事。"季氏富于周公,而求也为之聚敛而附益之。子曰:非吾徒也,小子鸣鼓而攻之可也。"③ 季氏,鲁国之卿;周公,天子之宰臣(卿士),鲁为其后。孔子时,季氏专权(鲁国政为季氏所控制),尽征其民,为季氏所有,故季氏富于周公。时孔子门人冉求为季氏家宰,为季氏急征赋税,聚敛财物,孔子认为冉求为不义之人敛不义之财,所以孔子不认为冉求是他的门徒,要其门徒一齐来大声声讨冉求。

众所周知,未有国家而无财政支持者。所以列宁说财政是喂养政府的奶娘。而财政又不仅仅是收税、付款的工具,它既具有经济的职能(参与对居民财物的分配),但同时它同国家行政又有特殊的关系,是国家实施其职能不可分割的组成部分。他的一切行为,都关系着有关国计民生。从这里我

---

① 《礼记·大学》。
② 《宋史纪事本末·王安石变法》。
③ 《论语·先进》。

又认识到，就古代来说，财政源于民生，又服务民生。

在中国古代，衡量一个部落首领、一个王朝君主的好坏，其标准基本上就是一条，即是是否时刻想着人民的需要，是否关爱民生。我认为，古今同理。因为世界上最宝贵的一是人，二是财（物）。地球上如果没有人，那将是一个无序的、混乱的世界，无法进步的世界；财将是一堆死物，财再多，也是无用之木，无用的水；实现不了它的价值；反过来说，如果没有财，那人也将难以作为了！

财，是人类赖以生存之本。早在新石器时期，现今的中华大地，已然是一片生机。至于人，也不是什么从非洲过来的，而是土生土长的。说到财政，从人类文明开始，它就一直围绕在我们身旁，已经历经几千年了，随着时间的推进，我们对它也越来越熟悉，交往也越来越多。以现在的眼光来看，财政既有保证政府行政的一方面，也有调节国民经济和民生的一面，而后者是主要的。我们认为，孔祥熙对"财政"的论断似乎更切实一些，他说："财政为庶政之母。所有国家政治、经济、军事、外交各种设施，皆赖有健全之财政政策为之策动；国家整个政策之能否推行，全靠财政以为转移。"[①] 所以财政与政治、财政与经济、财政与文化教育等等各个方面，都有十分密切的关系，就是说，它牵涉国计民生的各个方面。我们认为，财政，源于民生，服务于民生。《尚书·五子之歌》云："民为邦本，本固邦宁。"就是这个道理。那么，财政如何去服务民生？孟子说："善政得民财，善教得民心。"不行善政，民不聊生，哪有余财上缴国家？

过去，一些财政理论研究者，习惯地认为在人民民主革命成功以前，财政是为统治阶级、为皇权服务的，是压榨、剥削劳动人民的工具。其实，从历史上看，从社会发展轨迹来看，这仅仅是一个方面，而忽视了另一个方面，社会经济基础方面，这就是财政也是居民生活、生存的要求，社会经济发展（运行）的要求。我们来看看传说中的尧舜禹时期，尽管那时留下的可信资料少之又少，大多是口耳相传的民间传说，或是官方史官根据各种材料写成的史籍。经过近百年来考古发掘出来的文物，也证明我国现存文献典籍中的内容，基本上是符合历史事实的，只是前者更具体，后者比较概略而

---

① 孔祥熙在1942年7月"财务人员训练所开学典礼训词"，载于江苏省中华民国工商税收史编写组、中国第二历史档案馆编：《中华民国工商税收史料选编》第一辑，上册，南京大学出版社1996年版，第364页。又见该书369页，"对党政训练班的讲词"。

已。从典籍中披露的内容来看,尧舜禹时期的治绩,除了政事、军事以外,还有:

(1) 民生工程:住房、衣服、食物、节令(农业必备)、救灾、供养老幼;

(2) 水利灌溉工程:井田灌溉、河道疏浚(大禹治水,商先祖契为水官);

(3) 安全工程:对外军事冲突、内部治安(如驱逐"四凶")……

(4) 管理工程:劳力配置、职任分工、监督检查(出巡)。

我们把这一系列的工作叫做工程,一是因为它涉及国家与民生,二是这些事无休无止,子子孙孙都要继续做下去,所以又是长远工程。

民生,就是指人民的生计,简而言之就是吃、穿、住、用四个方面。而在传统的观念中,尧、舜、禹、汤和周文王的统治,都是圣王之治。他们之所以能得此美誉,关键的一条就是他们爱民,关注民生。因"民生厚而德正"[1]。后世孙中山先生提倡三民主义,其中一个重要的内容就是民生。其目的在于追求经济上的自由平等,完满解决衣食住行等方面的生活问题,实现世界大同的理想。据传,早在距今四千多年前,舜在他主持的一次讨论施政问题的会议上,在征求禹的意见时,禹回答说:"於!帝念哉!德惟善政,政在养民。水、火、金、木、土、谷惟修,正德、利用、厚生惟和。"[2] 这就是说,一个好的领袖,他的首要任务就是制定一套好的政策措施,其中核心的精神是有利于民生。而要做到这点,就要正己之身(德),念(厚)民之生,利民之用。所以,正德、利用、厚生就作为衡量国君好坏的准绳。在古代人的理念里,水、火、金、木、土、谷六事,是维系人民生存的必需品,也是人们日常生活所不可缺少的东西。而"国以民为本,民以衣食为本",是历代统治者所遵循的治国教条。在工商各业并不发达的时代,农业就成为国家和人民的主要经济命脉。所以,以农立国,关心农业生产和农民,就成了古代君王治国的第一要务。屈原曾"哀民生之多艰"。申叔时说:"民生厚而德正,用利而事节……上下和睦……求无不具。"[3] 古代关于民字头的内容还有很多,如民本、民利、民事、民时、民财、民蠹、民困、

---

[1] 《左传》成公十六年。
[2] 《尚书·大禹谟》。
[3] 《左传》成公十六年。

民亡等挂在口上的词语。接下来的内容就是"衣者民之本，民者国之基"①；"利国有常，利民为本"②；"诸侯非民事不举"③："彼夺其民时，使不得耕耨以养其父母"④；"善政得民财，善教得民心"⑤；"五察民困"⑥；"凡民有七亡：阴阳不和，水旱为灾，一亡也；县官重责，更赋租税，二亡也；……苛吏徭役，失时农桑，五亡也……"⑦ 无一不是民生问题。

  史称，为了民生，古代的国家统治者，往往举族迁徙。如系游牧民族，逐水草而居，是他生产生活的需要，再正常不过。但作为农业的民族，在古代也不乏迁徙的记录。如中华民族的始祖之一黄帝，史称他"迁徙往来无常处"。又如商，自契至汤八迁；自汤至盘庚五迁。周的先祖古公亶父，自豳迁于岐下。古代王朝之所以举族迁徙，原因是多方面的。以殷商为例，在盘庚以前的迁徙，史称是遭受特大水灾所致。至于盘庚迁殷的原因，不少学者作过相当深入的研究，但结论并不完全一致。盘庚迁殷的目的，肯定不是水灾的原因，可能还是内部矛盾所致。新王即位，为了削弱旧的贵族势力，进而消除内部隐患，巩固新生政权，所以决定迁都。迁都不是小事，一开始就遭到不少人的反对，特别是旧贵族势力的强力反对，不仅如此，一些平民也在旧贵族的煽动下起来反对。只是在以盘庚为首的一派人的坚持下，才得以将都城从奄（今山东曲阜）的地方迁到殷（今河南安阳）。盘庚在迁都之前及以后，都对商贵族及平民百姓作了说明，他说，过去上天把大病（水患灾难）降给我国，先王为了大家有个安全的居住地方，考虑到大家的利益才决定迁都。我现在也是为了给大家找一个安全的生活居所⑧，是为了养育众民⑨。迁都后，为了迅速稳定社会秩序，安定民众，盘庚再次召集贵族训话，说"凡尔众，其惟致告，自今至于后日，各恭尔事，齐乃位，度乃口"。即要他们向自己的家人及部众进行解释和教育，在各自的岗位上做好自己的事，不许乱说乱动；如果再去煽动不明真相的人起来闹事，那就会

---

① 《文子·上仁》。
② 《史记·赵世家》。
③ 《左传》庄公二十七年。
④ 《孟子·梁惠王上》。
⑤ 《孟子·尽心上》。
⑥ 《逸周书·酆保解》。
⑦ 《汉书·鲍宣传》。
⑧ "承汝俾汝，惟喜康共"。
⑨ "用奉畜汝众"。

"罚及尔身，弗可悔"。在这段文字里，盘庚解释迁都是为了"重我民，无尽刘"。① 即为了重视臣民的生命不受自然灾害的伤害。在殷民安定下来，并确定了宗庙的位置以后，再次召集殷民作安定工作，要求大家不要贪图安乐，不要懒惰，要努力建设新家园。说，先王为了臣民少受洪水灾害带来的损失和困苦，把大家迁往山谷；今天同样为了大家少受流离失所的困苦，将大家迁到了新址，这是上天的美意要求大家"用宏兹贲"。同时又警告贵族和百官，要尽忠职守，照顾好民众。凡能养育百姓，使百姓安居乐业的都将受到表彰②。从盘庚三篇中可以看出，殷商迁都，除了是自然灾害的原因外，更重要的是统治者要为本氏族寻找一处能够长期生生存的美好的家园。事实上，盘庚迁到殷地的选择是十分正确的，这里有可供耕种的平原，可供灌溉的河流，是殷民发展生息的好地方。自盘庚迁殷后，再也没有迁徙了。可见，国家的生存是寄托在人民生存的基础上的。

民生问题是个大型工程，涉及面广，不是某一个人、某一个群体，在短时间内可以解决的，如生存环境问题，生存条件问题，养老长幼问题，公共利益的发展和保护问题，等等，需要有物质财富来作保证，这又要求组织公正、公平的分配。这就是国家的职能。

在中国古代，物质财富的主要来源就是农业。既然国以民为本，关心农业、关心人民就等于关心君王自己一样重要，因为人民是国家统治者的衣食父母。我们再从殷商和西周王朝那里来看看史事。我们都知道甲骨文，从甲古文里，大量地记载着风霜雨雪，受年不受年的喜乐或忧怨、恐惧的心态。为了祈求老天降雨，有时一天之内要占卜数次：有没有降雨、在什么时间下雨，从什么方向开始下，等等。选录如下：

南方受禾，西方受禾，北方受禾；癸卯贞，东受禾，□受禾。(《卜通》四五三)

庚申卜，贞 我受黍年，三月。(《卜通》四四〇)

甲辰贞，其登黍。(新获卜辞 一四三片)

甲辰卜，商受年。(《前》三·三〇·六)

庚午卜，贞，禾㞢及雨。(《前》三·二九·三)

---

① 《尚书·盘庚上》。
② 《尚书·盘庚下》。"予其懋简相尔念敬我众。朕不屑好货，敢恭生生。鞠人谋人之保居，叙次"。

贞，今其雨，不隹禍。(《后》下，七·二)

乙酉，卜黍年有足雨。(《前》四·四〇·一)

这些，今天都可以作为农业气象资料来研究。

由于殷商时期关心农业，又勤于管理，"乎（呼）省我田"，所以，农业丰收，粮食年年有余，这就带来一个负面效应：酿酒、酗酒，给社会、给国家和人民带来严重的灾难。但还是应该承认，根据史籍记载，在殷商的几个兴旺时期里，其最高统治者的治国思想，还真有点国以民为本，关心农业，认为关心人民就等于关心君王自己一样。

西周的始祖就是一位热爱农业、钻研农业，为农业做贡献的人。《诗》云："赫赫姜嫄……是生后稷。降之百福，黍稷重穋；稙（先种）穉（后种）菽麦①，奄有下国，俾民稼穑。有稷有黍，有稻有秬。奄有下土，缵禹之绪。"② 这是说禹平水土，后稷教民播种百谷，使农事相继，天下大有。

到成王时，农业劳动的场面很大。"噫嘻成王，既昭假尔。率时农夫，播厥百谷。骏发尔私，终三十里，亦服尔耕，十千维耦。"③ 有的说这是籍田，有的说是奴隶劳动。不过，那时受劳动工具的限制，群体劳动的效率显然要比个体劳动为高。上万人在一块大田里劳动，这些人很难说都是奴隶；如果说是奴隶的话，那么，谁去管他们？

关于西周的国与民、人与事，《月令》中也有反映。《月令》可说是西周的一部农业全书。孟春之月（农历正月），元日，天子祈谷于上帝；择日帅三公九卿等耤田；布农事，修整田界，教民种植技术；季春之月（农历三月），天子命有司发仓廪，赐贫穷，振乏绝，开府库，出币帛；命司空周视原野，修利堤防，道达沟渎，开通道路毋有障塞；孟夏之月，毋起土工，毋发大众；孟秋之月，完堤防，谨壅塞，以备水潦；仲秋之月，修囷仓；易关市，来商旅，纳货贿，以便民事，四方来集，远方皆至，则财不匮。上无乏用，百事乃遂④。

以上内容，在古代，正常时候一般是能做到的，因为，国家为民事，而民事即国事。离开了民事，国家就空了。这就是国以民为本的道理。

---

① 重，指先种后熟；穋，稑，后种先熟。先种之稙，后种之穉。
② 《诗经·鲁颂·閟宫》。
③ 《诗经·周颂·噫嘻》。
④ 《礼记·月令》。

第三节 中国古代的农业

恩格斯在研究了人类发展历史后指出:"农业是整个古代世界的决定性的生产部门。"①

一、农业的选择

原始社会初期,采集和狩猎为两大主要生产部门。由于当时生产工具多为粗笨的石器和木器,生产力极为低下,因而生产劳动靠集体力量来完成。无论是野外采集,或是河湖中捕捉鱼虾,尤其是到森林中狩猎,必须依靠集体力量才能完成。这种简单的协作,在原始社会生活中具有十分重要的意义,它既能使人在共同劳动中获得最低生活资料,以维持自身生存;又能"以群的联合力量和集体行动来弥补个体自卫能力的不足",保卫个人生命不致受到伤害。

距今 10 万年前后,随着生产力的发展,逐渐形成母系氏族社会。他是一个以生产资料公有为基础,以母系血缘为纽带的血缘集团,既是生活单位,又是生产单位。最先仍以采集和渔猎为生。山西朔县峙峪遗址出土的距今 2.8 万多年前的石箭头和能加工皮革的细石器,有力地说明人类征服自然的能力大大加强。但这时的生产生活,仍停留在依靠自然的无为时代。据古籍记载,当时的情况是:

"上古之世,人民少而禽兽众,人民不胜禽兽虫蛇;有圣人作,构木为巢,以避群害,而民悦之,使王天下,号之曰有巢氏。民食果蓏蚌蛤,腥臊恶臭,而伤害腹胃,民多疾病;有圣人作,钻燧起火,以化腥臊,而民说之,使王天下,号之曰燧人氏。"②

《庄子·盗跖篇》曰:"古者禽兽多而人民少,于是民皆巢居以避之。昼食橡栗,暮栖木上,故命之曰有巢氏之民。古者民不知衣服,夏多积薪,

---

① 恩格斯:《家庭、私有制和国家的起源》,《马克思恩格斯选集》第四卷,人民出版社 1972 年版,第 145 页。

② 《韩非子·五蠹》。

冬则炀之，故名之曰知生之民。"而包牺氏"仰则观象于天，俯则观法于地；观鸟兽之文，与地之宜；近取诸身，远取诸物；于是始作八卦，以通神明之德，以类万物之情。作结绳而为网罟，以佃以渔，盖取诸《离》。"① 即伏牺氏观天象、察地利，作八卦文字，结绳而为网罟，有简单的渔猎工具，仍处于田猎捕渔阶段。直至黄帝部落时，亦弦木为弧，剡木为矢。此处所指，除用作武器之外，还具有猎捕之功能在内。

总之，古人所传，古籍所记，都是指在神农氏之前，虽发明构木为巢，发明了用火，但并未改变游动的生活。只是到神农部落时，才"教民播种五谷"②，才过上了"男耕而食，妇织而衣"的定居生活③。不过，古农业的发明，是经过了数千年、万年的摸索和培育过程。

中国的农业，大约是在距今一万多年前出现的。古人之所以选择农业，既有其自然环境，也有其历史发展的必然。从中国地形、地貌看，北为荒漠，西和西南为高原，东和东南是大海；境内有长江、黄河流贯东西，大小河流遍布其间；气候温润，土地也比较肥沃，是适于农耕的环境。但神农氏之选择农业，应是当时的生产生活条件发生变化所致。史传："古之人民皆食禽兽肉。至于神农，人民众多，禽兽不足，于是神农因天之时，分地之利，制耒耜，教民农作。"④《淮南子》则称："古者民茹草饮水，采树木之实，食蠃蚌之肉，时多疾病毒伤之害，于是神农乃始教民播种五谷，相土地，宜燥湿肥墝高下。"这里是说，选择农业种植业的原因有三：（1）人口显著增多，活动区域相对扩大，需要有比较稳定的生活资料来源；（2）人民众多，禽兽不足，生活资料来源出了问题；（3）传统的采集果木之实，食蠃蚌之肉，伤害身体。三者之中，食物不足是主要原因。神农选择了适合于定居、有选择和发展空间的农业作为主业。而且，经过长时期的采集生活，细心的妇女发现了某些植物的生长规律，并曾尝试着栽培。"于是，神农因天之时，分地之利，制耒耜，教民农作，神而化之，使民宜之。"

关于神农时期所发明的农具，据《易·系辞》所记："神农氏作。斫木为耜，揉木为耒，耒耜之利，以教天下"。据考证，至迟在距今六千年前后，耜耕技术已有相当发展。黄河流域以石耜为主，长江流域，除石耜外，

---

① 《易·系辞下》。
② 《淮南子·修务训》。
③ 《商君书·画策》。
④ 《白虎通·号》。

浙江余姚河姆渡遗址还出土了大量骨耜。关于耒耜的广泛使用，一直到西周未变，《诗经·豳风·七月》记"三之日于耜，四之日举趾。"《毛传》解释说，"于耜"即修理耒耜；举趾是用脚踏耜柄横木掘土，即下地劳动了。《淮南子》说："织者日以进，耕者日以却"，① 十分形象地描绘了耕者翻土的过程。由于用耜农具耕作过的土地，结构疏松，有利于提高产量，并能延长土地使用寿命；而且用耜开沟排水，引水灌溉也较方便，所以南方水稻栽培的历史最早，地域较广。据对河姆渡遗存的稻谷和稻壳堆积层的探测，应为距今7000年左右的实物。

为了给本部落居民谋取一个较好的生存条件和环境，在创制农具的同时，对男女成员进行简单的分工，这就是史书上所说的神农"身自耕，妻亲织"。其次，亲尝百草滋味，水泉甘苦。这不是研究其酸、甜、咸、淡，而是探求其对人身体是否有益或有害。神农尝百草，一是选择可食植物，以便栽培（百蔬）；二是寻找能医治疾病的药草，传世的《本草》，应是此时及以后的知识积累。至于尝泉水，这是因为地上的流水或地下涌泉，并不是都能饮用的，当时也有腐水、"毒泉"之类，饮后能致人死亡。

总之，当人类发明了农耕器具，转向农业种植和作物栽培后，人类生产、生活发生了质的转变。它不仅改变了人类生活，而且对人类历史的发展也具有重要意义。首先，它开发了人类生产和生活空间。因原来的采集和狩猎经济，受自然条件制约很大；受野生植物的再生能力和野禽、野兽的繁殖能力的影响，加以狩猎艰难，使人们终日忙于觅食。而农业的种植和栽培，则为人类提供了较为稳定和比较丰富的衣食之源。其次，随着农业种植业和栽培业的发展，作物收获的增多，为人类定居奠定了物质条件。第三，农业种植业的发展，也为家庭饲养业的发展提供了条件，为人们的饮食及其他副产品开辟了新的源泉。据西安半坡遗址和浙江河姆渡遗址的出土物看，有狗、鸡、猪、羊等动物骸骨，有的地方还发现有大量的水牛骨，说明此时的家畜饲养业已有了相当的发展。

二、原始农业遗存

原始农业的确立，是在很长的时期内，经过几十代人的共同努力来完成的。史传从神农"教民播种五谷，相土地，宜燥湿肥硗高下"；神农世衰，

---

① 《淮南子·缪称训》。

黄帝"治五气,艺五种,抚万民……时播百谷草木,淳化鸟兽虫蛾。"① 到"尧立孝慈仁爱,使民如子弟。西教沃民,东至黑齿,北抚幽都,南道交趾……舜作室,筑墙茨屋,辟地树谷,令民皆知去岩穴,各有家室……禹沐浴霪雨,栉扶风,决江疏河;凿龙门,辟伊阙,修彭蠡之防;乘四载,随山刊木,平治水土,定千八百国。"② 在几千年的历史发展过程中,从传说的神农到夏禹,中华民族的祖先为发展农业,安定民生,不仅最早开发中原大地,还不畏艰险严冬,披荆斩棘,足迹遍及祖国万里边疆,在美丽富饶,幅员广阔的国土上,东北到黑龙江,西北到伊犁河,南到台湾、海南岛,西南到西藏和云贵高原,东至海,到处都发现了原始社会的遗址。只是由于历史久远,山河变迁,许多有关农业的实物已无存。

我国氏族社会的农业遗存,主要表现在粮食和农具两个方面,而各地的农业遗存,因受自然条件的制约,又都具有各自的特点:

(一) 粮食

相传舜命弃为后稷,播时百谷。所以后世把谷物发祥地定在陕西。因为后稷之母姜嫄为有邰氏之女;其后后稷复封于邰,地在今陕西武功县境。武功饶水利,故后稷及其子孙在此从事农耕是可能的。又陕为秦地,古秦字从舂从禾。秦字籀文并从禾,指禾茂盛。从字形上讲,秦作𥤚。十作杵,𦥑表示双手,下为禾字,即两手持杵舂禾。《史记·货殖列传》记述:"关中自汧、雍以东,至河华,膏壤沃野千里(这里包括秦开郑国渠灌溉所产生的经济效益)。自虞夏之贡,以为上田"。此事《诗经》也有记载:"诞降嘉种,维秬维秠,维穈维芑,恒之秬秠,是获是亩,恒之穈芑,是任是负,以归肇祀"。这里是指后稷培育了多种可供食用的粮食:秬为黑黍;秠为黑黍的一种,一谷有二米;穈为红色高粱;芑为白色高粱。这里没有提稷,说明稷是早于后稷之前就已培育成功。在黄河流域的河北、河南、山东、山西、甘肃、青海以及东北辽宁等省的文化遗址中,多次发现了粟。北方之所以多种黍稷,是因黍稷耐干旱,不论土地肥硗,只需将土地疏松即可下种,春种秋收,即有收获。所以舜以弃主农,官名后稷;古以农立国,后世则以社稷为国家代名词。在南方,长江流域分布有野生稻,是水稻的主要发源地。浙江余姚县河姆渡遗址不仅出土了狗,鸡、猪、羊等骸骨,还发现了稻谷和堆

---

① 《史记·五帝本纪》。
② 《淮南子·修务训》。

积很厚的稻壳。其他如安徽肥东大陈墩、湖北放鹰台、湖北京山屈家岭、江苏钱三漾以及湖南、广东、广西、云南和四川等地遗址中，都发现了稻谷，有些地方的稻谷，是成堆出土的。说明长江流域是世界上最早栽培水稻的主要地区之一。这只是粗略划分，据《周礼·职方氏》所记，中国的九州各有种植作物：东南扬州，"其谷宜稻"；正南荆州"其谷宜稻"；河南豫州，"其谷宜五种"①；正东青州。"其谷宜稻麦"；河东兖州，"其谷宜四种"②；正西雍州，"其谷宜黍稷"；东北幽州，"其谷宜三种"③；河内冀州，"其谷宜黍稷"；正北并州，"其谷宜五种"。此虽是西周情况，事实上在父系氏族社会已培育出来。

（二）农具

中国古农具的出土比较多，但大多为木石农具。只是有选用材料的不同和制作精粗的不同。如母系氏族时期，播种和中耕用的尖木棒和木手锄，翻土用的石锄、石耜（半坡出土）、骨耜（河姆渡出土）；收割等用的石刀、陶刀（半坡出土）等。父系氏族时期，使用的农具得到改进，耕作技术也有提高。石器和骨器均较前精致。一是翻地农具多样化，石耜和骨耜普遍增加，石铲和双齿木耒的使用，是开荒的有力农具。二是中耕技术推广，北方出土了许多石锄和鹿角制的鹤嘴锄，南方也出土很多石锄和耘田器，在太湖地区还出土了木制的千篰，是戽水灌溉和捻河泥施肥的重要工具。收割工具也成倍增长，除了大量沿用前期所用的长方形有孔石刀外，还普遍使用石镰、蚌刀和骨镰。镰刀的广泛使用，不仅提高了收割效率，还能将粟秆、稻秆收割回来使用。

我国古代农业遗存的出土，说明一万余年以来，农业和农业生产逐渐成了氏族社会的主要经济形态，是中华民族的重要的衣食之源。也是氏族公共事务活动的物质之源。

关于西周重视农业的故事，《诗经》记载很多，也很形象生动，由于是各地采风收集来的，所以具有其真实性和可靠性。

如《大田》：

大田多稼，既种既戒。既备乃事，以我覃耜。俶载南亩。播厥百谷，既

---

① 五种，指黍、稷、菽、麦、稻。
② 四种，指黍、稷、稻、麦。
③ 三种，指黍、稷、稻。

庭且硕，曾孙是若。

既方既皁，既坚既好，不稂不莠。去其螟螣，及其蟊贼，无害我田稚。田祖有神，秉畀炎火。

有渰萋萋，兴雨祈祈。雨我公田，遂及我私。彼有不获稚，此有不敛穧，彼有遗秉，此有滞穗，伊寡妇之利。

曾孙来止，以其妇子，馌彼南亩，田畯至喜。来方禋祀，以其骍黑，与其黍稷。以享以祀，以介景福。

这首诗是写农民选种、播种、中耕、收割、祭祀的全过程。特别是写到"雨我公田，遂及我私"和祈求神灵赐福的心理状态。而农业的丰收，使官府、田畯和农民三方皆大欢喜。

如《小雅·甫田》：

倬彼甫田，岁取十千。我取其陈，食我农人。自古有年。今适南亩，或耘或耔。黍稷薿薿，攸介攸止，烝我髦士。

以我齐明，与我牺羊，以社以方。我田既臧，农夫之庆。琴瑟击鼓，以御田祖。以祈甘雨，以介我稷黍，以谷我士女。

曾孙来止，以其妇子，馌彼南亩，田畯至喜。攘其左右，尝其旨否。禾易长亩，终善且有。曾孙不怒，农夫克敏。

曾孙之稼，如茨如梁。曾孙之庾，如坻如京。乃求千斯仓，乃求万斯箱。黍稷稻粱，农夫之庆。报以介福，万寿无疆。

这首诗是描述农民在一块能收上万石粮食的地里劳动，小米、高粱长势喜人。曾孙准备了丰盛的祭品，唱歌跳舞，祈求神灵普降甘霖；送来了可口的饭菜，和大家品尝；期望秋收时，庄稼堆得像房屋一般高，桥梁一般长；打下的粮食堆得像小山冈一样。农业丰收，是农夫之庆，神灵的降幅，使国运永昌。

三、农业开发和管理

国家和农业的关系，自人类由以渔猎、采集为生转入以农业种植作为生活的主要来源后，农业和人类、农业和国家就成了一个不可分割的有机整体。特别是在西周以前（包括西周），农业的地位，还摆在国家兴亡的同样重要的位置上。

（一）早期农业开发

据考察，在仰韶文化时期，黄河中游一带的居民就已经过着定居的农业生活。从史书上所说的"黄帝之王，破增薮，焚沛泽，逐禽兽"，"童山竭泽"，到舜禹时期的"禹稷躬稼而有天下"和"禹尽力于沟洫"，开沟渠排灌系统以利农，制"夏正"以导农的发展过程，既反映了社会的发展变化，同时也说明了从黄帝到尧、舜、禹，从帝到民，无不致力于农业，为农业的发展奠定了一个良好的基础。

殷民族的领导者，对农业生产的丰歉和发展也是十分重视的，首先，制定和实行了"井田"制度，组织农民努力耕作；耕作方式主要是实行集体劳动制度——劦田①。这是因为那时的劳动工具仍然十分简陋，所用的农具，据考古发掘，当时所用的农具如耒、耜、镰、铲等等大都是用木、石、蚌、陶的材料制作的，所以，一些劳动强度大、节季性比较强的农活，主要是依靠集体劳动如"十千维耦"、"千耦其耘"的形式来完成的。其次，为了获得农业的丰收，十分注意农业技术的研究和推行，主要表现在以下几方面：（1）重视对粮食优良品种的培育；（2）重视对粮食增产的研究；（3）对农业生产季节性的研究。在古代，农业生产的好坏，除了种子、肥料等之外，雨水和水利灌溉也是十分重要的条件。为了预防天灾的危害，殷王朝加强了对天文气象的观察，并由专人职司其责，对观察的结果还作了详细的记录，以从其中探求自然（气象）变化的规律性。在卜辞中，我们发现了当时所记录的大量的、宝贵的气象资料，如下雨的等级（大雨、小雨、毛毛雨）以及雨量的大小、下雨的时间、有无降雨、是否下了雨，等等。这种预测，即使是在科学发展的今天，由于受多种因素的限制，也很难做到十分准确，而在距今3000多年的殷王朝，他们却投入了大量的人力和物力去做。除了预测天象之外，在干旱之时，商王还下令求雨。此外，还有关于风、云、晴、雪、雾、霾、虹等现象的预测和记载。至于当时预测的成功率究竟有多大，因为从殷墟出土的甲骨十分散乱，今人难以组成完整的统计数据，但就是从这些散乱的卜辞中，我们也发现了其中不少预测是准确的，说明当时的气象预测工作是相当成功的。

---

① 劦田，集体耕作。由于夏商时期的农业生产工具十分简陋，生产水平低，所以商王号召（号令）大家集体耕作，以期多打粮食。其实，这种集体耕作制在当时不失为一种提高劳动成果的良法，直至周初还在推行。据周初青铜器《令鼎》的铭文所记："王大耤田于諆田"。这是号令农民助耕公田。但不管是殷朝还是西周，不论是农民的私田（份地）还是王的公田（耤田），只要是农业生产的事，王朝必须关心，职司农业生产的官员，都必须尽职尽责；关心整个生产过程、随时督促检查，以保农业的丰收。否则，"私田稼不善则非吏"，他将受到严厉的惩罚。

商王对农业生产的重视,目的在于求得农业的丰收。"受黍年"、"受稷年",是祈求农业丰收,府库充实。但当府库充实之后,商代从上到下,不少人用多余的粮食酿酒;所酿之酒,除一部分用于祭祀外,其余大部分用于王室、贵族和官员酗酒。据甲骨卜辞所记,"鬯百,牛百,用。""百鬯,又十鬯。"祭祀用酒量很大。至于王室和官员们的酗酒,史称商纣王"好酒淫乐","以酒为池,县肉为林……为长夜之饮。"① 因酒丧国,这是商王朝的历史结局。

周王朝的农业历史可以追溯很远。据《诗经》记载,周始祖后稷长于种植。又说,尧举弃为农师。此后十几传到公刘,迁于豳(今陕西栒邑)。公刘率领部落成员在此建造庐舍、豕牢,划田分地,勤劳耕作;古公亶父时,迫于西北诸游牧部落的压迫,又迁于岐,并开始建国。周文王继承重视农业的传统,史称"文王卑服,即康功田功"。此后周公教成王时,告知其"先知稼穑之艰难"②。这时农作物的种类,比殷商时期又有增加,其中记载于《诗经》中的有黍、稷、粱、麦、稻、菽和经济作物桑、麻之类;其时的农业生产工具,见于《诗经》中的有耒、耜、钱、镈、铚等种类。据考古发掘所见,地下遗存中的该时期的农业生产工具,大多仍为石器、骨器和蚌器农具,也有用铜制做的铲、锄和镰等农具,但数量很少,说明当时也曾试探使用金属做农具,可能是觉得生产成本太高,从而放弃了。这时对农业生产技术的研究和推广,也取得了很好的成绩,如在农田管理方面,除了一般的中耕、施肥、培苗、杀虫等措施之外,还有先进的休耕制度,即休一耕二制。这是考虑到当时的人、畜等有机肥料不足的情况下所采取的保护地力的一种方法。这里要特别指出的是,在西周时期,专职人员根据夏商以来的农业种植实践,总计出了一套比较成熟的农业生产管理制度,这就是《礼记·月令》所记述的农业和农事活动表。这一农事活动记录,就是在今人看来,也是有其指导意义的。

为了保证农业的丰收和农民生活的相对稳定,国家对于和农业、农民生产生活有关的手工业、商业、道路交通、防灾抗灾和优抚救济等方面,都作了适时的开发和布置。

我们在这里想要说明一点:在古代,无论是田制(井田制度),或是赋

---

① 《史记·殷本纪》。
② 《尚书·无逸》。

税，在绝大多数情况下都是指中原地区西周天子一统天下的国家制度，其周边的属国、小国、无亲无故（为周王建立过功勋）的国家制度，一般都被忽视不计。

在中原地区，一般是平原较多（如现今的华北大平原、关中平原等等），可以划成无数个"方块田"（即井田）；而且，相对江南地区来说，中原地区少雨，所以沟渠灌溉系统就显得十分重要。这就使得整齐规范、一望无际的井田成为可能。但在江南地区，河道纵横，山丘众多，很难整出几片像中原地区一样的井田来。这不是江南地区的人缺少文明，或者说没有开发，是野蛮人的原因，而是地形、地势使然。其实，江南之人因时制宜、因地制宜，利用山水资源，发现发明了水稻并培育、种植成功，成为世界水稻主要原生地之一。这是考古发掘所证明了的。据研究得知，中国最早的农业和农民，大约是在距今10000多年前的父系社会形成的。据考古发掘得知，大约在距今12000年前的更新世末期，长江南岸等地区已发现野生稻，和北方旱地作物比较，培育时间有些差别。据专家认证，中国的旱作农业和稻作农业，其起源时间、地点、和相关条件都各不相同。如果粗略地划一条线，旱作农业区在黄河流域及其以北地区，栽培的主要是粟、黍、稷、麦、菽等耐旱作物；稻作农业区主要在长江流域及其以南地区，栽培的作物主要是水稻。这已为考古发掘所证实。

稻作农业，首先要有灌溉用水。其次，要有不漏水的土质。第三，田的周边要有高出土田10厘米左右的田垄，使水不致流失。第四，要有灌溉和排水两用的沟渠。第五，要有培育成功的稻种。这些条件，我们在考古发掘中已经得到证实。

（二）农业考古发现

1. 水田和灌溉系统

1992年以来，南京博物院考古研究所等对吴县草鞋山马家浜文化遗址重新进行发掘，在马家浜文化遗址东区，发掘出距今六千多年的稻田遗址，有古水稻田33块，排灌水沟3条，水井6眼；水稻田的平面多为圆角长方形，或椭圆形，或不规则形的浅坑。面积大小不一。成西南—东北成行排列，水稻田之间有的用水口相通，并有水沟、蓄水井等设施。遗址西区，发掘出水稻田11块，大水塘2口，排灌用水沟3条，水井4眼，稻田的形状、大小（不一）、排列方式，与西区相同。上述这些情况，说明马家浜文化遗址中的水田、水井、沟渠等等，已具有我国水田结构的雏形。从原始形态发展到规模经营,说明稻作农业已日趋成熟。1991—2001年,湖南考古研究所在对澧县城头山重新进行发掘时,在该城墙遗址下,发现了古水稻田。1997年,清理出田埂三条,及其间的水田二丘。田中有明显经过耕耘后沉淀的泥土,以及泥土中保留着的稻梗和水稻的根须。其年代距今约6629年±896年。是目前世界上已经发掘出来的年代最早的古老的水稻田。同时,还发掘出与水稻种植密切相关的原始灌溉系统,有水坑(水塘)三处,排灌用水渠三条。这一发现,这不仅是中国,也是全世界目前所发现的年代最古老的水稻田和水田排灌系统①。这种情况,在20世纪我国的南方农村还有陈迹可寻。(1)每丘田边有田垄,田与田之间亦有田垄,既作为田界,又是劳动者运输肥料、秧苗、稻谷等的道路(一尺左右的小道);(2)在多丘田共一条灌溉渠的情况下,田垄与水田之间有一小水沟,供多家排水灌水之用(排灌用水不经过自家水田,一是田中的肥水不致流失;二是田中放养的鱼苗不致逃跑);如在高台上的田,也可直接开水口排水;(3)在一般情况下,村庄前多有一条小河沟,基本上四季都有流水,可供饮用,可供灌溉;(4)离水源较远的地方,或高于河渠的台地、山田,都在附近挖有水塘(有大有小,有深有浅,视地形而定),雨天积水,天旱时通过脚踏水车或手摇水车、吸筒、扮桶等从水塘里取水灌田;(5)水田的排列依地形而定,一般都不很规则,有高有低;田的面积,有大有小;田的形状,有方有圆,长条形、椭圆形、葫芦形、曲尺形,很不规则。所有这些都表明,长江流域的稻作农业,在距今6000年前就已达到了相当高的水平。以后代代相传,养育着炎黄子孙。

2. 水稻种的培育

据考古发掘得知,中国是世界上水稻的发源地之一。在20世纪50年代,以前苏联专家为首的部分专家学者确认,印度的稻谷产生于距今5000多年前,是世界上水稻的起源地。后来,韩国发现了距今5000—4000年的水稻作物,日本考古也发现了距今4000—3000年的水稻作物。20世纪70年代,我国考古工作者,在浙江省余姚县河姆渡和桐乡县罗家角遗址出土了距今7000年的炭化稻谷、稻秆和稻叶,还出土大批骨耜等农具,显示已有一定的农耕水平,说明其种植水稻的历史可能还更远一些。20世纪80年代初,湖北枝城市红花套镇城背溪发掘出距今8500—7500年间的粳稻遗迹;

---

① 陈文华:《农业考古》,文物出版社2002年版,第30—32页。

1988年，湖南澧县彭头山遗址发现距今8000年左右的栽培稻谷遗存；同是20世纪80年代，在和河南舞阳贾湖遗址，发掘出保存较好的距今8000年左右的稻壳遗存；到20世纪90年代初，湖南澧县八十垱遗址发掘出距今8000年炭化稻谷和已脱壳的米粒（根据同时出土的陶片属于城头山遗址最早期，则稻谷年代可能是距今近9000年）；1993年，在湖南道县白石寨玉蟾岩遗址又发现距今一万年的野生稻、籼稻、粳稻特点兼备的古栽培稻谷遗存（经北大的测定，其距今15000—14000年）。还有江西省万年县仙人洞稻作农业遗存（水稻植硅石）和广东英德牛栏洞都发现了距今11000—8000年左右的稻谷遗存（稻谷及水稻植硅石），从而确认了我国是世界上稻作农业的发源地的地位①。

我们之所以在这里不厌其烦的摘引这么多农业考古记录，是因为它证实了我国农业文化的多源；其次是南北农作的迥异；第三是水稻作物之源在长江中下游的湖北、湖南、江西和浙江等省。第四是北粟南稻，养育了炎黄子孙，使中华文明源远流长。

四、农业在国家经济生活的地位

农业是农民的希望，也是国家政权巩固的需要，社会稳定的需要。自夏商周三代以来，各代统治者都把农业放在第一位。以汉初为例：汉文帝前元二年（前178年）诏："夫农，天下之本也。"②汉文帝前元十三年（前167年）诏曰："农，天下之本，务莫大焉。"③汉景帝前元三年（前154年）诏曰："农，天下之本也。黄金珠玉，饥不可食，寒不可衣，以为币用，不识其始终。"④在此一千余年以后的恩格斯，在他的著作中也肯定了这一点，他说："农业是整个古代世界的决定性的生产部门。"把它上升到是古代农业发展的规律，具有普遍的意义。

（一）殷商重视农业

史称商族始祖契曾因佐禹治水有功，封于商。此后历代皆为夏之诸侯。至冥，为夏水正，在治水中殉职。商王重民、重农。"汤曰：予有言，人视

---

① 陈文华：《农业考古》，文物出版社2002年版，第38—42页。
② 《汉书·文帝纪》。
③ 《汉书·文帝纪》。
④ 《汉书·景帝纪》。

水见形，视民知治不。"① 说明他已看到人民是国家的根本。看人民对国家、对政府的态度，对政策法令的执行程度，就基本上看到了人心的向背，看到了政府的方向标。在《汤诰》中，他告诫诸侯大臣："毋不有功于民，勤力乃事。予乃大罚殛女，毋予怨。"② 事实上，殷王本人也是如此。据《吕氏春秋·顺民》曰："昔者，汤克夏而正天下，天大旱，五年不收。汤乃以身祷于桑林曰：余一人有罪，无及万夫；万夫有罪在余一人。无以一人之不敏，使上帝鬼神伤民之命。于是，剪其发，䥽其手，以身为牺牲，用祈福于上帝。民乃甚悦，雨乃大至。"③ 又《淮南子》曰：汤时，大旱七年，卜用人祀天。汤曰：我本卜祭为民，岂乎自当之。乃使人积薪，剪发及爪，自洁居柴上，将自焚以祭天。火将燃，即降大雨。这也证明"汤祷桑林"的故事不是虚妄之语。

从甲骨文看，田、畴、井、疆、畯等字，说明当时黄河南北广大原野，都在开辟井田。谷物种植：农、艺、麦、米、粟、黍、啬、禾等园囿：果、树、桑、栗等。

农业生产：

（1）占卜丰年，如："南方受禾，西方受禾，北方受禾。癸卯贞，东受禾，□受禾。"（《卜通》四五三）

庚申卜，贞，我受黍年，三月。（《卜通》四四〇）

甲辰贞，其登黍。（新获卜辞一四三片）

己亥卜，宾，翌，庚子，业告麦，允业告麦。（《前》四·四〇·七）

甲辰卜，商受年。（《前》三·三〇·六）

（2）卜雨。为保农业获得丰收，不时占卜是否有雨，祈雨，如：庚午卜，贞，禾业及雨。（《前》三·二九·三）

贞，今其雨，不佳稑。（《后》下，七·二）

己酉卜，黍年有足雨。（《前》四·四〇·一）

（3）田间管理。如：丙辰卜，永贞乎（呼）省我田。（《前》五·二六·一）

商王还定期或临时举行祭祀，祈求上天降福农业丰收。"自天降康，丰

---

① 《史记·殷本纪》。
② 《史记·殷本纪》。
③ 《吕氏春秋·顺民》。

年穰穰。"① 铁器的使用和牛耕的推广，是当时生产力水平提高的标志。我国用铁始于商代。20世纪70年代在河北荣城县和北京平谷县各出土一件商代中期的铁刃铜钺，经科学鉴定，刃部都是用陨铁加热锻打成的。这样的铁器，自然是稀罕物。大概到西周末年，铁器多起来。所以《诗经·秦风》中出现"驷铁孔阜"的诗句，这是秦襄公（前777—前766在位）时的诗。用铁形容马的颜色，只有在铁成为习见物之后才允许。大约春秋初期，已有铁农具。《国语·齐语》记载管仲向齐桓公建议："美金以铸剑戟，试诸狗马；恶金以铸锄夷斤欘，试诸壤土。""美金"是指青铜，"恶金"是指铁。春秋中叶齐灵公时的叔夷钟铭文中有"造鐡徒四千为汝敌寮"一句，"鐡"是铁字的初文，可见当时官府铁冶炼的规模已相当大了。难怪到春秋末期，铁器在齐国已普遍使用。《管子·海王篇》记载："今铁官之数曰：一女必一鍼一刀……耕者必一耒一耜一铫。"从考古发掘成果看，江苏六合程桥出土有铁条和铁块，长沙龙洞出土有铁削，长沙识字岭出土的铁臿，常德出土有铁削，长沙一期楚墓出土铁臿、铁削数件，以上这些铁器都可确定为春秋晚期东西。这表明，在春秋晚期，我国南方也已使用铁器了。

牛耕也起源于商代。甲骨文有"犁"之。可见，用牛拉犁启土，在商代就发明了。《国语·晋语》上提到，范氏、中行氏将宗庙的牺牲用来耕田。孔丘的弟子司马耕字子牛，冉伯牛名耕。晋国有个大力士叫牛耕。牛与耕相连，用作人的名字，反映出牛耕方法在春秋时期得到普遍推广。铁器的使用和牛耕的推广，为人们开辟广阔的山林，兴修大型水利工程，带来了方便。耕地面积和农业产量大幅度增长了。

（二）周民重农

周族的始祖后稷，相传尧任其为农师。《诗经·大雅》中的《生民》、《公刘》和《緜》三篇，就是写周的祖先选择适合安居和发展环境的史诗。

《生民》篇是追述周的始祖后稷事迹的。后稷，相传是姜嫄所生。据史载，弃因善于经营农业，被帝尧举为农师。帝舜时，因他有功于农业而受封于邰，周之后人也因此尊后稷为始祖，并称稷为百谷之神。

关于后稷种植农业作物之事，《生民》诗是这么说的：

蓺之荏菽②，荏菽旆旆。禾役穟穟，麻麦幪幪，瓜瓞唪唪。诞后稷之

---

① 《诗经·商颂·烈祖》。
② 种植大豆。

穑,有相之道。茀厥丰草,种之黄茂。实方实苞,实种实褎。实发实秀,实坚实好。实颖实栗,即有邰家室。诞降嘉种,维秬维秠,维穈维芑。恒之秬秠,是获是亩。恒之穈芑,是任是负,以归肇祀。

诗中说:后稷年幼时就能喜爱种大豆,所种的大豆苗壮生长;种了禾粟叶嫩苗青,麻麦长得十分旺盛,瓜类果实累累。

后稷耕种田、地,首先要辨明土质的适应性,什么土宜种什么作物;其次,在播种之前要选择良种,诗中说是上天关怀赐的良种:秬子、秠子、红米、白米都有。确定后,除去杂草,将挑选好的良种播上。不久就吐芽出苗,禾苗迅速上长,拔节、抽穗;棵棵谷粒饱满,禾穗沉沉,粮食产量高,是养育家室的保障。全部收场入仓,农活忙完后,不要忘记感谢上天,不忘祭祀祖先。

上述诗中,包含了丰富的上古农业生产史料,其中讲到的农作物有荏菽、麻、麦子、瓜、秬、秠、穈、芑等。对植物生长周期的观察也很细致,发芽、出苗、抽穗、结实,一一都有描述。而对杂草的清除和对种子的重视,说明周民族(包括整个唐虞夏商时期各氏族)已经成为以农耕为主要生产方式的民族。

诗的最后两章,写后稷祭祀天神,祈求上天永远赐福,"诞我祀如何?或舂或揄,或簸或蹂。释之叟叟,烝之浮浮。载谋载惟,取萧祭脂。取羝以軷,载燔载烈,以兴嗣岁。卬盛于豆,于豆于登,其香始升。上帝居歆,胡臭亶时。后稷肇祀,庶无罪悔,以迄于今。"

周人对神灵、对祖先是十分虔诚的。《诗》中说:用作祭祀的原粮,经过舂后掏出来,用簸箕簸去糠,再用手搓去剩下的谷皮,再经过淘洗、蒸煮,蒸饭又热又香;点燃香蒿牛脂,烧、烤大肥公羊,祭品装在碗、盘里,祭品太多剩下的用木碗、瓦盆来装,供奉上帝众神来亲享,祈求来年更降丰年。描写十分真实具体,让我们似乎看到了距今四千多年前的后稷农功时代祭祀天神的景象。

《诗》中还有一首歌颂后稷母亲姜嫄的。"赫赫姜嫄……是生后稷,降之百福,黍稷重穋,稙穉菽麦,奄有下国,俾民稼穑。有稷有黍,有稻有秬,奄有下土,缵禹之绪。"①

---

① 《诗经·鲁颂·閟宫》。

《公刘》篇则是写公刘领导本部族人民从邰迁到豳的地方,① 开辟疆土,建设一个新的生存和发展的环境;

史称夏桀时期,后稷之子不窋失其职守,逃亡异族,到不窋的孙公刘时,又回到邰的地方,继续农业生产。可能是公刘想为本部族人谋求一个更好的生产和生活环境,于是,他动员本族人将积存的粮食做成干粮,装进大口袋,"廼积廼仓,廼裹餱粮,于橐于囊;"拿起防身武器,"弓矢斯张,干戈戚扬,"向早已访闻的豳地进发。到达豳的地方后,他立即四处勘察,"视彼百泉,瞻彼溥原;廼至南岗,廼觏于京。京师之野,于时处处,于时庐旅。"细心观察,精心规划:居民区、宫室区、农田区……"即景廼岗,相其阴阳,观其流泉;其军三单。度其隰原,彻田为粮。""于豳斯馆,涉渭为乱(横渡)。取厉取锻,止基廼理。"宫室、民居有序,财政征收有法。公刘与族人"于时言言,于时语语","食之饮之,君之宗之。"全族上下同心,举公刘为族主。建立了一个有亲和气氛、能同甘共苦、有民主、有组织的社会集体。

《緜》是写周王族十三世祖古公亶父率领本部族人自豳迁到岐下(今陕西岐县),定居渭河平原,直至文王时期的史诗。

首先,简明扼要的表述了周人延绵不绝、生生不息的漫长历史。然后叙述太王举族迁岐、建设周原的情况。诗云:

"古公亶父,来朝走马。率西水浒,至于岐下。爰及姜女,聿来胥宇。"古公亶父之所以要举族迁徙,是因周人早先所居的邠地,随着时间的积久,人口的增加,人们"陶复陶穴,未有室家",加以农用土地有限,外有强悍的游牧民族昆夷的侵扰,古公亶父虽然事之以皮币、珠玉、犬马,均未能得免,促使古公亶父下决心举族迁移,至岐山之下安居下来。

之所以选定周原这个地方,是因"周原膴膴(周原土地肥沃),堇(旱芹)荼(苦菜)如饴"。再用龟甲卜象,兆示是定居的好地方。于是着手谋划和商量,在此建造自己的家园。这就是诗中所说的"爰始爰谋,爰契我龟,曰止曰时,筑室于兹。"下面就是整个城乡建设工作的描述:

"乃慰乃止,乃左乃右,乃疆乃理,乃宣乃亩。自西徂东,周爰执事。乃召司空,乃召司徒,俾立室家。其绳则直,缩版以载,作庙翼翼。捄之陾

---

① 豳,地在今陕西旬邑和彬县一带。

陕，度之薨薨，筑之登登，削屡冯冯。百堵皆兴，鼛鼓弗胜。乃立皋门①，皋门有伉。乃立应门②，应门将将。乃立冢土（大社），戎丑攸行。"

因为在这里不仅是安家，还要把整个氏族安顿下来，于是大家规划疆界、开渠、垦荒；营造房屋、宫室。先召司空制定建筑工程，再召司徒确定力役多少；准绳拉正拉直，打夯、铲土入筐、投土上墙、削平凸墙的劳动场面一片繁忙，成百道墙一时立起。同时建起郭门、城门、王宫正门，修筑起大社，还修筑了防戎的大道。

作为农业民族，土地是其根本。能否占有并支配广阔丰美的土地，关系到整个民族的兴衰。殷人曾多次迁徙，周人亦有五次迁徙，除去社会政治、军事等的因素，最根本的原因在于对肥沃丰饶土地的追求。太王率族迁岐、建设周原正是这种的情况。而正是太王迁岐的重大决策，才奠定了周人灭商建国的基础，如《鲁颂·閟宫》所言："后稷之孙，实维大王。居岐之阳，实始翦商。"

上面以周的始祖及其奠都的历史为例，来说明中国的先民，以农为生，以农立国。首先，他具有代表性，周的始祖起自唐尧，至武王代殷，伴随夏、商两朝，历经上千年历史；其次，他保存有无可质疑的历史文献——《周礼》，取材来自生活，具有很强的真实性。

五、早期农民的生产和生活

我们深知，"建国"（建立自己的家园），还只是事物的开始，他还需不断建设、发展、整顿、提高，至到永远。有关其中内容，我们在《诗经》中也找到不少材料，结合本文需要，我们选择其中的一些重要片段，介绍如下。

（一）周代早期的农业生产和农民生活

以《豳风·七月》为例。豳地在今陕西旬邑、彬县一带，公刘迁豳后，仍然是以农业为本业。《七月》篇是反映这个部落一年四季的农业劳动生活，部分内容也涉及到衣食住行等方面。诗从七月写起，所以诗的篇名也叫《七月》。诗中使用的是周历。周历以夏历（今之农历，亦称阴历）的十一月为正月，七月、八月、九月、十月以及四、五、六月，皆与夏历相同。

---

① 皋门，王城的郭门。
② 应门，王宫的正门。

"一之日"、"二之日"、"三之日"、"四之日",即夏历的十一月、十二月、一月、二月。"蚕月",即夏历的三月。周时虽把夏正改为周正(以农历十一月为正月岁首),但民间农事仍沿用夏历,因他更贴近农业生产。

全诗共分为八章。第一章从岁寒写到春耕开始;第二章写妇女蚕桑;第三章写布帛衣料的制作;第四章写猎取野兽;第五章写一年将尽,为自己收拾屋子过冬;第六章写采藏果蔬和造酒,这都是为公家的,为自己采藏的食物是瓜瓠麻子苦菜之类;第七章写收成完毕后为公家做修屋或室内工作,然后修理自家的茅屋;末章写凿冰的劳动和一年一次的年终燕饮。

(二)周之统治者重农

作为王朝统治者,他们把农业放在什么位置上,他们曾经采取过哪些重要措施?下面的《月令》和几篇诗可以看出一个大概轮廓。

《月令》,是儒家经典《礼记》中的一篇。它按照12个月的时令,记述国家各级政府的祭祀礼仪及其职务和法令,它的意义在于它围绕时令气象制定政事、民事(农事)、祭祀等各项工作的运行表。在一定程度上它体现了王朝的全部活动内容,同时也可看出当时统治阶级的道德规范(价值观):天地自然神圣!国家以民为先。由此也启发人类:不能逆天行事(人类必须遵守自然规律的约束),违背了它,必然受到天地自然的惩罚。摘录如下:

孟春之月,……东风解冻,蛰虫始振;鱼上冰,獭祭鱼,鸿雁来。

天子……衣青衣,服苍玉,食麦与羊。其器疏以达①。

是月也,以立春。先立春三日,大史谒之天子,曰:某日立春,盛德在木。天子乃齐。立春之日,天子亲帅三公、九卿、诸侯、大夫,以迎春于东郊。还反,赏公卿诸侯大夫于朝。

命相布德和令,行庆施惠,下及兆民。庆赐遂行,毋有不当。

是月也,天子乃以元日,祈谷于上帝。乃择元辰,天子亲载耒耜,措之于参保介之御间,帅三公、九卿、诸侯、大夫,躬耕帝藉:天子三推,三公五推,卿、诸侯九推。反,执爵于大寝,三公、九卿、诸侯、大夫皆御,命曰劳酒。

---

① 注:孟春正月,在星宿的位置上,黄昏时参星宿在南天中的位置,清晨时尾星宿在南天中的位置。此时的日名是甲乙,此时的主宰是大皞,此时的神明是句芒,此时的动物是有鳞类。此时的声音是角音,音律正当太蔟。此时的数目是八。此时的口味是酸味,此时的气味是膻味。此时的祭祀对象是门户,祭品以脾脏为先。

是月也，天气下降，地气上腾，天地和同，草木萌动。王命布农事：命田舍东郊，皆修封疆；审端经术，善相丘陵、阪险、原隰，土地所宜，五谷所殖，以教道民，必躬亲之。田事既饬，先定准直，农乃不惑。

是月也，命乐正入学习舞。乃修祭典。命祀山林川泽，牺牲毋用牝。

禁止伐木，毋覆巢，毋杀孩虫、胎夭飞鸟；毋麛毋卵；毋聚大众，毋置城郭。掩骼埋胔。

是月也，不可以称兵，称兵必天殃……毋变天之道，毋绝地之理，毋乱人之纪。

仲春之月……始雨水，桃始华。仓庚鸣，鹰化为鸠。

天子……衣青衣，服仓玉，食麦与羊。其器疏以达。是月也，安萌牙，养幼少，存诸孤。择元日，命民社，命有司省囹圄，去桎梏。毋肆掠，止狱讼。

是月也，日夜分。雷乃发声，始电。蛰虫咸动，启户始出。先雷三日，奋木铎以令兆民曰：雷将发声，有不戒其容止者，生子不备，必有凶灾。日夜分，则同度量，钧衡石，角斗甬，正权概。

是月也，耕者少舍，乃修阖扇，寝庙毕备；毋作大事以妨农之事。是月也，毋竭川泽，毋漉陂池，毋焚山林。

天子乃鲜羔开冰，先荐寝庙，上丁，命乐正习舞，释菜；天子乃帅三公、九卿、诸侯、大夫亲往视之。

是月也，祀不用牺牲，用圭璧，更皮币。

季春之月……桐始华，田鼠化为鴽，虹始见，萍始生。天子……衣青衣，服仓玉，食麦与羊，其器疏以达。

是月也，天子乃荐鞠衣于先帝……天子始乘舟。荐鲔于寝庙。乃为麦祈实。

是月也，生气方盛……天子布德行惠：命有司发仓廪，赐贫穷，振乏绝；开府库，出币帛；周天下，勉诸侯，聘名士，礼贤者。

是月也，命司空曰：时雨将降，下水上腾，循行国邑，周视原野，修利堤防，道达沟渎，开通道路，毋有障塞。田猎罝罘，罗罔、毕翳、餧兽之药，毋出九门。

是月也，命野虞无伐桑柘……后妃齐戒，亲东乡躬桑……劝蚕事。蚕事既登，分茧称丝效功，以共郊庙之服，无有敢惰。

是月也，命工师，令百工审五库之量，金、铁、皮、革、筋、角、齿、羽、箭、干、脂、胶、丹、漆,毋或不良。百工咸理,监工日号,毋悖于时,毋或作为淫巧以荡上心。

是月之末,择吉日,大合乐,天子乃率三公、九卿、诸侯、大夫亲往视之。

是月也,乃合累牛腾马游牝于牧,牺牲驹犊,举书其数。……

孟夏之月:

孟夏之月……蝼蝈鸣,蚯蚓出,王瓜生,苦菜秀。

天子……衣朱衣,服赤玉,食菽与鸡,其器高以粗。

是月也,以立夏。先立夏三日,大史谒之天子曰:某日立夏,盛德在火。天子乃齐。立夏之日,天子亲帅三公、九卿、大夫以迎夏于南郊。还反,行赏,封诸侯。庆赐遂行,无不欣说。

乃命乐师习合礼乐,命太尉赞桀俊,遂贤良,举长大,行爵出禄,必当其位。

是月也,继长增高,毋有坏堕,毋起土功,毋发大众,毋伐大树。是月也,天子始絺。命野虞出行田原,为天子劳农劝民,毋或失时。命司徒巡行县鄙,命农勉作,毋休于都。

是月也,驱兽毋害五谷,毋大田猎。农乃登麦。天子乃以彘尝麦,先荐寝庙。

是月也,聚畜百药。靡草死,麦秋至,断薄刑,决小罪,出轻系蚕事毕,后妃献茧。乃收茧税。以桑为均,贵贱长幼如一,以给郊庙之服。

是月也,天子饮酎,用礼乐。

仲夏之月……小暑至,螳螂生,䴗始鸣……天子……衣朱衣,服赤玉,食菽与鸡。

是月也,命乐师修鼗鞞鼓,均琴瑟管箫,执干戚戈羽,调竽笙簧,饬钟磬柷敔。

命有司为民祈祀山川百源,大雩帝,用盛乐,乃命百县雩祀百辟卿士有益于民者,以祈谷实。

农乃登黍。是月也,天子乃以雏尝黍。羞以含桃,先荐寝庙。令民毋艾蓝以染,毋烧灰,毋暴布;门闾毋闭,关市毋索。挺重囚,益其食。

游牝别群。则絷腾驹,班马政。

是月也,日长至……君子齐戒,处必掩身,毋躁、止声色,毋或进,薄滋味,毋致和,节耆欲,定心气,百官静,事毋刑……

鹿角解，蝉始鸣；半夏生，木堇荣。

是月也，毋用火南方。可以居高明，可以远眺望，可以升山陵，可以处台榭。

季夏之月……温风始至，蟋蟀居壁。鹰乃学习，腐草为萤。天子……衣朱衣，服赤玉，食菽与鸡，其器高以粗。

命渔师伐蛟、取鼍，登龟、取鼋。命泽人纳材苇。

是月也，命四监大合百县之秩刍以养牺牲，令民无不咸出其力，以共皇天上帝、名山大川四方之神，以祠宗庙社稷之灵，以为民祈福。

是月也，命妇官染采，黼黻文章必以法故，无或差贷，黑黄仓赤，莫不质良，毋敢诈伪。以给郊庙祭祀之服，以为旗章，以别贵贱等给之度。

是月也，树木方盛，乃命虞人入山行木，毋有斩伐，不可以兴土功，不可以合诸侯，不可以起兵动众，毋举大事以摇养气。毋发令而待，以妨神农之事也。水潦盛昌，神农将持功，举大事则有天殃。

是月也，土润溽暑，大雨时行，烧薙行水，利以杀草，如以热汤，可以粪田畴，可以美土疆。

年中祭祀。天子居大庙大室……衣黄衣，服黄玉，食稷与牛，其器圜以闳。

孟秋之月……凉风至，白露降，寒蝉鸣，鹰乃祭鸟，用始行戮。天子……衣白衣，服白玉，食麻与犬，其器廉以深。

是月也，以立秋。先立秋三日，大史谒之天子曰：某日立秋，盛德在金。天子乃齐。立秋之日，天子亲帅三公、九卿、诸侯、大夫以迎秋于西郊。还反，赏军帅武人于朝。天子乃命将帅，选士厉兵，简练桀俊，专任有功，以征不义；诘诛暴慢，以明好恶，顺彼远方。

是月也，命有司修法制，缮囹圄，具桎梏，禁止奸；慎罪邪，务搏执。命理瞻、察创、视折，审断决，狱讼必端平。戮有罪，严断刑，天地始肃，不可以赢。

是月也，农乃登谷，天子尝新。先荐寝庙，命百官始收敛，完堤防，谨壅塞，以备水潦；修宫室，坏墙垣，补城郭。

是月也，毋以封诸侯，立大官；毋以割地，行大使，出大币。

仲秋之月……盲风至，鸿雁来，玄鸟归，群鸟养羞。

天子……衣白衣，服白玉，食麻与犬，其器廉以深。

是月也，养衰老，授几杖，行糜粥饮食。

乃命司服具饬衣裳，文绣有恒，制有小大，度有长短，衣服有量，必循其故，冠带有常。

乃命有司，申严百刑，斩杀必当，毋或枉桡。枉桡不当，反受其殃。

是月也，乃命宰祝循行牺牲，视全具，案刍豢，瞻肥瘠，察物色，必比类，量小大，视长短，皆中度。五者备当，上帝其飨。天子乃难，以达秋气。以犬尝麻，先荐寝庙。

是月也，可以筑城郭，建都邑，穿窦窖，修囷仓。

乃命有司趣民收敛，务畜菜，多积聚。乃劝种麦，毋或失时；其有失时，行罪无疑。

是月也，日夜分。雷始收声，蛰虫坏户，杀气浸盛，阳气日衰，水始涸。

日夜分，则同度量，平权衡，正钧石，角斗甬。

是月也，易关市，来商旅，纳货贿，以便民事；四方来集，远乡皆至，则财不匮。上无乏用，百事乃遂。

凡举大事，毋逆大数，必顺其时，慎因其类。

季秋之月……鸿雁来宾，爵入大水为蛤，鞠有黄华，豺乃祭兽戮禽。

天子……衣白衣，服白玉，食麻与犬。其器廉以深。

是月也，申严号令，命百官贵贱无不务内，以会天地之藏，无有宣出。

乃命冢宰，农事备收，举五谷之要，藏帝借之收于神仓，只敬必饬。

是月也，霜始降，则百工休。乃命有司曰：寒气总至，民力不堪，其皆入室。

是月也，大飨帝，尝牺牲，告备于天子。

合诸侯制百县，为来岁受朔日，与诸侯所税于民。轻重之法，贡职之数，以远近土地所宜为度；以给郊庙之事，无有所私。

是月也，天子乃教于田猎。以习五戎，班（颁？）马政。命仆及七驺咸驾……天子乃厉饰，执弓挟矢以猎。命主祠祭禽于四方。

是月也，草木黄落，乃伐薪为炭。

是月也，天子乃以犬尝稻，先荐寝庙。

孟冬之月……水始冰，地始冻，雉入大水为蜃，虹藏不见。

天子……衣黑衣，服玄玉，食黍与彘。其器闳以奄。

是月也，以立冬。先立冬三日，太史谒之天子曰：某日立冬，盛德在水。天子乃齐。立冬之日，天子亲帅三公、九卿、大夫以迎冬于北郊。还反，赏死事，恤孤寡。

是月也，天子始裘。

……命百官谨盖藏。命司徒循行积聚，无有不敛。坏城郭，戒门闾；修键闭，慎管钥；固封疆，备边，完要塞，谨关梁，塞徯径。饬丧纪，辨衣裳；审棺椁之薄厚、茔丘垄之大小、高卑厚薄之度、贵贱之等级。

是月也，命工师效功。陈祭器，按度程，毋或作为淫巧，以荡上心，必功致为上，物勒工名，以考其诚；功有不当，必行其罪，以穷其情。

是月也，大饮烝。天子乃祈来年于天宗，大割祠于公社及门闾，腊先祖五祀，劳农以休息之。

天子乃命将帅讲武，习射御，角力。

是月也，乃命水虞渔师，收水泉池泽之赋，毋或敢侵削众庶兆民，以为天子取怨于下，其有若此者，行罪无赦。

仲冬之月……冰益壮，地始坼。鹖旦不鸣，虎始交。

天子……衣黑衣，服玄玉，食黍与彘。其器闳以奄。

饬死事。命有司曰：土事毋作，慎毋发盖，毋发室屋及起大众。

乃命大酋，秫稻必齐，曲糵必时，湛炽必絜，水泉必香，陶器必良，火齐必得。兼用六物，大酋监之，毋有差贷。

天子命有司祈祀四海、大川、名源、渊泽、井泉。

是月也，农有不收藏积聚者，马牛畜兽有放佚者，取之不诘。山林薮泽有能取蔬食田猎禽兽者，野虞教道之。其有相侵夺者，罪之不赦。

是月也……芸始生，荔挺出，蚯蚓结，麋角解，水泉动。

日短至，则伐木取竹箭。

是月也，可以罢官之无事。去器之无用者。

季冬之月……雁北乡，鹊始巢，雉雊，鸡乳。

天子……衣黑衣，服玄玉，食黍与彘。其器闳以奄。

是月也，命渔师始渔，天子亲往，乃尝鱼，先荐寝庙。冰方盛，水泽腹坚，命取冰，冰以入。令告民出五种，命农计耦耕事，修耒耜，具田器。

乃命四监收秩薪柴，以共郊庙及百祀之薪燎。是月也……数将几终，岁且更始，专而农民，毋有所使。

天子乃与公卿、大夫共饬国典，论时令，以待来岁之宜。

乃命太史，次诸侯之列，赋之牺牲，以共皇天上帝社稷之飨。乃命同姓之邦，共寝庙之刍豢。命宰历卿大夫至于庶民土田之数，而赋牺牲，以共山林名川之祀。凡在天下九州之民者，无不咸献其力，以共皇天上帝、社稷寝庙、山林名川之祀。

关于西周重视农业的故事，《诗经》记载很多，也很形象生动，由于是各地采风收集来的，所以具有其真实性和可靠性。

前引《大田》、《甫田》二诗和《载芟》一诗都描写了农业生产状况。

《载芟》为祭祀乐歌。《毛诗序》云：《载芟》，春藉田而祈社稷也。全诗如下：

"载芟载柞，其耕泽泽。千耦其耘，徂隰徂畛。侯主侯伯，侯亚侯旅，侯彊侯以。有嗿其馌，思媚其妇，有依其士。有略其耜，俶载南亩，播厥百谷。实函斯活，驿驿其达。有厌其杰，厌厌其苗，绵绵其麃。载获济济，有实其积，万亿及秭。为酒为醴，烝畀祖妣，以洽百礼。有飶其香。邦家之光。有椒其馨，胡考之宁。匪且有且，匪今斯今，振古如兹。"

前四句是写开垦土地的情况：有的割草，有的刨树根，大片土壤被翻掘松散。"千耦其耘"，体现并力合作的力量和成果。

第五至第十句写参加春耕的人，全家男女老少、不论体力强弱，全部出动；饭食送到田间，为抢时间，吃饭狼吞虎咽。

第十一至第十四句写播种。

第十五至第十八句写禾苗生长和田间管理。尽力精心管理，以努力促进作物生长。

接下去三句写收获。农业作物取得特大丰收，"万亿及秭"。

第二部分前四句写酿酒祭祀。认为农业的丰收，是上天和先祖的降福。所以，发展生产、农业丰收，就要烝祖妣、洽百礼、光邦国、养耆老。也就是报答祖先，光大家国。更贴切地说，《载芟》诗篇，他表达了周王想通过藉天之礼，祈求臣民万众一心，奋力开垦土地，尽力生产粮食，实现国富民丰的愿望。

《云汉》是《诗经·大雅·荡之什》的一篇。这是一首禳灾诗，具有极高的史料价值。史称周宣王时，连年旱灾，情况特别严重，周宣王作此诗求神祈雨，抒写为旱灾愁苦的心情。

全诗八章，每章十句。第一、二两章写祭神祈雨。禾稼正是需要雨水的时节，然而日日骄阳似火，禾稼干枯，田地龟裂，人畜缺水，人们迫切希望老天降下一场甘霖，可是夜观星象，毫无下雨的象征"倬彼云汉，昭回于天"，而日日晴空万里。周王内心焦灼，认为是"天降丧乱"。面对"饥馑荐臻"的惨况，周王无神不祭，无牲不用，礼神的玉器也用尽了，然而神灵们不闻不问、不佑助。

第三、四两章写大旱长期得不到解除。"旱既大甚，则不可推"，"旱既大甚，则不可沮"，旱灾凶如洪水猛兽，无法阻拦，也无法躲避，造成了无法收拾的严重局面。周王哀怨"群公先正，则不我助。父母先祖，胡宁忍予！"这样下去，国祚难永。

第五章写旱魃继续肆虐，"旱既大甚，涤涤山川。旱魃为虐，如惔如焚。"这场大旱使周地变成了不毛之地，无水之区。山空川涸，禾焦草枯，畜毙人死，大地就像用火烧燎过一样，没一点生气，没一点活力，这里已成了一块让人无法生存的土地。所以周王发出疑问，是不是"昊天上帝，宁俾我逐"，要我们离开此地？

第六章叙述周王在失望、痛苦之后进行反思：既不是祭神不及，也不是对众神不恭敬，自己也确实没有什么大的罪愆，那老天爷为何降灾加害呢？

第七章叙述君臣上下因忧旱而困窘憔悴。旱情已经非常严重，饥荒离散已经打乱我朝纪纲；朝中列官智穷力竭，宰相亦苦于无法可想。趣马、师氏、膳夫百官都为祭天劳忙，没有一人不愿出钱出力，可是灾荒还在蔓延。

最后，周王勉励公卿大夫众官，继续虔诚祷告上苍，虽然死亡之期已经临近，但祈祷还要坚持下去。禳旱祈雨不是为了自己个人，全是为了安定民心。仰望苍天默默祈祷，亟求上天降赐安宁。

第四章

财政收入

第一节 赋税之名

一、收入之名

关于国家收入,在上古时期,包括公田收入、土地(私田)赋税收入、河湖出产收入、山林出产收入以及所属地区的贡纳等内容。就其名字来看,包括赋、税、租、贡、入、宾、籍等等。

赋,古代原指军赋。即古代之民按规定缴纳的供军用的车、马、牛以及其他军用物资。后来,可能是为了征收简便快捷,军赋改从田亩征收,成了田赋的组成部分,也称赋税。赋即是税,如户赋、口赋之类。

税,(1)租也,敛也。《说文》:税,租也,从禾兑声。《汉书·食货志上》:税谓公田什一及工商衡虞之入也。(2)赋也。《谷梁》鲁宣公十五年,初税亩。《释文》:税。赋也。(3)(租)借也。《因语录》:不若且税居之为善也。

此外,关于税所涉及的事,如:

税米,《晋书·食货志》,咸和五年。

税物,《周礼·天官·大宰》关市之赋。

税亩,《谷梁》鲁宣公十五年注。

税草,《旧唐书·食货上》。

税租,《十六国春秋·前赵录》。

税粟，《周礼·地官·载师》。

税赋，《周礼·地官·载师》。

税敛，《周礼·天官·司书》。

税纳，《宋史·食货志》。

税榷，《宋史·蒲卣传论》。

税课，《清会典事例·茶课》。

税厘，《清会典事例·税厘》。

税外方圆，《资治通鉴·唐纪·德宗贞元十二年》。

租，《说文》：租，田赋也。从禾且声。《广雅·释诂》：租，税也。《管子·国蓄》：租籍者，所以强求也，租税者所虑而请也。注：在工商曰租籍，在农曰租税。《礼记·玉藻》：关梁不租。【疏】租谓课税。《六书故》：租，田中禾藁也。此外有租入（租税收入）、租丁（按丁课税）、租贡（即赋税）。

贡，《广雅·释言》：贡，献也。《广雅·释诂》：贡，税也。夏代税法之名。此外有贡土（献土）、贡米（奉献皇帝之米）、贡助之法（古代田赋之法——五十而贡、七十而助）、贡使（奉献贡物之使）、贡金（贡税）。

宾，宾客，贵宾。从甲骨文上看，上面象屋，下面从人从止。即是客人来到自家的屋下（门外）。后来把止改从贝。《说文》：宾，敬也，即尊贵的客人。从贝者，"宾礼必有赞"。作为赞来说，是见面礼，属于礼物，也是财物。有的学者则认为，在甲骨文里没有税字，但有宾字，因而认定宾是最早的税收。

收，收入，税收。

籍，簿书、书籍、典籍。籍没，登记；耤田，田税。籍税，征收田税。《诗》"实亩实籍"。即划分田亩，征收赋税。

在夏商周时期，公田收租，"私"田（实际上是份地）纳税。如马克思所说：像在亚洲一样，是那个对他们来说是地主同时又是主权者的国家，地租和课税就会合并在一起，或者说不会再有什么同这个地租形式不同的课税①。

---

① 马克思：《资本主义地租的发生》，《资本论》第三卷，人民出版社1966年版，第924页。

二、收入制度

在以农业为主体的社会里,对农业出产的征收就是国家财政的主要收入来源。既然是国家组织征收赋税,就必须遵守一定的原则。中国古代税收征收的原则是什么？我们从古籍中发现,从夏商周三代到春秋时期,从王(共主)到各国诸侯、方国部落,都共同遵循着一个原则,这就是轻税原则。具体说来有五项:

(1) 因地制宜原则。史传大禹奉命治理洪水、安定居民、划定行政管理区域后,适应当时生产和居民生活的状况,实行"任土作贡"("相地宜所有以贡")的征收政策,即按当地土质和出产,差等征税,既不增加居民负担,也能保证各级政府的基本需要。

(2) 分田制赋、分田制禄原则。按孟子所说,三代实行井田制。诸侯和各级官员授土授民,以井田为俸禄；居民则以井田收入作为生产生活和上交国家财政之用。

(3) 什一税率(统一税率)原则。《孟子》云：夏后氏五十而贡,殷人七十而助,周人百亩而彻。其实皆什一也。《春秋谷梁传》云：古者什一而藉。"什一者,天下之中正也。多乎什一,大桀小桀；寡乎什一,大貊小貊。什一者,天下之中正也。什一行而颂声作矣。"之所以颂声作,因为这里是讲税收税率,当时人认为,什一税率,不高不低,不偏不倚,是一个比较适中的税率。

(4) 轻税原则：从夏商周三代到春秋时期,从王(共主)到各国诸侯、方国部落,所共同遵循的一个原则就是轻税原则。从典籍中考查,无论是管仲、孔子,抑或孟子、荀子诸家,都是主张国家轻税的。

"轻田野之税,平关市之征,省商贾之数,罕兴力役,无夺农时,如是则国富矣,夫是之谓以政裕民。"① "今之世而不然。厚刀布之敛以夺之财,重田野之税以夺之食,苛关市之征以难其事,然而已矣。"②

(5) 均平原则。孔子答冉有曰："丘也闻,有国有家者,不患寡而患不均,不患贫而患不安；盖均无平,和无寡,安无倾。"③ 意即为国,诸侯、

---

① 《荀子·富国》。
② 《荀子·富国》。
③ 《论语·季氏》。

家、卿、大夫不患土地、人民之寡少，而患政理之不均；政理均平则不贫。政策制度首先坚持均平原则，则上下和谐不患寡，大小安宁则不会有倾覆的危险。

"夫仁政必自经界始，经界不正，井地不均，谷禄不平……经界既正，分田制禄，可坐而定。"①

三、西方征税原则

在西方，18世纪英国古典政治经济学家亚当·斯密（公元1723—1790年）提出赋税的四大原则：公平的原则、确实的原则、征收方便的原则、征收费节省的原则。

德国财政学者瓦格纳提出的赋税原则：财政政策原则（收入充分、赋税有弹性）；国民经济原则（税源选择、赋税种类选择）；正义原则（赋税普遍、平等）；税务行政原则（课税要实、征税要便利、征收费要少）。

西方的经济学家根据当时的实际所提出的赋税原则，不难看出，其中有不少同我国周秦时期的政治家、思想家的思想相似的地方。（1）税源的选择，是种植广，收入量大的农业收入，税种是以农业收入为对象的田赋（田租）；（2）税率适中（公正）；（3）征纳便利。

决定农业收入的条件，除了人的作用外，主要在于对土地的占有量，所以，研究农业税收，首先必须研究国家的土地使用制度。

第二节 土地占有关系

土地占有关系是社会经济制度的重要内容，与财政制度紧密相关。

一、夏商周时期的土地占有关系

（一）井田制

孟子曰："诸侯之宝三：土地、人民、政事。"② 土地，是人类生存的基

---

① 《孟子·滕文公上》。
② 《孟子·尽心上》。

础,生活资料的源泉。

自人类定居,选定以农业生产作为主要经济来源之后,土地对于人们来说,就显得十分重要。在氏族社会,土地为本氏族公有,不允许他氏族来侵占;但当私有制出现,氏族分为一个个小家庭,土地在每个家庭之间的分配,就成了氏族必须解决的问题。《礼记·礼运》云:"故天子有田以处其子孙,诸侯有国以处其子孙,大夫有采以处其子孙。是谓制度。"《周礼·地官·遂人》:"以岁时稽其人民而受之田野。"岁时,指按一定时期(定期);稽其人民,即核查户口;受之田野,是指在野(乡、农村)分配土地。土地的分配,不是平均分配,在具体分配上,要按照本氏族实有土地多少、家庭人口多少、土地地势和土质的好坏,如《遂人》所说:"辨其野之上地、中地、下地,以颁田里。上地,夫一廛,田百亩,莱五十亩;余夫亦如之。中地,夫一廛,田百亩,莱百亩,余夫亦如之。下地,夫一廛,田百亩,莱二百亩;余夫亦如之。"二千九百多年后的马克思、恩格斯,通过对上古社会进行缜密的分析研究,对这一社会时期的社会制度作出了客观科学的论证,肯定"差不多一切民族都实行过把土地分给单个家庭并定期实行重新分配。"① 之所以要定期对所耕土地进行重新分配,这是因为"在天然肥力和位置不同的土地上消耗等量的农业劳动,会得到不等的收入。为了使自己的劳动机会均等,他们根据土壤的自然差别和经济差别,把土地分成一定数量的地段,然后按农民的人数把这些比较大的地段再分成小块,然后每一个人在每一块地中得到一份土地。"② 恩格斯与马克思的说法差不多,他在《马尔克》一文中说:"在那里,虽然不再一年分配一次,但是每隔三年、六年、九年或十二年,总要把全部开垦的土地(耕地和草地)合在一起,按照位置和土质,分成若干'大块',每一大块再划分成若干大小相等的狭长带状地块,块数多少,根据公社中有权分地者的人数而定……每一个社员,在每一个大块中,也就是说,在每一块位置与土质各不相同土地上,当初都分到了同样大的一块土地。"③ 这一结论,同《周礼·遂人》的相关记载是相一致的。

---

① 恩格斯:《家庭、私有制和国家的起源》,《马克思恩格斯选集》第四卷,人民出版社1972年版。
② 马克思:《给维·依·查苏利奇的复信草稿——三稿》,《马克思恩格斯全集》第19卷,人民出版社1963年版,第452页。
③ 恩格斯:《马尔克》,《马克思恩格斯全集》第19卷,人民出版社1963年版,第355页。

一般地说，在夏商周时期的土地，基本上属于公共所有（公有）制。正如恩格斯所说的："在整个东方，公社或国家是土地的所有者。"① 中央王朝和地方诸侯可根据当时的具体情况进行分配、收回重新分配②。而农业劳动者只有使用权，这就是当时的土地分配制度，即井田制度。

所谓井田，首先是指在形状上像个井字；有人干脆叫它是"豆腐乾块"（长条形或长方形）。在定量的土地上，比如说九百亩，或六百三十亩，中间有纵横交错的沟渠排灌系统，其形状像个井字的公田，后人称其为井田（有人认为，中国古代讲究对称，上下左右均齐。如我们目前还能看到的古建筑，中间为厅堂，两边对称各有数间。又如樑柱、门窗、长廊等上面的雕刻或绘画图案，都是对称整齐，一丝不苟的。是否井田制设计也有这层意思）。其次是公田。井田制的一个很大的特点就是将氏族共有的田划为公田和私田（份地）两部分，中间是八家共耕的公田，四周是八家的份地（公田，私人经营）。第三，各家的份地，要定期轮换。按何休所说：司空谨别田之高下、善恶，分为三品，上田一岁一垦，中田二岁一垦，下田三岁一垦，肥饶不得独乐，硗埆不得独苦，故三年一换土易居，财均力平③。

井田的产生，有说始于黄帝，史称黄帝之世，经土设井，立步制亩，使八家为井，井开四道，而分八宅，凿井于中，是为井田之始。商时因古制，以六百三十亩之地，划为九区，区七十亩，中为公田，其外八家各授一区，使其力以助耕公田，但不复税其私田④。

对于井田制度，孟子的记忆是：一方里为一井，一井的面积为九百亩，八家各耕一百亩，中间为公田，由八家共同耕种；耕作时，先公田，后私田；赋税制度仍遵周制：都城之外的田地实行助法，都城中实行贡法。卿以下至于士，每人有五十亩之地，叫圭田，不收税，以其收入供祭祀之用。一家人口多于五口者，叫余夫，按规定可授田二十五亩。孟子声称，这只是一个大概的轮廓，因为自实行井田制度以来，时代久远，随着时代的变迁，井

---

① 恩格斯：《反杜林论》，《马克思恩格斯全集》第20卷，人民出版社1974年版，第192页。
② 马克思：《资本主义地租的发生》："像在亚洲一样，是那个对他们来说是地主同时又是主权者的国家……在那里，国家就是最高的地主。在那里，主权就是在全国范围内集中的土地所有权。但是，从另一方面说，在那里，因此也就没有土地私有权。虽然对土地来说，既存在有私人的也存在有共同的占有权和使用权。"见《资本论》第三卷，人民出版社1966年版，第924—925页。
③ 《公羊传》鲁宣公十五年。好坏田轮换耕种，春秋时齐国仍在实行。见《银雀山汉简·田法》。
④ 《通典·食货典·田制》。

田制度也发生了难以逆转的变化，至于如何才能实行好，体现均平公正，符合国家和人民的利益，还有待于各国诸侯国君去根据各自国家的情况，组织实施。

由于古代的思想家、政治家、学者对井田制的描述是十分整齐、规范、神圣，致某些后世学者对它产生某种怀疑，代表人物是胡适。他在《井田制有无之研究》一文中提出："不但'豆腐乾块'的封建制度是不可能的，'豆腐乾块'的井田制度也是不可能的。"他断言"井田制的均产制乃是战国时代的乌托邦。"① 郭沫若对井田制的看法有肯定的一面，又有否定的一面。他承认我国古代存在过井田制度，但他不相信孟子描述的井田制度，他认为孟子所说的井田制，"完全是孟子的乌托邦的理想化。"② 范文澜老的观点基本上和郭老相同，只是在语气上和用词上稍微平缓一些，说"孟子井田说是一种空想。"③ 胡寄窗从《孟子》井田论的矛盾、金文中无井田及某些史料中存在问题，认为："孟轲的井田原始模式本身是不可能实现的空想，而且是我国古代最混乱的空想。"余姚陈伯瀛在他的《中国田制丛考》一书中，也认为井田不可行。理由有七：其一，以人情论之，井田不能有；其二，以人事论之，井田不能有；其三，以"地势"言之，井田亦不可通；其四，以地形论之，不能言井田之可行；其五，以工程言之，不能言井田之可通；其八，以遗产言之，不能必井田之可行；其七，以其创始与痕迹言之，不能言井田之曾见于行焉。他认为，以上述七点推论，"亦足断井田之制为乌有之传说也。"④ 既然井田制难以恢复，那么，古代是否实行过这个制度？

我们认为，争论主要是两个问题：第一，井田制在历史上是否存在过；第二，如若井田制存在，我们对其内容、性质应如何认识？那么，井田制是不是乌托邦？我们认为不是：

其一，在殷墟发掘出来的甲骨文字中，有田、囲、囯、㘞、囯等井田字形；谷物遗存有农、艺、麦、来、粟、黍、禾、啬等字。

其二，有《诗经·小雅·信南山》为证。此诗是写岁末冬祭。烝祭是在一年农事完毕以后的祭典。全诗共六章：

---

① 转引自金景芳：《论井田制度》，《吉林大学社会科学学报》1981 年第 1 期。
② 郭沫若：《奴隶制时代》，人民出版社 1978 年版，第 29 页。
③ 范文澜：《中国通史简编》修订本，人民出版社 1949 年版，第 69 页。
④ 该书由商务印书馆印行，1935 年 7 月出版。

信彼南山，维禹甸之。畇畇原隰，曾孙田之。我疆我理，南东其亩。
上天同云，雨雪纷纷。益之以霡霂，既优既渥，既霑既足，生我百谷。
疆场翼翼，黍稷彧彧，曾孙之稼，以为酒食。畀我尸宾，寿考万年。
中田有庐，疆场有瓜。是剥是菹，献之皇祖。曾孙寿考，受天之祜。
祭以清酒，从以骍牡，享于祖考。执其鸾刀，以启其毛，取其血膋。
是烝是享，苾苾芬芬。祀事孔明，先祖是皇。报以介福，万寿无疆！

此诗的第一章，南山，即终南山。诗中说"维禹甸之"，是说周之京畿地区的大片土地，是当年大禹治水时开辟出来的，郑笺也以"甸"即是禹治为丘甸之甸。所以认为井田事实上是从大禹开始的。"我疆我理，南东其亩"，是因划分田界是井田制的一个重要内容，而"南东其亩"，则是按地形地势，其田陇或南北向，或东南向。对此，郭沫若在他的《十批判书》中，借《左传》成公二年所记的事说：亩道系以国都为中心，故有南北纵走与东西横贯的两种大道。南北纵走的是南亩，东西横贯的就是东亩。他认为，"我疆我理，南东其亩"就是这个事实。由此也可认为这是井田制的有力证明。第一章，南山，即终南山。诗中说"维禹甸之"，是说周之京畿地区的大片土地，是当年大禹治水时开辟出来的，郑笺也以"甸"即是禹治为丘甸之甸。所以认为井田事实上是从大禹开始的。"我疆我理，南东其亩"，疆，田界；理，正，治理。在夏商周时期，划分田界是井田制的一个重要内容，而"南东其亩"，则是指按地形地势，其田陇或南北向，或东南向。史称晋军入齐，要"使齐之封内，尽东其亩"。注称使垄亩东西行。这是因为垄亩东西向，有利于晋军兵车循垄沟入齐方便。齐人反驳说："先王疆理天下，物土之宜，而布其利。故《诗》曰：'我疆我理，南东其亩'。今吾子疆理诸侯，而曰尽东其亩而已，唯吾子戎车是利，无顾土宜，其无乃非先王之命也乎！"（《左传》成公二年）可见，东亩是东西走向，南亩是南北走向。由此可认为这是井田制的证明。

第二章写冬有雨雪，春有小雨，雨水充沛，有利于百谷生长。

第三章写田界划分符合规定，黍稷等作物生长茂盛，粮食丰收，置办酒食祭献神灵，保佑长生。

第四章关于"中田有庐，"又是井田制中的内容。在田界的空隙处种上瓜菜（充分利用土地），做成食品献给皇祖，祈求上天赐福子孙。

第五、六两章写以清酒、公牛祭祀祖考，祭品散发出阵阵浓香，祭祀仪式庄重有条理，列祖驾临。降福子孙万福。

不可否认，古代的典籍对三代井田制度的内容描述，似乎有不少夸张的成分；又因时代久远，后世学者也无法了解更多的内容；还有一个重要的原因是孟子对井田的陈述中，夹带了他本人的某些治国理念，所以造成后世学者的争鸣。

我们认为，孟子的井田说并非空穴来风，并非虚构。综合前人的陈述，在中国历史上，井田制度是存在过的，也可能就是孟子所说的那个样子，但必须把那些理想化、神圣化的东西，如九百亩一井、八家共一井、方块田之间规范整齐的沟渠等等既不符合各地的自然条件，也不符合各地人口疏密状况的内容，客观上难以做到的内容去掉。但这并不能以此就能否定井田制度。

我们认为，井田制有两大特点：一是土地公有①，在此前提条件下，在耕作使用上要分为"公田"、"私田"（份地）；二是土质有好坏，距离有远近，所以份地要定期轮换（只有土地公有制才能做到这一点）。先秦典籍中对此多有记载，称作"换土易居"②。即在井田制下，根据田的好坏，将土地分为三个品级，三年重新分配一次。由于定期重新分配土地，从而达到"财均力平"的目的。这种办法，直到战国早期的齐国仍然存在着，《银雀山汉简·田法》就记载了战国初期齐国的授田法："巧参以为岁均计，二岁而均计定，三岁而壹更赋田，十岁而民毕易田，令皆受地美亚口均之数也。"③ 以法令的形式规定耕地的定期重新分配，一方面，反映农民所经营的份地是只有使用权没有所有权的公田；另一方面，到战国时期，随着生产技术的改进，种植物单位产量的提高，份地重新分配的时间间隔也越来越长，从最初的每三年一次逐渐发展到十年一次，并以法律的形式加以固定，它为以后的土地向私有化发展奠定了基础。我们翻阅夏商周三代关于土地分配使用的情况，发现它是符合这一特点规定的。而且，井田制下土地使用分为公有地和份地这两种成份的情况，还成了中国四千多年来土地占有（使用）历史的真实记录。即使是到民国时期，仍有公田（官田）的存在。

---

① 马克思在《给维·伊·查苏利奇的复信草稿——三稿》中所提出的农村公社的三个特征：（1）农村公社是"最早的没有血统关系的自由人的社会联合"；（2）在农村公社中，"房屋及其附属物——园地是农民私有的"；（3）"耕地是不准转卖的公共财产，定期在农业公社社员之间进行重分，因此，每一社员用自己的力量来耕种分给他的地，并把产品留为己有"。

② 《公羊传》宣公十五年何休注说："司空谨别田之高下、善恶，分为三品：上田一岁一垦，中田二岁一垦，下田三岁一垦，肥饶不能独乐，饶角不得独苦，故三年一换土易居，财均力平。"

③ 巧，即考；亚，即恶。

我们说，孟子在井田制的问题上，确实添加有他的治国理念，具有某种理想的成分，这是可以理解的，因为在春秋战国时期，一部分学者，包括孔子、孟子诸人，周游列国，向各国国君宣扬自己的治国主张，所以有些理想化的成分或是不切实际的思想，这是不足为怪的。再者，如果古代不存在井田制的话，那么以后的《韩诗外传》、《汉书·食货志》为什么还提出井田制的问题？我们认为，井田制实际上是古代对公有土地的合理分配和使用。可以肯定地说，夏商周三代并无私田私有私用问题，即使是秦汉以后实行土地私有制，但国家手中仍然控制着一部分土地，这就是公田、官田、学田、公廨田等等，以供国家在某些重要的事情上用于调剂。

那么，孟子的井田言论为什么受到后世学者的质疑？我们先看看孟子是怎么说的，是在什么情况下说的。

齐宣王问王政。对曰："昔者文王之治岐也，耕者九一，仕者世禄，关市讥而不征，泽梁无禁。"①

滕文公问为国。孟子答曰："《诗》云：'雨我公田，遂及我私'。惟助为有公田。由此观之，虽周亦助也。"②

滕文公使毕战问井地。孟子曰："夫仁政，必自经界始。经界不正，井地不均，谷禄不平，是故暴君污吏必慢其经界。经界既正，分田制禄，可坐而定也。夫滕壤地偏小……请野，九一而助；国中，什一使自赋。卿以下必有圭田。圭田五十亩，余田二十五亩"。"乡田同井，出入相友，守望相助，疾病相扶持，则百姓亲睦。方里而井，井九百亩，其中为公田，八家皆私百亩，同养公田，公事毕，然后敢治私事，所以别野人也。此其大略也。若夫润泽之，则在君与子（毕战）矣"。③

毕战，滕文公之臣。时大国诸侯基本上都不遵循周朝礼制和其典章制度，各自为政，井田疆界也屡遭破坏，已非原来的模样。这也间接地说明原先是有井田形迹的。所以，孟子在回答滕文公使毕战问关于井田问题时，是针对当前人们急迫要解决的问题是他们的田界遭到侵蚀，利益受到

---

① 《孟子·梁惠王下》。梁惠王即魏惠王。
② 《孟子·滕文公上》。周文王姬昌，原是殷王朝周地的首领，实行的是殷王朝的助法和其他有关财政经济政策。
③ 《孟子·滕文公上》。《汉书·食货志》据此意云：井田方一里，是为九夫，八家共之。各受私田百亩，公田十亩，是为八百八十亩，余二十亩为庐舍。如按此言，则每家百一十亩，已非什一税率。

损害而说的。但孟子声称，这只是一个大概的轮廓，因为自实行井田制度以来，时代久远，随着时代的变迁，井田制度也发生了难以逆转的变化，至于如何才能实行好，体现均平公正，符合国家和人民的利益，还有待于各国诸侯国君去根据各自国家的情况，组织实施。孟子呼吁各诸侯国君实行仁政，关爱人民，只有保证居民的份地不被权势之家侵占，国家才能得到安定。

我们认为，首先是由于时代久远的原因，古代的很多事又主要是靠代代相传，这中间有不少详细的过程已经很难记起来。这从孟子的感慨中也可说明这一问题。他说："由尧舜至于汤，五百有余岁，若禹、皋陶，则见而知之，若汤，则闻而知之；由汤至于文王，五百有余岁，若伊尹、莱朱，则见而知之，若文王，则闻而知之；由文王至于孔子，五百有余岁，若太公望、散宜生，则见而知之，若孔子，则闻而知之。由孔子而来，至于今，百有余岁，去圣人之世，若此其未远也；近圣人之居，若此其甚也，然而无有乎尔①。可见，孟子也没有说自己所说的完全正确，只是大概意思而已。

除孟子外，论及井田的人和事，见于《公羊》、《谷梁》：古者三百步为里，名曰井田。井田者九百亩，公田居一。私田稼不善则非吏，公田稼不善则非民②。

九夫为井，井间广四尺，深四尺谓之沟，方十里为成，成间广八尺，深八尺谓之洫，方百里为同，同间广二寻，深二刃，谓之浍、专达于川，各载其名③。

《国语·齐语》载：桓公问有关农业、农民诸事，管子对曰："陆、阜、陵墐，井田畴均，则民不憾。"④

《国语·鲁语下》的《季康子以田赋》中载：季康子欲以田赋，孔子私下对冉有说"其岁收田一井，出稯禾、秉刍、缶（16斗）米，不是过也。"⑤

至汉代，井田制的内涵又被汉儒明晰和具体化。《汉书·食货志》云：

---

① 《孟子·尽心下》。
② 《谷梁传》宣公十五年。
③ 《周礼·考工记·匠人》。
④ 《管仲佐桓公为政》。
⑤ 640斛为1稯；16斗米为1缶。

"六尺为步,步百为亩,亩百为夫,夫三为屋,屋三为井。井方一里,是为九夫。八家共之,各授私田百亩,公田十亩,是为八百八十亩,余二十亩以为庐舍。出入相友,守望相助,疾病相救,民是以和睦,而教化齐同,力役生产可得而平也。民受田,上田,夫百亩;中田,夫二百亩;下田,夫三百亩。岁耕种者为不易上田;休一岁者,为一易中田;休二岁者,为再易下田。三岁更耕之,自爰其处。农民户人已受田,其家众男为余夫,亦以口受田如此。"《诗》云:"中田有庐,疆场有瓜。"①

顾炎武的认识是:古先王之治地也,无弃地,而亦不尽地。田间之涂九轨,有余道矣;遗山泽之分,秋水多得有所休息,有余水矣。是以功易立而难坏,年计不足而世计有余。今之人一以急迫之心为之,商鞅决裂阡陌,而中原之疆理荡然②。认为在井田制度下,农民努力耕作,自己的份地不荒废,份地之外也不擅自垦辟。不多占多种,沟洫相通,自给有余。

古人之所以推崇井田,据说是因为:一曰无泄地气,二曰无费一家,三曰同风俗,四曰合巧拙,五曰通财货。既能合理利用土地,又能照顾到邻里,财货均通。

最后,我们来看看《周礼》的记述。

"溥天之下,莫非王土;率土之滨,莫非王臣"。可以理解为:(1)土地国有,国有即王有;(2)既然土地国有,所有居民属于王的臣民,那么王即有权向臣民收税、征发徭役。

那么,江南地区是否也实行过井田制?从目前的资料来看,还缺乏有关方面的信史。我们认为,首先是江南水多,丘陵山地多,坡田也多,更多的是不规则的、节节而上的(或鱼鳞状的)梯田,或是沟渠密佈的水田,这种形状就不可能实行大田制。其次,南方水田因地势开辟,农村以"长丘"、"弯丘"、"四方丘"、"葫芦丘"、"鹅颈丘"、"裤裆丘"等等以形状命名的水田,所栽种的禾苗,无水不长,无阳光籽粒不壮。第三,南方水稻的生长、拔节、扬花(开花授粉)、结实,水温不足不长,水过多不长(稻谷成熟时要晒),水放干后晚上要灌水,这就要有河渠、水塘能随时以水灌注。第四,在南方水乡,靠江河的居民直用江水河水,山区使用地下泉水,城市居民则掘井饮用,这种专供饮用的水井就叫井。按:井,作为饮水之处

---

① 《韩诗外传》卷四。
② 顾炎武:《日知录·治地》。

(具),早于井田的产生《易·井》:"井,改邑不改井。"《疏》称古者穿地取水,以瓶引汲,谓之为井。"注引《正义》曰:"井用有常德:终日汲引未尝言损,终日泉注未尝言益。邑虽迁而井无改,故云改邑不改井。《孟子》云:掘地九仞,不及泉。"① 说明井与泉相通。这个泉,当是指的暗泉(地下泉水)。除了凿井而饮外,以后有派生出井田、市井之类的事物。我们认为,究其实,井与井田并没有必然的联系。《易经》的井,是指通过桔槔或者辘轳等汲水工具,将水从井中取出来,通过田间沟渠,浇灌田土中的庄稼;这里的井的形状同井田没有必然联系,只有田间的沟渠才能形成联想;而城市的井,则更是居民饮水来源,同井田无关。一般来说,大中城市大都同江河连在一起:如北京,就有大小河流百余条;天津,内有海河,外接渤海;武汉,汉水和长江将武汉三镇隔成三块;长沙,湘江流经东南而北去;南昌有赣江,南京有长江……在南方,小城市(县城)多有江河相伴,如赤壁市(县级市),陆水流经南面半城;安化,有资水穿城而过(旧县城有洢水从西南而来,绕县城南部,向东北流去)。在百年前,居民的饮用水都取之于此。在农村,历史比较长远的村庄,村前亦有溪水流经,可供人畜用水。也有水井,实际是个蓄水池,将地下涌出的水留下一部分,以供人们取用。至于遇上干旱,从江河、池、湖、塘里取水,则视地势高低,选用各种提水工具,如水车、筒车、吊桶之类工具,取水以用。所以,大片井田存在的可能性是很小的。

(二) 分封制

周初,为适应新的形势,加强和巩固周王朝的统治,周王大封同姓贵族和异姓功臣为诸侯,以屏藩周室。史载周初曾经进行三次大的分封,先后受封的达七十一人,其中周武王的兄弟即有十五人,姬姓四十人。受封的诸侯,在其封国内,还要进行再分封。诸侯封卿、大夫以采邑,卿、大夫封士以食地。可见,这种以周王为中心,从诸侯到庶民这种逐级分封方式,体现的是土地分配与宗法制度相结合的一种土地制度,但人人都有可耕的土地,又使这一制度适应当时社会发展的需要。发掘出来的青铜器上的铭文就可以证明这些。

1. 天子封诸侯、大夫

要讲分封,最早的事迹可能要数"象封有庳"。按《日知录》云:

---

① 《孟子·尽心上》。

"舜都蒲坂，而封象于道州鼻亭①。在三苗以南荒服之地，诚为可疑。如孟子所论亲之欲其贵，爱之欲其富，有且欲其源源而来，何以不在中原近畿之处，而置之三千余里之外耶！盖上古诸侯之封万国，其时中原之地，必无闲土可以封故也。又考太公之于周，其功亦大矣，而仅封营丘。营丘在今昌乐潍二县界，史言其潟卤，人民寡，而孟子言其俭于百里；又莱夷偪处，而与之争国，夫尊为尚父，亲为后父，功为元臣，而封止于此，岂非中原之地无闲土，故至薄姑氏之灭，而后乃封太公耶。"② 《谷梁传》云："古者天子封诸侯，其地足以容其民，其民足以满城而自守。"③ 指要有能够供其人民生产、生活的定量土地，有一定的人丁可以自卫。而诸侯的封地又是严格按照规定分配的。《孟子》云："天子之地方千里，不千里不足以待诸侯；诸侯之地方百里，不百里不足以守宗庙之典籍。周公之封于鲁，为方百里也，地非不足，而俭于百里；太公之封于齐也，亦为方百里也。地非不足也，而俭于百里。"④ 即任人以职，以财。财以聚人，世代相传。从原则上、制度上是这么规定，在具体实行时，随着时间的变迁，也有所改易。

西周王朝是如何分封诸侯的？《诗经》和钟鼎铭文是这么记载的：

"锡山土田，于周受命，自召祖命。"⑤ 诸侯有大功德，赐之名山、土田附庸。宣王欲尊显召虎，使虎受山川土田之赐命。

"王曰叔父，建尔元子。俾侯于鲁，大启尔宇，为周室辅。乃命鲁公，俾侯于东，锡之山川，土田附庸。"⑥ 策命伯禽为鲁国国君。

"王曰，中……今括里汝怀土作乃采。"⑦

据《正义》引明堂位曰：成王以周公为有勋，劳于天下，是以封周公于曲阜，地方七百里，革车千乘。是周公之时，土境特大，异于其他诸侯也。后来不知何故，封周公的元子（伯禽）为鲁国国君，将鲁地的山川、土田及该地的人民交由他治理。当然也要尽他的本职：定期向中央进贡，保

---

① 《水经注》王隐曰：应阳县本泉陵之北部，东五里有鼻墟，象所封也。山下有象庙。《后汉书·东平王苍传》注：有鼻，国名。在今永州营道县北。
② 顾炎武：《日知录》卷七"象封有库"。
③ 《春秋谷梁传》襄公二十九年。
④ 《孟子·告子下》。
⑤ 《诗·大雅·江汉》。
⑥ 《诗·鲁颂·閟宫》。
⑦ 《南宫中鼎铭》。

卫王朝中央。

值得一说的《诗经·大雅·韩奕》所记的事。全诗是讲周宣王为加强北方防务，增强韩国作为屏障的作用，故提高其爵位，重修韩城，增加常备军，以发挥政治和军事作用。韩城的地理位置，《诗》中首先指出境内的梁山，是大禹治水时开辟的。韩城，据今人考证，当在今通县西、河北固安东北地方。其次是告诫韩侯，"缵戎祖考，无废朕命；夙夜匪解，虔共尔位，朕命不易，干不庭方，以佐戎辟。"要他继承其先祖的功德，不背离宣王的使命，日夜不懈，虔诚恭谨地完成使命；要匡正背叛不庭之国，以辅佐王朝。作为一个受封诸侯，他的权责是十分明确的，既然授田受疆土，那就有责任守土纳贡。所以《诗》中说："溥彼韩城，燕师所完。以先祖受命，因时百蛮。王锡韩侯，其追其貊。奄受北国，因以其伯。实墉实壑，实亩实藉。献其貔皮，赤豹黄黑。"就是说，那加广的韩城，是燕国官兵所筑；韩侯的先祖，曾受命管理这里的蛮夷百族。今宣王又赐韩侯以命，为北国方伯，命其以追、貊为属国，并将北方地区切实管起来，因而授以侯伯之爵，嘱其加固城墙，深挖壕沟；划分田亩疆界，厘正田籍税则；遵循常规，率蛮夷、百姓向周王贡献猛兽之皮，如赤豹、黄黑。

在周初，各诸侯、大夫对于天子赐予土地的事都看成是一件十分荣耀的大事，往往铸鼎铭文作永久纪念。这些铭文就为我们研究当时的历史提供了宝贵的真实记录。如《敔殷》铭文记载：王"赐田于敔五十田，于早五十田。"一田是多少？《公羊传》注称是"一井之田"①。又《召卣》铭文载：王"赏毕土方五十里。"方里为井，应是五十井之田。

周王调整土地占有关系，具有随意性，不确定性，他可按自己的需要，运用自己的这一特权：

"王命申伯，世是南邦。因是谢人，以作尔庸。"② 厉王之乱，宣王中兴，天子分割土地，建立邦国，以封人为诸侯。

"王命召伯，彻申伯土田。"③ 指宣王命召伯往谢邑，营立申伯之居宅之后，还要治理其土田，正其井牧，定其赋税。

2. 诸侯、卿大夫分赐臣属

---

① 《公羊传》哀公十二年"用田赋"注：田，谓一井之田。又《国语·鲁语下》"季康子欲以田赋"注：田，一井也。
② 《诗·大雅·崧高》。王命之伯，指申国之伯。
③ 《诗·大雅·崧高》。王命召伯，指昭公。

如"叔有成劳于齐邦，侯氏锡之邑二百又九十又九邑。"① "锡女（克）田于埜，锡女田于渒，锡女井家䵼田于䵼，以厥臣妾；锡女田于康，锡女田于匽，锡女田于博原，锡女田于寒山。"②

如《不㛫毁》铭载，白氏赐给不㛫"田十田"。

在土田分封之后，在每个封区之间，划定了十分严格的疆界。这种疆界的划定，翦伯赞先生认为它是利用自然的地理形势，如河流、溪涧、山岗、森林及草原等作为双方田土之间的界标；一般还要在田界之间封植树木以为标志，各自固守封疆，分土而治。如《散氏盘》铭文所说："用矢践散邑③，乃即散用田境。自瀗涉以南，至于大沽，一封以陟二封。至于边柳。复瀗陟零捷原陕以西封于敽城楮木，封于若俅，封于若道。内陟若登于厂源，封楮桥陕。陵刚桥，封于絮道，封于原道，封于周道。以东封于梓东疆，右还封于境道。以南封于却徕道。以西至于㿟莫境井邑田。自粮木道左，至于井邑封道，以东一封；还以西，一封，陟刚，三封；降以南，封于同道。陟州刚，登桥，降栱，二封。"《散氏盘》铭文对眉地之田和井邑之田这两块土田的位置、四至（界）、某封、某树，均作了详细的记述。翦先生认定，"如沽如瀗如源，皆指河流或溪涧；如陕如刚如却，皆指丘陵或溪谷；如楮如栱，皆指森林；如若如徕，皆指草原。此外，亦有以城或道作为分界者④。

按夏商周时期的制度规定，土地属于国王（国家）所有，即"普天之下，莫非王土。"公田是不允许用来交换的，只有周王才有予夺之权，如"召伯虎簋"中的铭文，就记载周王赏给召伯虎（西周末年的贵族）土地的事实。又如礼器"召卣"铭文记载：周王赏给召"毕土方五十里。"方里为井，井九百亩，这是一次很大的赏赐。从这里也可看出西周此时实行的是井田制。但到西周末期，私垦田地的现象已日益多了起来；争夺田邑、交换土地的事件也时有发生。上面所说的陕西凤翔出土的西周中晚期的青铜器散氏盘，其盘腹中的铭文，记述了一篇该时期的完整的契约，即矢国人侵犯了散国的土地，答应用两块土地（眉地之田和井邑之田）给散国以作赔偿。周王朝中管理讯讼的王臣也参了盟誓。又据陕西岐山出土的三件贵族裘卫的青

---

① 《子仲姜镈铭》。
② 《克鼎铭》。
③ 矢，音 ze，仄。
④ 翦伯赞：《先秦史》，北京大学出版社 2001 年版，第 232 页。

铜器，铭文记载裘卫同矩伯和邦君厉先后三次交换土田和山林事实。如裘卫以价值一百朋的觐璋、赤虎等，换取了矩伯一千三百亩土地。此事还得到伯邑父等五位执政大臣的允许。又如周厉王时，鬲（同鬲）攸从的两件青铜器：一个是鬲攸从鼎，另一个是鬲从盨。铭文中记载章氏用八邑、良氏用五邑去向鬲攸从换田以及鬲攸从与攸卫牧之间发生的田租纠纷，最后经过诉讼才解决。又据"格伯簋"器中的铭文记载，格伯用四匹好马，与倗生换卅田的事实。

从众多史籍记载中，我们不难发现，周天子名义上是全国土地的最高所有者，但实际上属于周王直接管理的土地，却只有王畿范围（"邦畿千里"）这一部分，当然，这一部分土地面积也不算少。其次就是他在特定的条件下，对国有土地（授予诸侯等贵族的土地）有予夺之权。

到了春秋时期，由于铁器的使用和牛耕的推广，使农业生产力得到飞速发展，卿、大夫和各国诸候们很快富了起来，这使得土地性质也逐渐发生改变，周王已不能随意剥夺他们的田地了。如周桓王八年（前712年），"王取邬、刘、蒍、邗之田于郑，而与郑人苏忿生之田温、原、絺、樊、隰成、欑茅向、盟、州、陉、隤、怀。"王取郑国几块田地，而又以王畿内苏忿生之田予郑；又如周惠王二年（前675年），"惠王即位，取蒍国之圃以为囿。边伯之宫近于王宫，土取之。王夺子禽、祝跪与詹父田，而收膳夫之秩。故蒍国、边伯、石速（膳夫）、詹父、子禽、祝跪作乱，因苏氏。秋，五大夫奉子颓以伐王。"① 周惠王随意夺地，引来五大夫的强力反抗。

贵族之间为田地争斗、诉讼，也层出不穷了。鲁隐公五年（前718年），"宋人取邾田"；鲁桓公二年（前710年），晋"哀侯侵陉庭之田"；鲁僖公二十八年（前632年），晋文公命"执曹伯，分曹、卫之田，以赐宋人"；三十一年，"取济西田，分曹地也"；鲁成公十一年（前580年）秋，"晋郤至（大夫）与周争鄇田"郤至认为"温，吾故也。"注：鄇乃温之别邑；十七年（前574年）晋"郤锜夺夷阳五田……郤犨与长鱼矫争田"；昭公九年（前533年），"周甘人与晋阎嘉争阎田"；十四年（前528年），冬，"晋邢侯与雍子争鄐田"等等。这些事件，看似是王与诸侯、大夫、大国诸侯与小国之间的权利之争，又主要表现在土地占有权属上。在当时，上至周天子、下及平民，土地是财富的象征，上述的一系列事件，都表明土地制度

---

① 《春秋左传》，庄公十九年。

在发生着深刻的变化。

进入战国以后，大国之间的兼并，在更大的范围内进行，对土地的分割，也是其中重要内容之一。特别是秦孝公十二年，商鞅在秦国第二次变法，其中一个重要的内容就是"为田开阡陌封疆"①。蔡泽曰："夫商君为孝公……决裂阡陌，教民耕战"②。对于"开阡陌"问题，古往今来说解不一。原来有两种截然不同的观点，一是把"开"字解释为"开置"或"创置"，以为商鞅变法开创了阡陌，废除井田制度；董仲舒指出，秦"用商鞅之法，改帝王之制，除井田，民得卖买。"③ 另一种意见认为"开"是"开辟"的意，即朱熹所说的"乃破坏划削之意，而非创置建立之名。"④ 原因在于沟洫和道路占地太多，必须划削以为耕地。就是扩大耕地面积，减少对耕地的占用。20世纪80年代以来，研究又有了新进展，认为"开"是"打破"、"破坏"的意思，即打破原来的步百为亩的旧田界，建立一种以二百四十步为亩的新田界⑤。徐喜辰、陈昌远等先生据此认为"开阡陌"是增加农民耕地的措施，它为土地私有的发展创造了条件，不承认是土地所有权的革命。我们认为，古代井田的特点一是划分百亩一区的田界，二是规定公田、私田的职责用途。如今重新划分田界，面积扩大一倍有余，过去的井田理论已经不再适应。所以，三代实行的井田制，到战国秦孝公用商鞅变化，除井田，开阡陌封疆，井田制度首先在秦国遭到破坏。这一说法是比较合理的。我们认为，所谓井田，其实是从形式上说的，很难说它是分配土田的计量单位，也很难说它是计税的单位，它只不过是根据地形（平原、坡地、山地或是河滩地）、土地面积大小和根据需要，划分成若干块土田。每块田之间有明显的田界。田的一面是水沟（排水、灌水之用），而且水沟一般是同水源如河流、池塘、水库、河渠相连接；田边的水沟一般是一尺到二尺宽，一尺多深，它的功用是土田缺水时水能流进，暴雨、多雨时节，田里多余的水又能流出去，所以，水渠不是越宽越好（多占农田），也不是越深越好，关键在于适用。在湖南农村，基本上是每个村庄前都有一条河（小溪），有沟渠通向水田；各家的水田之间有明显的田界（南方叫田塍），有如刘禹锡《插田

---

① 《史记·商君列传》。
② 《战国策·秦策·蔡泽见逐于赵》。
③ 《汉书·食货志上》。
④ 《文献通考·田赋一》引朱子《开阡陌辩》。
⑤ 徐喜辰：《"开阡陌"辨析》，《吉林大学社会科学学报》1986年第2期。

歌》所描写的"田塍望如线,白水光参差。"(田塍作为田界,可供劳动者行走,但不许擅自破坏)。在大片田段中,按良田共享原则,每家都有一长方块田(不可能有不规则的田)。田塍为界,沟渠相通,说它像豆腐乾块、像井字形,也未为不可。

始于夏商时期的井田形制,随着生产力的发展,生产经验的积累,社会的进步,人口的增加,到西周中期以后,已经满足不了国家、贵族和农民的需要,更主要的是"财"的诱惑力十分强大,这一点,古今中外,概莫能外。于是井田之外土地的开垦、财富的扩张,就开始涌动起来。所以,我认为,古代井田制的破坏,萌芽于西周中后期的土田(公田,即井田)交换、买卖。至于齐桓公时期(前685—前643年)的"相地衰征",晋惠公(前650—前637年)时期"作爰田"、"作州兵",鲁宣公十五年(前594年)实行"初税亩",鲁成公实行"作丘甲",秦孝公用卫鞅变法等等,所有这些变法,均与土地制度有关,但都没有触动土地分配制度,充其量只不过是促进其走向瓦解的推动力而已。

二、秦朝之后的土地占有关系

秦统一全国后,秦始皇三十一年(前216年)颁布法令:"使黔首自实田",全国除了朝廷控制有限的公田外,其他土地,按耕种者向政府呈报的实际占有数确定为其所有,井田制度至此走完了它的道路(完成了它的历史使命)。但是,土地私有化后,一个严重的问题即豪强兼并土地问题逐渐突显出来,而官府没有有效的制约手段,造成农民失去土地而无以自存,给社会带来不利的影响。如西汉末年,危机四伏,鲍宣上书称当时"凡民有七亡:阴阳不和,水旱为灾,一亡也;县官重责更赋租税,二亡也;贪吏并公,受取不已,三亡也;豪强大姓蚕食亡厌,四亡也;苛吏徭役,失农桑时,五亡也;部落鼓鸣,男女避迣①,六亡也;盗贼劫略,取民财物,七亡也。"并说"民有七亡而无一得……民有七死而无一生。"② 面对这种严重的情况,师丹上疏,建议限田、限奴婢③,但因被外戚和权贵的阻挡而搁置。王莽新政,为解决土地问题,行王田制,遭到上下反对,失败了。原因是井

---

① 迣,原注曰:"晋灼曰:迣,古列字也。师古曰:闻桴鼓之声,以为有盗贼,皆为遮列而追捕。"
② 《汉书·鲍宣传》。
③ 《汉书·哀帝纪》。

田虽然是"圣制",但是时过境迁,社会变化了,人的思想也变化了,难以再回复到井田制的状况;西晋的占田制是向均田制的过渡;北魏至隋唐的均田制,很有成效,但被晚年的唐玄宗弄坏了;清雍正初,为解决无业的八旗子弟生计问题,实行"一国两制"政策,即在新城、固安、霸州和永清四州府,先后调配公(官)有土地450余顷,仿商周办法实行井田制度。据称,刚开始时,效果还好,只是因八旗子弟游惰惯了,好逸恶劳,卖田典地,不断逃跑,到乾隆元年,被迫改井田为屯田。总之,土地占有关系,始终是社会各阶层关注的焦点,是国家必须调控的社会经济关系。

第三节　田赋和徭役

一、田赋

中国赋税的缘起,司马迁断言:"自虞夏时,贡赋备矣。"① 也就是说,国家的赋税制度,在舜禹时代就已经基本完备了。那么,赋税征收制度的产生,应该早于舜禹,或者说,在氏族社会后期,由于公共事务的增多,一部分经常脱离集体生产的人,必须从本氏族成员中收取一部分财物作为补偿,这就如恩格斯所说,已部分地依靠公社成员缴纳贡物,如谷物、家畜等来补充自己的生活了。这种状况,在中国可能开始于炎黄时代。史称黄帝在战胜炎帝之后,对不顺者、不履行贡纳义务者,东征西伐,往来无常处。进入唐虞时代,大禹治水成功后,划地居民,制定制度,这时,早期的贡赋制度才基本形成。

（一）夏商周时期的赋税

孟子曰:夏后氏五十而贡,殷人七十而助,周人百亩而彻②。

关于夏代的税法——贡。《广雅·释言》:贡,献也。《书·禹贡序》:"禹别九州,随山濬川,任土作贡。"《疏》:贡者,从下献上之称。又,《广雅·释言》:贡,税也。《周礼·考工记》:贡者,自治其所受田,贡其税谷。《孟子·滕文公》(集注)夏时一夫授田五十亩,而每夫计其五亩之入

---

① 《史记·夏本纪》太史公曰。
② 《孟子·滕文公上》。

以为贡。所以，夏代之贡，在这里是指的对土地出产之征。据史籍记载：夏禹当时所制定的纳税原则是："相地宜所有以贡，及山川之便利。"也就是"因地制宜"，"任土作贡"的征收原则①。据史籍所载②，当时规定：

冀州③，其土白壤④，赋上上错⑤，田中中⑥。鸟夷皮服⑦。

沇州⑧，其土黑坟⑨，田中下，赋贞，作十有三年乃同⑩。

青州⑪，其土白坟，海滨广潟，厥田斥卤，田上下，赋中上。莱夷为牧。

徐州⑫，其土赤埴坟⑬，其田上中（二等），赋中中。贡维土五色⑭。

扬州⑮，其土涂泥⑯，田下下，赋下上上杂⑰。

荆州⑱，其土塗泥，田下中，赋上下。

豫州⑲，其土壤，下土坟垆⑳，田中上，赋杂上中㉑。

梁州㉒，其土青骊㉓。田下上，赋下中三错㉔。

---

① 《史记·夏本纪》、《尚书·禹贡》。
② 《尚书·禹贡》。
③ 约相当今辽宁西、河北西北、河南北部、山西及内蒙古一部。
④ 《集解》引孔安国曰：土无块曰壤。
⑤ 《集解》引孔安国曰：上上，第一。错，杂。即杂出第二等之赋。
⑥ 孔安国曰：九州之中为第五。
⑦ 东北方之民，人处山林，养禽兽，食其肉衣兽皮。
⑧ 地在济水与河水之间。约相当今山东西北、河北东南及河南一部。
⑨ 《集解》引孔安国曰：色黑而坟起。
⑩ 孔安国曰：田第六。贞，正也。治此州正作不休，十三年乃有赋，与八州同。言功难也。其赋下下。
⑪ 约相当今山东北部、辽宁南部等地区。
⑫ 约相当今江苏、安徽北部、山东南部。
⑬ 《集解》徐广曰：埴，粘土也。
⑭ 土五色，古为大社之封。《正义》引《韩诗外传》云："天子社广五丈，东方青，南方赤，西方白，北方黑，上冒以黄土。将封诸侯，各取方土，苴以白茅，以为社也。
⑮ 约相当今浙江、江西、福建全省及江苏、安徽、河南、湖北等相邻地区。
⑯ 地势低洼，其土湿润。
⑰ 《集解》孔安国曰：田第九，赋第七，杂出第六。
⑱ 约相当今湖南、湖北东南、四川南、贵州东、广西北。
⑲ 约相当今河南、山东西、湖北北部。
⑳ 孔安国曰：垆，疏也。马融曰：豫州地有三等，下等坟垆也。
㉑ 田第四，赋第二，杂出第一。
㉒ 约相当今四川、湖北西、陕西南、甘肃南部。
㉓ 孔安国曰：色青黑。
㉔ 孔安国曰：赋第八，杂出第七、第九三等。

雍州①，其土黄壤，田上上，赋中下②。

舜禹确立的赋税制度，就全国来说，还只是一个原则规定，具体到中央与地方、本国和周边的部落方国的依存和贡纳关系，也作了原则上的设计，即以王城为圆心，以五百里为一标准线（距离），向四周划了若干个大圈，以甸、侯、绥、要、荒的名字来明确其政治和经济任务。《尚书》是如此记述的：

甸服：指王城周边各五百里的天子直属经济区。其主要任务是为天子的农业种植业服务，即保证天子及中央各个机构的人、马食用之需。史称令天子之国以外"五百里甸服③：百里赋纳緫④，二百里纳铚⑤，三百里纳秸服⑥，四百里粟，五百里米"⑦。体现近者重，远者轻的原则。

侯服⑧：为斥候，任王事。"百里采⑨，二百里男邦⑩，三百里诸侯"⑪。

绥服⑫：三百里揆文教⑬，二百里奋武卫。

要服⑭：约束以文教，三百里夷，二百里蔡⑮。

荒服⑯：对边远之地，政教难及，因其俗而治。三百里蛮⑰；二百里流⑱。

孔颖达疏称：自"九州攸同"至"成赋中邦"，总言水土既平，贡赋得常之事也；自五百里甸服，至二百里流，总言四海之内，量其远近分为五服

① 约相当今陕西北、新疆、青海、西藏东部、内蒙古南部、甘肃南部。
② 孔安国曰：田第一，赋第六。人工少。
③ 《集解》引孔安国曰："为天子之服治田，去王城［四］面五百里内。
④ 孔安国曰：甸内近王城者。禾稾曰緫，供饲国马也。《索引》引《说文》云：緫，聚束草也。
⑤ 《索引》说文云：铚，获禾短镰也。孔安国曰："所铚刈谓禾穗。"
⑥ 《集解》孔安国曰：秸，稾也。服藁役。
⑦ 孔安国曰：所纳精者少，粗者多。
⑧ 甸服外五百里的区域。
⑨ 《集解》马融曰：采，事也。各受王事，即供役。
⑩ 孔安国曰：男，任也，任王事者。
⑪ 孔安国曰：三百里同为王者斥候，即同为斥候。
⑫ 侯服外五百里。绥，安也。服王者政教。
⑬ 揆，度也。度王者文教而行之。
⑭ 绥服外五百里。
⑮ 夷，指遵守常教；蔡，指受王之法治。
⑯ 要服外五百里。
⑰ 礼简、怠慢，来不拒，去不禁。
⑱ 无城郭，无常居住所。

之事也。

至于在唐虞时期是否有这么设计完备、考虑周到的贡赋制度，那是谁也说不准的事，不过，大禹的因地制宜、任土作贡、远近有别、精粗分明的原则，体现了一个总的精神，这就是均平负担，在当时来说，是完全正确的，是符合实际需要的，因而是可行的。

关于助法。助，借人力耕种。孟子说"助者，藉也"。可见助法始于商。因为，到了商代，井田制已经成熟。公田、"私"田（份地）的划分，正好是井田制"助"的内容。公田收入上交国家，以供公共事务及人员经用；"私"田收入归耕种者养家糊口和进行再生产。

周之彻法。孟子曰："彻者，彻也，助者，藉也"。后面一句好懂，借民力助耕公田。至于"彻者彻也"就难以理解了。可能在孟子那个时代是人人都明白的，但到后世就令人费解了。问题是前一个彻字同后一个彻字的意义有无区别？学术界对此也争论不休，都独有高见，但也不能完全令人信服。《诗》云："其军三单。度其隰原，彻田为粮"①。按毛诗训"彻"为"治"。公刘自邰迁豳，人不足三万；所带粮食并不会很多，必须在安营扎寨后，立即生产粮食，以供食用。这就是孔《疏》所讲的公刘之为君，初至于豳，既广其土地之东西，既长其境界之南北，《正义》称这是因为公刘自邰往迁豳之时，尺土皆非己物，公刘之所以既广既长，就是正定疆界。为此，他既以日影定其经界，乃复登彼山脊之岗，视其阴阳寒暖所宜，又观其流泉浸润所及，乃知天气宜其禾黍，地利足以生物，乃居处其民焉。郑认为，公刘初至于豳，丁夫寡少，其军有三，无有羡卒，量度其隰与原，田之多少，彻税其田之所收以为国之粮。我们认为，分别各类田地（高、低、原、隰），"治田为粮"是说得通的，但如果同税收直接连在一起，这就有点勉强了。《正义》也指出：其军三单，是指从邰出发在道及初至之时，以未得安居，虑有寇钞，故三重为军，使强壮在外所以备御之也。《崧高》及本传皆云彻、治，则训彻为治，非税法之通名也。言治田为粮，谓至豳地，以为久住之粮，非在道之粮也。这就是开辟土田，生产粮食。又如《小雅》云："王命召伯，彻申伯土田"②。注云王命召伯往谢邑，营立召伯之居宅（国都之城），治其土田，正其井牧，定其赋税。这种解释也不是原意，原

---

① 《诗经·大雅·公刘》。
② 《诗经·小雅·崧高》。

意是王将原申伯土田赐给召伯,令其营立国都之城,治其土田,生产粮食。当然也要规定向周王贡纳财物。许慎:《说文》:彻者,通也,为天下之通法。耕则通力合作,收则计亩而分。许慎这样解释还是行得通的。同样,彻不是税法。但将彻与税收挂起钩来的论述也有不少,如《说文通训定声》云:彻,按野九一而助,谓九夫而税一夫之田;国中什一使自赋,谓十一夫而贡一夫之谷,通之则二十夫而税二,是其实亦什一也。《广雅·释诂二》:彻,税也。《论语·颜渊》:有若对曰:盍彻乎?郑注:周法什一而税,谓之彻。彻,通也。天下之通法。《孟子·滕文公上》:夏后氏五十而贡,殷人七十而助,周人百亩而彻,其实皆什一也。【注】耕百亩者彻取十亩以为赋。彻,犹人彻取物也。总之,这些关于彻为周之税法的论述,我们认为其说服力不足。能否这么理解:所谓"彻者,彻也",是说"彻田为粮"的彻,就是耕种土地(即治田),生产粮食,并无他意。从历史上看,周原来是商王朝西部的一个诸侯国,人口不多,经济并不发达。公刘迁豳后,虽然对豳地重新进行划分,组织开垦,但他并没有像商王那样对新开垦出来的土地一一丈量,划分井田,并按土地和出产的多少纳税,以供国用。而且,西周初期,政局还不是太稳定,殷朝的臣民还未完全归附,所谓通法还只是一个理想。根据西周初期的实际,孟子有的解说还是比较合理的。孟子说:"请野九一而助,国中什一使自赋"。这是税收上的"一国两制",即王畿内实行贡法,而王畿外的田土暂时仍实行殷朝时期的助法,这样做的结果,税制变动不大,简便易行,农民不受惊扰,也容易接受;周王朝也能很快取得收入。这就是不少学者所说的"内贡外助"或者是"贡助并行"的理论源头。至于统一按十分之一的税率征收实物,那应该是以后的事。当国家安定以后,考虑到社会的发展,生产力的提高,原来的贡法或者是助法,已经不再适合西周变化了的情况,所以不分公田私田,一律以实际产量的十分之一缴税。

关于夏商周三代的税率问题,按孟子所说"夏后氏五十而贡,殷人七十而助,周人百亩而彻,其实皆什一也。"① 在孟子看来,"明君制民之产,必使仰足以事父母,俯足以畜妻子。乐岁终身饱,凶年免于死亡。"② 这也

---

① 《谷梁传》引赵岐注云:民耕五十亩者贡上五亩,耕七十亩者以七亩助公家,耕百亩者,彻取十亩以为赋,虽异名而多少同,故云皆什一也。

② 《孟子·梁惠王上》。

就是农民税赋负担最基本的标准。他最赞赏的是"耕者助而不税",他认为如果真正实行单一的助法,"则天下之农皆悦而愿耕于其野也。"① 当然,也有不同意见者。战国时期的白圭,亦官亦商,有称其"商祖"者。他挑战什一税制。白圭说:"吾欲二十而取一,何如"?孟子回答:"子之道,貉道也。万室之国,一人陶则可乎"?白圭曰:"不可,器不足用也"。孟子曰:"夫貉,五谷不生,惟黍生之。无城郭、宫室、宗庙、祭祀之礼,无诸侯币帛饔飧,无百官有司,故二十而取一而足也……欲轻之于尧舜之道者,大貉小貉也;欲重之于尧舜之道,大桀小桀也。"② 所以《公羊传》云:"什一者,天下之中正也。什一行而颂声作矣。"③

后世学者顾炎武认为:"古来田赋之制,实始于禹。水土既平,咸则三壤。后之王者,不过因其成迹而已。古《诗》曰:'信彼南山,维禹甸之,畇畇原隰,曾孙田之。我疆我理,南东其亩'。然则周之疆理,犹禹之遗法也。【原注:《周礼·小司徒》注,昔夏少康在虞思,有田一成,有众一旅。一旅之众,而田一成,则井牧之法,先古然也。孔氏《信南山》,正义引此则曰:丘甸之法,禹之所为。】"顾炎武说:"孟子曰:夏后氏五十而贡,殷人七十而助,周人百亩而彻【夫井田之制,一井之地,划为九区。】盖三代取民之异,在乎贡助彻,而不在乎五十、七十、百亩,特丈尺之不同,(沈氏曰:《通鉴外纪》云:夏十寸为尺,商十二寸为尺,周八寸为尺)而田未尝易也。故曰其实皆什一也"。又云:"古之王者,必改正朔,易服色,异度数。故《王制》曰:古者以周尺八尺为步……因时制宜之法。夏时土旷人稀,故其亩特大;殷周土易人多,故其亩渐小。"④

对于三代的土地税税制,战国时期的孟子就在多处地方表明了他的看法:他认为贡法最不合理。助法公、私分明,合情合理(合理合法)。孟子引龙子的话说:治地莫善于助,莫不善于贡。贡者,较数岁之中以为常,乐岁粒米狼戾,多取之而不为虐,则寡取之;凶年粪其田而不足,则必取盈焉。为民父母,使民盻盻然,将终岁勤动不得以养父母,又称贷而益之,使老稚转乎沟壑,恶在其为民父母也⑤。这是说,贡法是最原始的征收方法,

---

① 《孟子·公孙丑上》。
② 《孟子·告子下》。
③ 《公羊传》鲁宣公十五年。
④ 顾炎武:《日知录·其实皆什一也》。
⑤ 《孟子·滕文公上》。

固定少变，规定不合理。而助法，"耕者助而不税，则天下之农皆悦而愿耕于其野矣。廛无夫里之布，则天下之民皆悦而愿为之氓矣。"① 孟子认为，如能做到市廛而不征、法而不廛、关讥而不征、耕者助而不税和廛无夫里之布等五者，则无敌于天下。在这五者之中，除了农民要履行助耕公田的赋役义务外，关、市不税，商人的利益因此得到保护。再看孟子对于税负的理论：有布缕之征，粟米之征，力役之征，君子用其一，缓其二。用其二而民有殍，用其三而父子离②。这三者也基本上是对农业和农民的征收。而这时中原地区的工商业已经相当发达，已经具有纳税的能力，但暂时还没有提到应该纳税的议程上。可见，孟子不反对国家对土地出产征税，但反对重税于民；不反对正常的商品交换，但反对奸商的贪利行为。

根据上述史籍所记，夏、商时期的田赋制度，由于历史的原因，仅仅是一种传说（复述），没有多少文字记载，所以只是一个总的名称而已。至于西周立国之前及建国初期的"彻"法，也只有"彻田为粮"的话这一依据。随着国家的日渐巩固，社会得到稳定，各项制度（包括财税制度）也相继建立起来，这才有供后世仿效、研究的宝贵依据。

根据史籍记载，西周初期确立的贡赋原则："夫先王之制：邦内甸服，邦外侯服，侯、卫宾服，蛮、夷要服，戎、狄荒服。甸服者祭，侯服者祀，宾服者享，要服者贡，荒服者王。日祭、月祀、时享、岁贡、终王，先王之训也。有不祭则修意，有不祀则修言，有不享则修文，有不贡则修名，有不王则修德，序成而有不至则修刑。于是乎有刑不祭，伐不祀，征不享，让不贡，告不王。于是乎有刑罚之辟，有攻伐之兵，有征讨之备，有威让之令，有文告之辞。布令陈辞而有不至，则增修于德而无勤民于远，是以近无不听，远无不服。"③ 就是说，当制度颁行后，对仍然不听、不遵、不行的违制、违法者，先是采取说服、示范、"先礼后兵"的原则，最后才启动刑罚或征讨措施。以武力征税、催税，应该说是古代通行的一种有效手段。

西周确实是创建了一个比较超前的国家收入系统——九赋、九贡制度。前者属于整个国家财政（王室财政）的收入，后者属于"特供"，是有专门用途的收入。

---

① 《孟子·公孙丑上》。
② 《孟子·尽心下》。
③ 《国语·周语》，"祭公谏穆王征犬戎"。

九赋，指邦中之赋①、四郊之赋②、邦甸之赋③、家削之赋④、邦县之赋⑤、邦都之赋⑥、关市之赋⑦、山泽之赋⑧、币余之赋⑨。

在这里，我们不难发现，九赋之中，从邦中之赋到邦都之赋六者，是否同《禹贡》的甸、侯、绥、要、荒五服特别是其中甸服的内容有着某种承继关系？而且，土地收入仍然是国家的主要收入来源；山泽出产和关市征收也作为国家收入的一个组成部分，在古代来说是一个突破，是一种是进步。不过，按地位亲疏（与周王室近亲或是为周王的建立、发展立下卓越功勋者）、按距京畿远近、按负担公平来制定财经政策，仍然是周王朝的坚定不移的原则。

西周财税制度的设计还有一个十分重要的特点，这就是使人人都是生产者，而人人又都是赋税的负担者，这是符合当时实际情况的。《周礼》规定：天官大宰的重要职能之一就是"以九职任万民"。九职，是指三农、园圃、虞衡、薮牧、百工、商贾、嫔妇、臣妾和外加一个没有固定职业的闲民。这些人怎么用？制度规定：三农⑩，生九谷⑪；园圃，毓草木⑫；虞衡，作山泽之材；薮牧，养蕃鸟兽；百工，饬化八材；商贾，阜通货贿；嫔妇，化治丝枲；臣妾⑭，聚敛疏材；闲民，无常职，转移执事。这里的每一项产品都不会浪费，而且大多都是征税的对象。这就是税物及人，而且是农事、赋役同时令相结合。如：

---

① 京畿城郭之中民所出钱。
② 远郊百里内之民所出钱。
③ 郊外曰甸，百里之外二百里之内民所出钱。
④ 离城二百里曰削，其中有大夫采地谓之家，故曰家削。大夫采地中的赋税入大夫人大夫家，采地外为公邑田，凡民所出钱入王室。
⑤ 离城四百里曰县，内有小都，其赋入采地之主；外为公邑田，民所出钱交王室离城四百里曰县，内有小都，其赋入采地之主；外为公邑田，民所出钱交王室。
⑥ 五百里中有大都，大都采地收入归主，公邑田凡民所出钱入王家。
⑦ 王畿四面皆有关门及市廛，其民之赋税所得之钱。
⑧ 山泽之民以时入，取山财出税以当邦赋。
⑨ 为营造用料的余剩物资及其他收入。
⑩ 三农，郑司农指为平地、山、泽农；郑玄认为是原、隰、平地之农；《疏》称三农是指农民在原、隰、平地三处农耕，故谓三农。
⑪ 指黍、稷、苽、稻、麻、粱、小麦和大小豆。
⑫ 指菜蔬、果蓏之类。
⑬ 嫔妇，指国中有德行的妇女。
⑭ 臣妾，指地位卑微、贫穷的男女。

（孟夏）农乃登麦。天子乃以彘尝麦，先荐寝庙。

（孟秋）是月也，农乃登谷，天子尝新。先荐寝庙，命百官始收敛。完堤防，谨壅塞，以备水潦；修宫室，坏墙垣，补城郭。

（季秋）乃命冢宰，农事备收，举五谷之要，藏帝借之收于神仓，只敬必饬。

（季秋）合诸侯制百县，为来岁受朔日，与诸侯所税于民。轻重之法，贡职之数，以远近土地所宜为度；以给郊庙之事，无有所私①。

除了田赋收入之外，在商、周时期，还有一项重要的收入，这就是耤田收入。耤田，是指天子躬亲耕作之田。春耕之前，天子率公卿大夫众人举行耤田礼，其意义在于一是起倡导和示范作用，其二是督促作用。《汉书·董仲舒传》：亲耕耤田，以为民先。《五经要义》：天子耤田，以供上帝之粢盛，所以先百姓而致孝敬也②。一说借民力以耕，故云耤田。《说文》："帝藉千亩。古者使民如借，故谓之藉"。蒋德璟：《耤田考》按：藉字，《周礼》作籍，《礼仪》作藉。《诗·载芟》小序亦作藉。《大明会典》亦作藉。《周礼·天官·甸师》：掌帅其属，耕耨王藉③，以时入之，以供斋盛。《月令》：孟春，天子以元日，祈谷于上帝。乃择元辰④，天子亲载耒耜，帅三公九卿、诸侯大夫，躬耕帝藉，天子三推，三公五推，卿、诸侯九推。《正义》云：天子千亩，诸侯万亩。王一推之，而使庶人芸芋终之，是借民力也。

我国古代耤田开始于何时？就目前来说，应该从商朝开始就已经有耤田的记载。孟子说："殷人七十而助……助者，藉也"。"唯助为有公田"。天子耤田，他自己并不能把上千亩土地耕种完毕，他只是扶着犁摇几摇而已，其余的田还得借助农民的力量来完成。

最早见于甲骨文的耤田记载：

丙辰卜，争贞，乎藉于佳，受年。（合220）

丁酉卜，㱿贞，我受甫藉在㜎年，三月。丁酉卜，㱿贞，我弗其受藉在㜎年。贞，曰：我其受弗藉在㜎年。（合222）

---

① 以上均见《礼记·月令》。
② 《后汉书·明帝纪》注。
③ 藉之言借也。
④ 元辰，郊后吉辰也。帝藉者，为天神借民力所治之田也。耤田供上帝粢盛，故云为天神借民力也。

在西周，耤田成了天子的头一件大事。《诗》云："载芟载柞，其耕泽泽，千耦其耘，徂隰徂畛，侯主侯伯，侯亚侯旅，侯彊侯以。"① 这是在春天耤田而祈社稷的场景。

可见，劳动的场面是十分壮观的，一家父子、兄弟、叔侄都踊跃参加。成千人在田野"实亩实藉"②，"或耘或耔"③；"千耦其耘"④。在田畯、曾孙的检查督促下，田禾长势很好，获得了大丰收，使得曾孙之庾，"如坻如京"；粟稷稻粱等粮食，"千斯仓"、"万斯箱"⑤，"万亿及秭"⑥。

这里要说明的是，公田劳动的工具是由组织者提供的。《诗》云："以我覃耜，俶载南亩，播厥百谷。"⑦ 覃耜，覃，利；耜，破土的农具。俶，开始。俶载，《集传》：取其利耜，到农田播种百谷。"命我众人，庤乃钱镈，奄观铚艾。"⑧ 钱、銚，古代农具，耘草用的大锄；镈，古农具，属锄类，除草的农具。铚，刈，割草用的的农具（短把镰刀）。即组织农民到田地里中耕除草。

夏商周时期的土地税制度，普遍施行于中原各国。这个应该没有太大的问题。那么，中国（中原各诸侯国）周边的各个小国以及南方各国是否也是实行的贡助彻制度呢？我们认为，靠近中原各国周边的小国，有可能受其影响，有着相似的制度，而南方地区，不仅河流多，水多，山林多，地势高低不平，而且国家（部落）多而小，每个国家的土地面积也不大，人口也不多，他们不需有多少军队、有多少官员，要征收多少赋税，人民生活起来也比较简便，因此制度规定并不是那么严格。如前所述，江南水乡，在氏族社会末期就已经培育成功了栽培水稻；从考古发掘出来的水稻田遗址来看，并不是中原地区那种整齐划一的井田。如前所说，在今江苏苏州市吴县草鞋山马家浜文化遗址东区，发掘出古水稻田33块，排水和灌溉引水兼用的水沟3条，水井6眼；遗址西区，发掘出水稻田11块，大水塘2口，排、灌

---

① 《诗经·周颂·载芟》。载，始也；芟，除草；柞，杂树；隰，新发田；畛，旧田；侯主，家长；侯伯，长子；侯亚，仲叔；侯旅，子弟；彊，强力；以，用也。
② 《诗·大雅·韩奕》。
③ 《诗·小雅·甫田》。
④ 《诗·小雅·载芟》。
⑤ 《诗·小雅·甫田》。
⑥ 《诗·周颂·丰年》。
⑦ 《诗·小雅·大田》。
⑧ 《诗·周颂·臣工》。

两用的水沟 3 条,水井 4 眼,水田形状、排列并不规则,每块水田面积也大小不一。又如 20 世纪 90 年代,湖南考古研究所在澧县城头山进行考古发掘,发现该遗址中有古水稻田 2 丘,周边有田埂 3 条,年代距今约 6629 年±896 年,同时,还发掘出与水稻种植密切相关的灌溉系统,即有水坑(水塘)三处,排、灌两用水渠三条。这一发现,这不仅是中国国内,也是全世界目前所发现的年代最古老的水稻田和水田排灌系统。所有这些都表明,长江流域用于稻作农业的水田,无论是马家浜文化遗址中的水田、水井、沟渠,还是澧县城头山遗址中的水田、田埂、水塘、水渠,都已开创了我国水田结构的历史。但从这里的水田结构形式来看,属于自然的因地制宜的因素多,而刻意划分井田、分别公田私田的意图似乎没有。伴之而来的就是赋税制度。在这里,助法可能不成立。而最简单、最省事的贡法(按户分派。或者说用头会箕敛方式)也有可能是可行的。后来周王朝的影响加大,中原地区和江南地区各国各族的交往加多,这时南方不少国家,也可能比对中原地区的先进制度,对自己原来实行的税制进行某些补充和完善,就是我们所说的也实行类似西周的不分公田私田,一律按出产物的十分之一征收的赋税制度。因为没有更多的史料可供分析,只好按已有的发掘资料,通过分析而作出如上判断。

(二)战国、秦、汉时期的田赋

我们知道,秦汉时期的田赋征收,是按其征收政策和制度执行的,而且载入法律,以保赋役安全、完整入库。司马迁在其所撰《史记》中有"除肉刑及田租税率戍卒令。"的记载,但没有具体事例,致后世之人无从理解。现经考古发掘出土的竹简,证明司马迁所说不诬。

1. 户籍

要研究古代赋税,因井田是同民户联系起来的,所以,讲田赋,必须先从民户谈起。关于古代的户口登记,虽然当时的最高统治者十分重视,是郡国"上计"中的一个重要内容,但存世的不多。我们从最近发掘的考古材料《长沙走马楼三国吴简》中,找到了一些资料,因吴承汉制,故摘录如下:

名籍,即户籍。包括故户(又分为三品)和新户两类。户籍又分:吏籍、师佐籍、民籍。

每户所包括内容:居址、爵位、姓名、年龄、体况特征、所患疾病。

关于当时的人口稽核、编户齐民的做法,现以三国东吴经官吏调查核实

后的民户家庭成员及税赋负担为例,摘录如下:

市阳里户人公乘朱熙,年廿三,算一。刐右手。　　　简 17-2
吉阳里户人大女赵妾,年八十一。赀五十。　　　　　简 19-2
兴女弟婢,年五岁。将母大女彙,年卅五,算一。　　简 19-3
凡口八事七。算四事三。　　　　　　　　　　　　　简 19-4
吉阳里户人公乘胡草,年卅五,算一,赀五十。　　　简 19-5
吉阳里户人公乘廖浴,年廿七,算一,给部吏。赀一百。简 19-6
吉阳里户人公乘胡秃,年卅五,算一,踵两足,赀五十。简 19-7
凡口五事。算二事。　　　　　　　　　　　　　　　简 20-1
展妻写,年十六,算一。　　　　　　　　　　　　　简 23-5
修男弟湖,年十五。完姪子男宾年十六。　　　　　　简 21-2
政女智婿邓高,年十四。　　　　　　　　　　　　　简 23-7

改草田为桑田（垦田申报）,要由户申报,按法律规定进行。如龙山里耶秦简记:

卅五年三月庚寅朔,丙辰,二春乡,兹爱书南里寡妇憖自言谓垦草田故桑地百廿步,在故步北,恒以为桑田。

律曰:已垦田辄上其数及户数,户婴之。

在湖南里耶的战国、秦、汉古城遗址中,出土了近四万枚竹简。内容是从战国秦王政至秦二世为止的秦洞庭郡迁陵县署的文书档案,包括户口登记、土地开垦、田赋租税、劳役、徭役、仓储钱粮、兵甲、物资、道路、津渡、邮驿、司法文书、事务官员、刑徒管理、每日食粮用量以及祭祀、教育、医药等方面的内容,其中属于财政方面的内容很多,只是还有待于各方面的专家去归类整理。

2. 田赋税率

秦孝公用商鞅变法,推行耕战政策,以农养战。凡努力耕战者,有田有房,可以为官;不努力耕战,怠而贫者,罚作奴婢。为是之故,他设计的税率不会很高。也可认为,秦始皇之所以能很快征服六国,其中重要原因之一,可能就是秦人不怕死,勇于公斗的结果。

据《睡虎地秦墓竹简》《田律》记载:"入顷刍藳,以其受田之数,无垦（垦）不垦,顷入刍三石,藳皆二石。刍自黄穌及麤以上皆受之①。入刍

---

① 穌有人以其为穌字,黄穌,指乾叶。麤,有以为供牛马食用的草。

蒭，相输度，可殴。"①

秦代规定，凡交刍藁税，按其所受田亩数，不论你开垦或没有开垦，每顷征纳刍三石，藁二石。每石一百二十斤，秦一斤约合今半斤，则应交刍一百八十斤，藁一百斤。刍的乾叶和蒿草够一束以上者，都可缴纳。

再看汉代的制度规定。据《张家山汉墓竹简》《田律》记载："入顷刍藁，顷入刍三石；上郡地恶，顷入二石；藁皆二石。令各入其岁所有，毋入陈，不从令者罚黄金四两；收入刍藁，县各度一岁用刍藁，足其县用，其余令顷入五十五钱以当刍藁。刍一石当十五钱，藁一石当五钱。"②《田律》规定：（1）每顷地交刍粮三石，土质差的土地每顷地二石。（2）无论好地差地，都要交禾藁二石。（3）上交的刍藁必须是该年的新粮，不许以陈粮（往年的刍藁）上交，违者重罚（黄金四两）。（4）各县在上交任务中，扣除各该县一年需用刍藁数外，一律以钱缴纳：刍一石当十五钱，藁一石当五钱。一顷地合五十五钱。

从上可见，秦和汉初田赋的税率是相同的，只是汉代的法律规定更加具体，切合实际一些。

田赋税率，在西汉时期发生了很大的变化。在汉初，值秦末农民起义之后，又继以楚汉之战，史称："汉兴，接秦之弊，诸侯并起，民失作业，而大饥馑。凡米石五千，人相食，死者过半。……天下既定，民亡盖臧，自天子不能具醇驷，而将相或乘牛车。""上于是约法省禁，轻田租，什五而税一。"③从上述文字中可以看出，在灭秦之后，继而楚汉相争，为保证战争的供给，田赋的征收制度未作调整，应该仍是十一税率。当西汉政权日渐稳固后，为了维护自己统治的需要，才制定了"轻田租"的政策，将田赋税率改为什五税一。事情最后确立在汉高祖十二年五月（汉高祖死后一月），惠帝即位，宣布"减田租，复十五税一。"邓展注曰："汉家初十五税一，俭于周十税一也。中间废，今复之也。"如淳曰："秦作阿房之宫，收太半之赋，遂行，至此乃复十五而税一。"师古曰："邓说是也。"经查《汉书》纪传，在财税体制上未见有成文记载。汉王二年，"二月癸未，令民除秦社稷，立汉社稷。施恩德，赐民爵。蜀汉民给军事劳苦，复勿租税二岁。关中

---

① 睡虎地秦墓竹简整理小组编：《睡虎地秦墓竹简》，文物出版社1978年版。
② 张家山二四七号汉墓竹简整理小组编：《张家山汉墓竹简》，文物出版社2001年版。
③ 《汉书·食货志》。

卒从军者，复家一岁。举民年五十以上，有修行，能帅众为善，置以为三老，乡一人。择乡三老一人为县三老，与县令丞尉以事相教，复勿徭戍。以十月赐酒肉。"五年春正月（汉以十月为岁首），刘邦即皇帝位。夏五月，兵皆罢归家。诏"诸侯子在关中者，复之十二岁，其归者半之；民前或相聚保山泽，不书名数，今天下已定，令各归其县，复故爵田宅……民以饥饿自卖为人奴婢者，皆免为庶人。""法以有功劳行田宅。"① 由此推测，"什五税一"制度应该是汉高祖时定下来的，只是还未来得及宣布就死了（刘邦为汉王四年；五年十二月，项羽死，刘邦即皇帝位，前后在位十二年。享年五十三岁），由于此制是汉高帝与群臣议定的，所以以惠帝即位后即以第一个财政政策（惠民之制）宣告天下。文帝二年九月，做了一个一次性的减税。诏曰："农，天下之大本也，民所恃以生也，而民或不务本而事末，故生不遂。朕忧其然，故今兹亲率群臣农以劝之。其赐天下民今年田租之半。"文帝劝农，十年间，由于各级官府勤民不力，使农民受益的作用并不明显。文帝十二年诏曰："道民之路，在于务本。朕亲率天下农，十年于今，而野不加辟，岁一不登，民有饥色……其赐农民今年租税之半。"②

最大的变化发生在汉景帝时期。《汉书·食货志》云："后十三岁，孝景二年，令民半出田租，三十而税一也。"后十三岁，应是指汉文帝前元十二年（前168年）后十三年，即汉景帝前元二年（前155年），改行三十税一政策。但在帝纪的记载上，有些内容值得我们注意。《史记·孝景本纪》："元年四月乙卯，赦天下。乙巳，赐民爵一级。五月，除田半租。""匈奴入代，与约和亲。"又《汉书·景帝纪》：元年，春正月，诏曰："间者，岁比不登，民多乏食，夭绝天年，朕甚痛之。郡国或硗陿，无所农桑繫畜（师古曰：繫谓食养之。畜谓牧放也）；或地饶广，荐草莽，水泉利，而不得徙。""夏四月，赦天下。赐民爵一级。遣御史大夫青翟至代下与匈奴和亲。五月，令田半租。"但《史记》、《汉书》中，在景帝二年并无"令民半出田租"的记载。据我分析，在景帝即位初，经济情况还不是太好，国境外还有匈奴的侵扰，所以还不太可能长期实行"三十税一"政策。但自汉初推行约法省禁，躬修俭节，思安百姓的国策以来，"有司以农为务，民遂乐业。至武帝之初七十年间（前206—前140年），国家亡事，非遇水旱，则

---

① 《汉书·高帝纪》。
② 《汉书·文帝纪》。

民人给家足,都鄙廪庾尽满,而府库余财。"① 所以,自景帝二年以后,颁行"三十税一"的财政政策也不是不可能的。至于是否是在景帝二年,首先,武帝时期正是消除边患、巩固国防、稳定社会的大好时期,不可能改动已经符合社会发展的田赋制度;其次,也不可能在文帝时期,《汉书·食货志上》云:文帝"乃下诏赐民十二年租税之半。明年,遂除民田之租税。"《汉书·文帝纪》:"十三年六月,诏曰:农,天下之本,务莫大焉……其除田之租税。"说明文帝十三年确实是免除了农民的田租,但仅只一年,而不是以后不再征收。因景帝元年仍在征收。但是,三十税一的田赋征收制度却因此确立下来,直至汉末。这是有史为证的。(1)汉昭帝时期召开的盐铁会议,"御史曰:古者制田,百步为亩,民井田而耕,十而藉一,义先公而后已,民臣之职也。先帝哀怜百姓之愁苦,衣食不足,制田二百四十步而一亩,率三十而税一。"②(2)王莽始建国元年四月,莽曰:"汉氏减轻田租三十而税一,常有更赋,罢癃咸出,而豪民侵陵,分田劫假。厥名三十税一,实什税五也③。

3. 赋税征纳

我们知道,战国秦汉时期的田赋征收,是按其征收政策和制度执行的,而且载入法律,以保赋役安全、完整入库。司马迁在其所撰《史记》中有"除肉刑及田租税率戍卒令。"的记载,但没有具体事例,致后世之人无从理解。现经考古发掘出土的竹简,证明司马迁所说不诬。

按《里耶秦简》所载④:

迁陵卅五年垦田舆五十二顷九十五亩,税田□顷□□⑤,

户百五十二,租六百七十七石,率之亩一石五

户婴四石四斗五升奇,不率六斗　　　　　　　8-1527 正

启田九顷十亩,租九十七石六斗　六百七十七石

都田十七顷五十一亩,租二百卅一石

貳田廿六顷卅四亩,租三百卅九石三

---

① 《汉书·食货志》。
② 《盐铁论·未通》。
③ 《汉书·王莽传》中。
④ 《湖南龙山里耶秦简》,《湖南出土简牍选编》,湖南岳麓书社2013年版。
⑤ □,《凡例》称:简文漫漶,能确定字数的,释文用"□"表示。下同。

凡田七十顷卅二亩，租凡九百一十①。   8-1527 背

按《三国吴简》所载：

入东乡税米三斛一斗。胄毕昱。嘉禾元年十一月廿日。东田丘郑仙付三州仓吏谷汉受。   简6-1

入东乡税米五斛。胄毕昱。嘉禾元年十一月八日，甚丘县吏陈息付三州仓吏谷汉受。   中简6-2

入东乡税米十三斛五斗。胄毕昱。嘉禾元年十一月八日。上利丘丞苏付三州仓吏谷汉受。   中简6-3

入东乡税米六斛七斗。就毕昱。嘉禾元年十一月八日。刘里丘廖苏付三州仓吏谷汉受。   中简6-7

入小武陵乡子弟限米十斛。胄毕昱。嘉禾元年十一月十一日。平支丘故帅朱佃付三州仓吏谷汉受。   中简7-1

入东乡税米十七斛三斗。胄毕昱。嘉禾元年十一月十四日，舞丘黄□付三州仓吏谷汉受。   中简7-4

入东乡乡税米六斛。胄毕昱。嘉禾元年十一月七日。东丘大男谢目付三州仓吏谷汉受。   中简8-1

领黄龙三年将军步骘所还民限米一百八十六斛。   简8-1

民户租米和算赋的负担：

其十五斛三斗七升，黄龙二年粢租米。   简24-2

其四千六百八十斛二斗四升。嘉禾二年吏帅客限米。   简24-3

其一千一百廿四斛一斗，嘉禾二年新吏限米。   简24-4

右熟家口食十一人，算一，赀五十。   简26-2

右斗家口食廿六人，算廿，赀五十。   简26-3

右客家口食六人，算四，赀五十②。   简27-3

支出：

右出吴平斛米一千九百八十斛九斗八升。   简9-1

其廿六斛吏文□备黄龙三年□□米。   简9-2

其卅六斛四斗五升白米。   简9-3

其五斗零陵、桂阳私学黄龙元年限米。   简9-4

---

① 启田，即开拓之田；都田，即食邑田；貳田，即代田。
② 郑曙斌等编著：《长沙走马楼三国吴简》，《湖南出土简牍选编》，湖南岳麓书社2013年版。

其九十二斛永新故尉陈崇备黄龙二年税米。　　　　　简9-5
其一斛二斗四升民还黄龙元年租米准米。　　　　　　简9-6
其五斗吏文水备黄龙元年零陵桂阳私学限米①。　　　简9-7
还贷：
入都乡还二年所贷嘉禾元年税米十八斛吴。嘉禾二年五月七日析粲丘男子罗杂黄舍关邸阁李崇付仓吏黄讳史潘虑。　　　简10-2
司马佟硕运調集所。嘉禾元年四月廿一日付书史史通杝师主□。
　　　　　　　　　　　　　　　　　　　　　　　　简11-1
郎中李嵩被督军粮都尉。嘉禾二年闰月七日丙申书给右选曹尚书郎谷。
　　　　　　　　　　　　　　　　　　　　　　　　简11-2
其二万三百一十五斛一斗二升四合。嘉禾元年税米。　简11-3
其二斛八斗，郡士及都督区昇。　嘉禾元年租米。　　简11-4
其一百八十四斛六斗一升。　嘉禾元年火种租米。　　简11-5
五月十三日付书史吴督。　　　　　　　　　　　　　简11-6
户品纳钱：
中乡大男陈仓，故户，中品，出钱八千侯相。嘉禾六年正月十二日，都乡典田掾蔡忠白。　　　　　　　　　　　　　简15-1（正面）
中乡大男雷迎，故户，中品，出钱八千侯相。嘉禾六年正月十二日，都乡典田掾蔡忠白。　　　　　　　　　　　　　简15-4（正面）
入钱毕，民自送牒还县，不得持还乡典田吏及帅。　　简16-1
右六十九户，故中品，户出钱八千，合五十五万二千。
　　　　　　　　　　　　　　　　　　　　　　　简15-6（正面）
入钱毕，民自送牒还县，不得持还乡典田吏及帅。
　　　　　　　　　　　　　　　　　　简16-6（15-6背面）
中乡大男烝让，故户，上品，出钱一万二千侯相。嘉禾六年正月十二日，都乡典田掾蔡忠白。　　　　　　　　　　简15-2（正面）
入钱毕，民自送牒还县，不得持还乡典田吏及帅②。　简15-2（背面）
佃田课赋：
佃田课赋的记录，是在湖南长沙走马楼发掘出来的简牍中发现的。《长

---

① 郑曙斌等编著：《长沙走马楼三国吴简》，《湖南出土简牍选编》，湖南岳麓书社2013年版。
② 竹简此处所记内容还有大男邓董、莫岂页、周尊与上同。

沙走马楼三国吴简》主要是东吴嘉禾年间长沙郡临湘县以及临湘侯国的政令文书。其数量很多，约在十万枚左右。从目前整理的情况看，其内容包括赋税、户籍、司法、钱粮出入、军民屯田、往来书信等，涉及社会、政治、经济、军事、法律等各个方面。目前整理公布的佃田租税券书和杂税卷书，其内容十分繁杂，如征收的物品有米、豆、钱、布、皮等类，而因此产生的征收对象有租米、税米、粢租米、熟米、酱贾米、折咸米、陈张米等30余种；属于钱的税种则有户税钱、口算钱、儂钱、米租钱、酒租钱、市租钱、杂米钱、皮贾钱、财用钱等20余种。现摘录部分佃田课赋的资料如下：

丘支大女杨妾，佃田八町，凡廿亩百七十步，皆二年常限。其十一亩百七十步旱败不收布。定收九亩，为米十斛八斗，五年十月十七日付仓吏张曼、周栋。凡为布一丈八尺，五年十月七日付仓吏潘慎。其旱田不收钱。熟田亩收钱八十，凡为钱七百二十，五年十月廿日付库吏潘慎。嘉禾六年二月廿日，田户曹史张惕校。　　　　　　　　　　　　　　　　　　　　简1-1

郭渚丘，男子王宾佃。田三町，凡廿一亩，皆二年长限。其十八亩旱败不收。亩收布六寸六分。定收三亩，为米三斛六斗；亩收布二尺。其米三斛六斗，四年十二月三日付仓吏李金。凡为布一丈七尺八寸四分，四年十二月十日付库吏潘有。其旱田亩收钱卅七。其熟田亩收钱七十，凡为钱八百七十六。钱四年十二月十日付库吏潘有毕。嘉禾五年三月三日田户曹史曹野。张惕、陈通校。　　　　　　　　　　　　　　　　　　　简1-3

弹浜丘男子潘砀佃田一町，凡五亩，皆二年长限。其三亩旱不收。定收二亩。为米二斛四斗，亩布二尺。其米二斛四斗，五年十二月九日付仓吏张曼、周栋毕。凡为布四尺，准入米二斗五升，五年十二月廿日付仓吏张曼、周栋。其旱田不收，钱。其熟田亩收钱八十，为钱一百六十，准入米一斗二升，五年十二月六日付仓吏张曼、周栋。

嘉禾六年二月廿日，田户史张惕、赵野校。　　　简1-4

湛上男子郑平，佃田四町，凡卅三亩，皆二年常限。其十亩旱不收，亩收布六寸六分；定收廿三亩，为米廿七斛六斗，亩收布二尺。其米廿七斛六斗，四年十一月十日付仓吏李金。凡为布一匹二丈六寸，准入米三斛一斗三升，五年闰月廿日付三州仓吏郑黑。其旱亩收钱卅七。其熟田亩收钱七十，凡为钱一千九百八十钱，准入米一斛二斗四升，五年闰月廿日付仓吏潘慮。嘉禾五年三月三日，田户曹史赵野、张惕、陈通校。　　　简2-2

从上引文可见：

其一：町的田亩数并不固定，有 2.5 亩、3.3 亩、5 亩、6 亩等多个单位；

其二：耕，一般年限为 2 年；

其三：旱败不收布、米；

其四：每亩收米 1.2 斛，收布 2 尺；

其五：以布折米：大约是每尺合六升；

其六：旱田不收钱，熟田每亩收 70 钱，也有交 80 钱者；个别旱田亩收 30 钱。熟田 70 钱，交库吏。

其七：缴纳日期：每年 12 月，米布均交仓吏。

户赋收入：

卅四年启陵乡现户当出户赋者志：

现户廿八户，当出茧十斤八两。	8－511
卅二年，迁陵积户五万五千五百卅四①。	8－553

民户租米和算赋的负担：

其十五斛三斗七升，黄龙二年粢租米。	简 24－2
其四千六百八十斛二斗四升。嘉禾二年吏帅客限米。	简 24－3
其一千一百廿四斛一斗，嘉禾二年新吏限米。	简 24－4
右熟家口食十一人，算一，赀五十。	简 26－2
右斗家口食廿六人，算廿，赀五十。	简 26－3
右客家口食六人，算四，赀五十②。	简 27－3

转送委输：

廿七年二月丙子朔，庚寅，洞庭守礼谓县啬夫卒吏，嘉叚卒吏谷属尉令曰：传送委输必先悉行。城旦舂、隶臣妾、居赀赎责，急事不可留，乃兴繇。今洞庭兵输内史及巴南郡苍梧输甲兵，当传者多节传之，必先悉行。乘城卒、隶臣妾、城旦舂、鬼薪、白粲、居赀赎责。司寇、隐官践更县者。田时也。不欲兴黔首嘉谷，尉各谨按所部，县卒徒隶居赀赎责，司寇隐官践更县者薄有可令传甲兵，县并令传之，而兴黔首，可省少弗可省少而多兴者，辄劾移县，亟以律令具论。当坐者言明夬泰守府、嘉谷尉在所县上书，嘉谷

---

① 《湖南龙山里耶秦简》，《湖南出土简牍选编》，湖南岳麓书社 2013 年版。
② 《长沙走马楼三国吴简》，《湖南出土简牍选编》，湖南岳麓书社 2013 年版。

尉令人日夜端行。它如律令。①   16 - 5 正

从以上文字记载的内容来看，迁陵守丞又向分管都、乡发布上文，即关于传送委输、居赀赎责等均需"以律令具论"。

居民上交的赋税，需要运送到官府规定的地方，这就有里程的计算。对此，官府也作了明文规定，使运送者心中有数。

鄢到销，百八十四里

销到江陵，二百卅六里

江陵到孱陵，百一十里（孱陵，地在今公安县南）

孱陵到□，二百九十五里

□到临沅，六十里　临沅到迁陵，九百一十里

□□千四百卅四里   16 - 52

□阳到顿丘，百八十四里□

顿丘到虚，百卅六里□

虚到衍氏，百九十五里□

衍氏到启封，三百五里□

启封到长武，九十三里□

长武到焉陵，八十七里□

焉陵到许，九十八里□   17 - 14 正

秦凡七千七百廿二里□②   17 - 14 背

对逃税的处罚（法律）：

"诸不为户，有田宅，附令人名，及为人名田宅者，皆令以卒戍边二岁，没入田宅县官。为人名田宅，能先告，除其罪，有（又）畀之所名田宅。它如律令。"③《张简》

这里说的情况是：（1）自己有田有房屋，但不申请立户，而是把自己的田、宅隐寄到他人户上，以逃避国家赋税的；此外，代替他人登记田宅以逃避税赋者，这都是严重的偷漏国税的行为，要加重处罚：将当事者罚去边关戍边二年，并将其田宅没收，上交国库；（2）为他人隐报田宅者如能自首举报，不仅可免其罪，还可将此田宅作奖励。这里体现出重奖重罚的政策

---

① 《湖南龙山里耶秦简》，《湖南出土简牍选编》，湖南岳麓书社2013年版。

② □，按《凡例》：当简文残断处，……或两侧残缺，或上下残断，或一面残断，均用□表示。《湖南龙山里耶秦简》，《湖南出土简牍选编》，湖南岳麓书社2013年版。

③ 《张家山汉墓竹简》，文物出版社2001年版，第177页。

精神。

对隐匿或漏交田税，虚报田租数额者，当然也要给予处罚。

坐其所匿税臧（赋），与澹没入其匿田之稼。☐①

应该说，虞夏商周的税制是原始的，朴实的，适用的，是不完善的。随着时代的变迁，生产力的发展，生产工具的改革和进步，这些制度显然跟不上社会发展的需要，必须及时调整改进；与此同时，原有的井田制度，随着私有观念的侵蚀，致田界不清（有意的和无意的），沟渠毁坏（自然的），需要清理整顿和修复，所有这些行为（措施），我们权以"改革"冠名。

（三）春秋时期的改革

1. 齐国的改革

史称"太公望封于营丘，地潟卤，人民寡。于是太公劝其女功，极技巧，通鱼盐，则人物归之襁至而辐凑，故齐冠带衣履天下。"② 富强之基早已奠定。传至齐襄公，政令无常，诛杀不当，淫于妇人，数欺大臣……周庄王十二年（前685年），齐襄公被杀，齐桓公（前685—前643年在位）即位，任用管仲为相。管仲利用齐国的有利地位：近海、富山海、鱼盐等有利条件，推行改革。这是一次包括政治、军事和财政经济全方位的大改革，在军事上，"作内政以寄军令"，将全国地方行政组织同军事编制相结合，制国二十一乡（工商之乡六、士乡十五）；在经济政策上，提出官山海，国家控制重要经济资源，包括山林出产的木材、江河湖海出产的鱼、盐以及粮食、外贸等等，由国家统一经营；在财政制度上实行相地衰征的政策，按土地肥硗及出产多少以确定赋税等级。"赋禄以粟，按田而税，二岁而税一，上年十取三，中年十取二，下年十取一，岁饥而不税。"③ 至于灾歉减免则视情况而定。

2. 晋国的改革

晋惠公六年（前645年），秦晋之战，晋惠公被俘。后来，秦应许晋国的求和，瑕吕饴甥教却乞曰④："朝国人而以君命赏……晋于是乎作爰田"。吕甥又进一步说："征缮以辅孺子，诸侯闻之，丧君有君，群臣辑睦，甲兵

---

① 《龙岗秦简》，中华书局2001年版，第147页。
② 《史记·货殖列传》。
③ 《管子·大匡》。
④ 《左传》僖公十五年。瑕吕饴甥，即吕甥。瑕吕是其姓，名饴甥，字子金。却乞，晋大夫。

益多,好我者劝,恶我者惧,庶有益乎"!众说,晋于是作州兵①。晋国的作爰田,对"作爰田"的解释,历来是众说纷纭,早年有"取消公田、以实物为地租换取公田"、"赐田"、"休耕制度"等说法,实际上是为缓解国内的矛盾而临时采取的措施。让民众自爰其处,从文字上还看不出土地分配的实际内容。至于作州兵,是因为晋国官民得到晋君赏赐的土地,人们的思想集中到了国家的利益上,于是国中大夫趁机征收赋税,改革兵制,加强军备,辅助太子治国。

周襄王十六年(前636年)晋文公即位,减税济贫,通商宽农。史称"元年春,公及夫人嬴氏至自王城……公属百官,赋职任功,弃责薄敛,施舍分寡,救乏振滞,匡困资无;轻关易道,通商宽农;懋穑劝分,省用足财。"②

3. 鲁国的改革

鲁宣公十五年(前594年)秋,初税亩。鲁宣公为什么要按亩征税?首先,自鲁文公(前626—前609年)杀嫡立庶(宣公),鲁由此公室卑、三桓强;其次,周自厉王而后,国势日下;中原地区,五霸相继称雄,如孟子所说:各大国"地丑德齐,莫能想尚。秦长西陲,楚熊南服,当他国称霸之时,情势亦未能变。而周王势衰,成了大国手中的玩具。鲁宣公即位后,为稳定自己的地位,与齐国通好,但在国内一些做法上多有出格的地方,如祭祀多次违礼、不遵礼法按时到周王处聘问等等,十五年,实行"初税亩"。一改殷周以来的井田税制为按亩收税。

鲁国实行初税亩,有如一石激起千重浪,引发各方的批评。《春秋公羊传》云:"初税亩。初者何?始也。税亩者何?履亩而税也。初税亩,何以书?讥。何讥尔,讥始履亩而税也。何讥乎始履亩而税,古者什一而藉。古者曷为什一而藉?什一者,天下之中正也。多乎什一,大桀小桀;寡乎什一,大貉小貉。什一者,天下之中正也。什一行而颂声作。"《春秋谷梁传》亦云:"初税亩,初者始也。古者什一,藉而不税。初税亩,非正也。古者三百步为里,名曰井田。井田者九百亩,公田居一。私田稼不善则非吏,公田稼不善则非民。初税亩者,非公之去公田而履亩十取一也,以公之与民为己悉也矣。古者公田为居,井竃葱韭尽取焉"。《疏》引何休云:宣公无恩

---

① 《左传》僖公十五年。
② 《国语·晋语四》。

信于民，民不肯尽力治公田，故公家履践案行，择其善亩谷最好者税取之，故曰履亩。又书传言：什一者多矣。故杜言：古者公田之法，十取其一，谓十亩内取一。旧法既已十亩取一矣，今又履其余亩，更复十收其一，乃是十取其二。故《论语》云：哀公曰：二，吾犹不足。谓十内税二犹尚不足。则从此之后，逆以十二为常。故曰初，言初税十二，自此始也。"① 历史上一般认为，初税亩即"履亩而税"，打破了公、私田界限而一律收税，它意味着私人占有土地的合法性和井田制的瓦解。对这一问题的认识，近年来随着研究的日益深化，又出现了多种观点：如（1）在过去公田税的基础上，对私田再收一份税；（2）在劳役地租之外，再加实物地租；（3）"劳役地租向实物地租的转化"；（4）"变按人头税为按地税的开始"，等等多种说法。各家观点有同有异，各有所据。据有的学者分析，其争论的焦点大致有三点：一是初税亩之前是否有藉法，对藉法的存在问题，多数人持肯定态度；二是税率问题，多数人认为是什一税率；但也有人认为是双重剥削；三是对初税亩的作用和意义问题，一部分学者认为没有实质性的改变，只是征收形式的改变；另一部分学者却认为这是由一种社会形态向另一社会形态转变的标志，对其作用评价较高。在先前一段时期，几乎是一致公认"初税亩"的实施宣告了"井田"制度的瓦解，它起到了促进土地私有制发展的作用②。

鲁成公元年（前590年）作丘甲。鲁为预防齐国进犯，进行军赋制度改革。以"丘"为单位（丘十六井，一百四十四户），对丘中之农户，按田亩多少分摊军费。

鲁哀公十二年（前483年），鲁用田赋。鲁哀公十一年，季孙想要改革军赋（丘赋），事前派冉有去征求孔子的意见。史称："季孙欲以田赋，使冉有访诸仲尼。仲尼曰：'丘不识也'。而私于冉有曰：'君子之行也，度于礼，施取其厚，事举其中，敛从其薄。如是，则以丘亦足矣。若不度于礼，而贪冒无厌，则虽以田赋，将又不足。且子季孙若欲行而法，则周公之典在；若欲苟而行，又何访焉"。③ 此事记于《国语》，则是孔子私下对冉有说："求，来！女不闻乎？先王制土，藉田以力，而砥其远迩；赋里以入而

---

① 《左传》宣公十五年。
② 见郭克煜等：《鲁国史》，人民出版社1994年版，第205页。
③ 《左传》哀公十一年。

量其有无，任力以夫而议其老幼，于是有鳏寡孤疾；有军旅之出则征之，无则已。其岁收，田一井，出稷禾、秉刍、缶米，不是过也，先王以为足。若子季孙欲其法也，则有周公之籍矣"！①《鲁语》所记孔子的话，出稷禾、秉刍、缶米，其量不轻。而且，周公在周初制定的典籍，让战国时的国家还去遵循，这就不是不为过，而是有难度了。所以，次年春，鲁国军赋改按田亩征收。

说到鲁国的改革，有一个问题不得不提及，这就是鲁国在周王朝统治集团中，其地位是和其他诸侯国不一样的，齐鲁大地，既是周公的封地，又是礼乐之邦，为各诸侯国的典范，而就是这么一个有形象代表意义的国家，却在百余年内，从田赋到军赋，进行了三次大的调整：初税亩、作丘甲、用田赋。这种违背周公所制定的制度的做法，而且是发生在鲁国，这是难以理解的。而且是从初税亩首先从开始，把被称为圣法的井田制给破坏掉了，这就不能不引发众怒。《公羊传》云："初税亩。初者何？始也。税亩者何？履亩而税也。初税亩，何以书？讥。何讥尔？讥始履亩而税也。何讥乎始履亩而税？古者什一而税。古者曷为什一而税？什一者，天下之中正也，多乎什一，大桀小桀；寡乎什一，大貉小貉。什一者，天下之中正也。什一行而颂声作矣。"②《谷梁传》也做了评论："初税亩，初者，始也。古者什一，藉而不税。初税亩，非正也。古者三百步为里，名曰井田。井田者，九百亩，公田居一。私田稼不善，则非吏；公田稼不善，则非民。初税亩者，非公之去公田，而履亩十取一也，以公之与民为己悉也。古者公田为居，井灶葱韭尽取焉。《疏》引何休云：宣公无恩信于民，民不肯尽力治公田，故公家履践案行，择其善亩谷最好者税取之，故曰履亩。又书传言：什一者多矣。故杜言：古者公田之法，十取其一，谓十亩内取一。旧法既已十亩取一矣，今又履其余亩，更复十收其一，乃是十取其二。故《论语》云：哀公曰：二，吾犹不足。谓十内税二犹尚不足。则从此之后，逆以十二为常。故曰初，言初税十二，自此始也。"③那么，鲁国为何要冒这么大的风险，强推初税亩呢？可能是因为在政治上，文公没，"襄仲为不道，杀適立庶"（杀文公长妃所生的长子恶和视，立次妃所生的俀，是为宣公），失去民心（"市人皆

---

① 稷，《说文》段注，禾四十秉为稷；又说是布八十缕为稷；秉，禾束；《集韵》：粟十六斛为秉；缶，古量名，四斛；秉，十六斛。《国语·鲁语下》。
② 《公羊传》宣公十五年。
③ 《谷梁传》宣公十五年。

哭"），鲁由此公室卑，三桓强；在经济上，鲁国不如齐国，富有雄厚的经济资源，仅有的土地收入，显然已经不能满足政府各项支出的需要，实行按亩征收，一能扩大征收面积，二能保证有比较稳定的收入来源，所以不惜冒违反先王所定典章制度的风险，实行"初税亩"。不过，这一改革，为以后中原各国的土地税改革起到了催化剂的作用。

4. 郑国的改革

郑简公三年（前563年），初，子驷为田洫，司氏、堵氏、侯氏、子师氏皆丧田焉①。指子驷掌朝政，以兴修水利、挖筑田沟田埂，整顿田制，致司氏等多占的田土受到损失。

郑简公二十三年（鲁襄公三十年，前543年），郑子产作封洫。史称"子产使都鄙有章，上下有服，田有封洫，庐井有伍。"②即使都邑和乡村都有一定的规章制度，上下长幼各自有服（责），农田之间有明显的疆界和排灌用的沟渠，居民按规定进行组织和管理等有利于社会发展的内容。子产新政之初，国民和贵族多不理解，说：子产"取我衣冠而褚之，取我田畴而伍之。孰杀子产，吾其与之"。这是说子产治政，把我的家财都计算收费，把我的田地度量而征税。恨不得杀了子产。直到三年以后才懂得子产改革的意义③。

郑简公二十八年（前538年），郑子产作丘赋。将军赋改按田亩征收。服虔以为，子产作丘赋，赋一丘之田，使之出一马三牛，复古法尔。丘赋之法不行久矣，今子产复修古法，加重了农民的负担，民以为贪，故此进行谤斥。按春秋之世，兵革数兴，郑国夹在晋、楚两大强国之间，所受的压力，来自政治、军事和财政等各个方面，所以，子产在牛马之外，别赋其田，既出田租又出军赋。

关于郑国郑简公推行的三次改革，其中有两次是清理田界，说明这时的郑国，井田已经受到严重冲击；而与此同时，改革的内容，又多为民众不理解，遭到居民的强烈反对。但子产不为所动，说："何害！苟利社稷，死生以之。""民不可逞，度不可改。《诗》曰：'礼义不愆'，何恤于人言，吾不迁矣。"④

---

① 《左传》襄公十年。
② 《左传》襄公三十年。
③ 《左传》襄公三十年。
④ 《左传》昭公四年。

5. 楚国的改革

楚康王十二年（前548年），楚司马蒍掩奉命治理军赋。史称"楚蒍掩为司马，子木使庀赋，数甲兵。甲午，蒍掩书土田，度山林，鸠薮泽，辨京陵，表淳卤，数疆潦，规偃猪，町原防，牧隰皋，井衍沃，量入修赋，赋车籍马，赋车兵、徒卒、甲楯之数。既成，以授子木。"① 这里记载的是这么一件事。屈建（子木）新任楚国的令尹，他命蒍掩为司马，负责治理军赋，并清查军队人数和武器装备。十月八日，蒍掩向子木提交了一份有关治理军赋问题的计划。包括的内容：登记各类土地的性质和出产，度量山林可供国用之材，对河湖沼泽出产集中管理不使流失，辨识山陵高地的不同情况，标记土质薄、出产少的盐碱地、水潦地的情况（收税常少），规整下湿之地以作大小蓄水池塘；土堤与平原之间的不规则土地，也将令人开辟为生产用地；在水边及洼下之处辟为牧场放牧；对平美（高平、下平）的良田，重新整齐规划田界；除山林薮泽、京陵偃猪等本非可耕之地、不以授民外，量其土地所宜，计其收入多少，依率征税，量入修赋，使军赋建立在可靠的经济基础上。同时，税民之财，使备车马、车兵（甲士）、徒兵（徒卒、步兵）和武器装备，使有常数。从表面上看，蒍掩所治理的似乎是整个国家财政，实际上仅只是军赋。可能此时楚国的军赋是从土地收入中征收的（按田亩征收），所以它是整个国家财政的一个组成部分；土地的多少、出产的多少，有税无税，税多税少，自然都影响军赋的征收，所以蒍掩在整理计划中就不能不涉及国家财政的方方面面。从蒍掩的治理计划中看，他始终围绕军赋在做文章，使赋入有制，支取有度，收支有常，负担合理，在经济稳定增长的基础上，量入修赋，使军赋征收制度合理化、规范化，楚国因而长期保持强盛。这里要附带说一个问题，有学者认为，楚国的制度是受了中原各国的影响，如"井衍沃"，就是仿行中原各国的井田制度。我们先不说仿与未仿，就是这里的"井衍沃"是不是中原的井田制，也还有待进一步研究。我们认为，各国制度的影响也是相互的，同理，各国的财政税收制度，也是相互影响，属于大同小异的状态。

我们认为，自夏商以来，作为近邻的楚国，受中原各国的影响必然很大，但仔细研究，它还是保留了许多自己的特色。政治方面如政府机构设置、职官名称等；经济方面如农业农田、对外贸易等，特别是农业农田建

---

① 《左传》襄公二十五年。

设,可以说是独具一色。如周夷王(前885—前878年)时,王室微,诸侯或不朝,相伐。楚熊渠甚得江汉间民和。扬言:我蛮夷也,不与中国之号谥。自立其三子为王。楚武王时见诸侯皆为叛,相侵、相杀,卅五年,因兵力强大,"欲观中国之政",要求周王尊楚之王号。王室不听,卅七年,楚熊通自尊为武王。楚文王六年,楚强。楚成王布怨施德,结旧好于诸侯,天子要求楚王"镇尔南方夷越之乱,无侵中国"。于是,"楚地千里"。从这里也可看出,周天子及其各国诸侯,把自己看成中国,楚则是独立于中原各国之外的国家。

从上述齐、鲁、晋、郑、楚五国近200年的改革情况来看,在当时具有重要的社会意义和财政意义。首先,有助于社会的稳定,在古代中国,农村、农业和农民的稳定,就意味着社会的稳定,而要让农民和农业生产稳定,则首先要让土地占有关系的稳定,孟子在回答毕战的提问时指出:"夫仁政,必自经界始。经界不正,井地不均,谷禄不平,是故暴君污吏必漫其经界。经界既正,分田制禄,可坐而定也。"① 晋国的作爰田,郑国的为田洫、作封洫,楚国的书土田、井衍沃,都是在保护和维护田界不受破坏,以求得农业和农民的稳定;其次,清除隐地,规正田界,使征收面积扩大,收入增加,缓解了各国财政紧张的局面;第三,按田亩负担军费,保证了军费开支的稳定性和可靠性。

(四) 战国时期改革

自鲁宣公十五年实行按田亩收税以后,井田制度开始受到挑战,日渐崩溃,必须注意的是直到秦孝公用商鞅变化前,中原各诸侯国仍然在勉力维持。但以战国时期的情况与春秋时期的情况相比,已发生了很大的变化。如果说春秋时期是大国争霸,战争无既定的长远目标,人们称其为'春秋无义战'。但具体来说,战争中还是口称周礼,讲究仁、义,讲究道德;在大多数问题上还是上拥周天子,下护众小国。当进入战国以后,情况就发生变化了,战争的目的不单是称霸,而是为了更长远的目标,这就是兼并他国,使归于自己。为了统一的需要,要扩充军队、扩充军备,这就需要比较充裕的财政支持,这就需要对原有的财政经济制度作进一步的调整、改革。

1. 魏国李悝的改革

李悝改革的目的在于利用地力,增加财源。面对晋幽公即位之初(前

---

① 《孟子·滕文公上》。

437年），韩赵魏三家就已完成对晋国的瓜分的情况，魏文侯（前446—前397年当政）为壮大自己的实力，任李悝为相，令其对国内的政治、经济等诸方面进行调整和改革。李悝着重抓了三个方面的事：

废除官爵世袭制，按照"食有劳而禄有功"的原则举用人才；

尽地力之教，鼓励、引导农民充分利用土地，增产粮食。他的理论依据是：地方百里（中原诸侯分封之地），提封（总共）九万顷，其中山泽邑居占了三分之一，可供耕作的田土还剩六百万亩（相当于今一百八十万亩）。凡勤劳耕作的，每亩可增产三升（升，应为斗字。每斗合今二升）粮食；反之，每亩可能减产三升（斗）粮食。为官之要，就是要督促农民实行间作农业，努力耕耘；同时，在房前屋后种植桑树，以增加农民的农业收入。

实行平籴法，保护国民利益。李悝认识到，在农业社会，对粮食物价的掌控十分重要。他认为，粮价太贵，则城市之民的负担加重，过重则会导致逃离他乡；粮价太贱，则农民需低于市价出粜以供税、给家用，则会加重农民的经济负担。所以国家掌控粮食物价，有利于社会的稳定。

2. 赵国的改革

主要表现在政治方面改革的内容包括：以"选练举贤，任官使能"和"节财俭用，察度功德"的标准来选拔和考核人才，管理财政。

3. 楚国吴起的变法

楚悼王（前401—前381年）任用吴起为令尹，主持变法。主要有如下几点：

损其有余而继其不足。战国时期，楚国之富，众所周知，而由于大臣权力太重，封君太众，国家资财虚耗，导致楚国国贫兵弱，有见如此，吴起于是提出精简无能、无用之官，裁汰不急之官，节省开支，供养选练之士，以改善统治机构，增强国防力量；

整顿吏治；使私不害公，塞私门请托，禁纵横游说；

吴起在楚国改革，使楚国开始强大起来。但因为时太短，在旧贵族势力的联合进攻下失败了。

4. 秦国卫鞅变法

秦自春秋末直至献公以前（前476—前385年）的近100年时间里，一直处于"国家内忧"，无力对外的境况。孝公继位（前361年），下令国中曰："宾客群臣有能出奇计强秦者，吾且尊官，与之分土。"此时，卫人公孙鞅闻令入秦，在孝公支持下先后两次变法。

第一次变法在秦孝公六年（前356年），主要采行以下措施：

颁行法律（一说是李悝所制定的"法经"），实行连坐法；轻罪用重刑。借"以刑去刑"的手段，达到"道不拾遗，山无盗贼，家给人足"、"兵革大治"的目标。

奖励军功，禁止私斗。秦规定，包括宗室勋戚在内，都要立有军功，"宗室非有军功论，不得为属籍。""明尊卑爵秩等级，各以差次名田宅，臣妾、衣服以家次，有功者显荣，无功者虽富无所芬华。""有军功者，各以率受上爵；为私斗者，各以轻重被刑大小。"这一规定，为秦国建设成为一流强国奠定了基础。为达到强军、强国的目的，卫鞅变化时设二十级爵（军队中官、兵的等级身份）。一级公士（步卒之有爵者），二级上造（可以乘兵车者），四级不更（主一车四马，相当于士）五级大夫……十八级大庶长（相当于卿），十九级关内侯，二十级彻侯（列侯，相当诸侯）。规定：（1）不论官兵，只要立了军功，爵位就能上升；（2）按爵位高低享受相应的政治、经济特权，如斩得敌国一个甲士的首级的，赏给爵位一级，田一顷，住宅九亩，服役者一人；愿当官者，"为五十石之官"，爵位高的还可获得三百家以上的"税邑"；如没有高级爵位，不准使用雇佣劳动①；凡诉讼，爵位高的如被罢免，不得给有爵位的人充当奴仆；如犯罪，可以在一定范围内赎罪或减轻刑罚。同时规定："有功者显荣，无功者虽富无所芬华"，国君的宗族如无军功也同样享受不到特权，还不能列入宗族的簿籍；

重农抑商，奖励耕织。卫鞅实行农战，以农养战的政策。秦国地广人稀，荒地较多。鼓励农民垦荒，既能增产粮食，增加个人财富，又能保证军国之需，为强大国家奠定雄厚的物资基础。为达到此目的，卫鞅明令规定："僇力本业，耕织致粟帛多者，复其身；事末利及怠而贫者，举以为收孥。"②就是积极从事农业生产，增产增收的，可以免除其本身的徭役；凡从事商业和手工行业等末业，或者由于懒惰而贫穷者，其本人连同其妻子儿女均没入官府为奴婢。这两奖一罚（奖军功，奖耕织，罚怠惰和务末业）的政令，指给农民的道路是两条：勤劳耕织、勇于公斗或者是事末业、怠于农战。选前者，有房有地有官；选后者，没为官奴婢。可以这么说，秦之所以能灭六国，统一全国，是这时奠定的基础。

---

① 《吕氏春秋·上农篇》："名不上闻，不得私籍于农"。
② 《史记·商君列传》。

焚烧儒家经典，禁止游宦。

在变法取得初步成功后，孝公十二年，继又推行第二次变法：

"为田开阡陌封疆而赋税平"。关于这一条，有多种解读：《战国策·秦策》："决裂阡陌，教民耕战。"《汉书·食货志》："（商鞅）改帝王之制，除井田，民得买卖。"《汉书·地理志》："孝公用商君，制辕田，开仟佰，东雄诸侯。"注引张晏曰："周制三年一易，以同美恶。商鞅始割列（裂）田地，开立阡陌，令民有常制。"今人因此解读为商鞅变法，秦国废除井田制度。就史料来看，秦把原来的百步为亩改为二百四十步为亩，每亩的面积扩大了，扩大田亩面积的目的，无疑是国家需要增加粮食产量，以完成富国强兵的理想要求。这样一来，原来每户的田界（阡陌、）自然就打破了①。如果仍按每家一百亩来进行分配，则原来的井田的界限（封疆）也必须重新划定②。就是说，随着田亩面积的扩大，原来一井九百亩的面积也就不是原来的样子，而且，土地好坏轮换之处也必须重新调整，一整套复杂繁重的工作。也就是说，土地（包括原来的井田及以后在井田之外开辟的土地）必须重新进行分配。这就是"为田，开阡陌、封疆。"的内容。每户的土地面积较原先增加了，田界重新划定了，所有权（使用权）重新确定了，那么，每个劳动者的纳税义务也就确定了，这就是达到了"赋税平"的理想目标。所以，商鞅的土地分配政策，是为"强秦"服务的，他所想的只是把有限的土地发挥作用，使国家掌握足够的粮食，有足够的兵源。在他的思想上还达不到废除奴隶土地制度这个高度。

推行郡县制。历史上第一个设县的是楚庄王，史称：楚庄王灭陈为县，县名自此始。秦孝公十二年，商鞅第二次变法，并诸小乡，聚为县。据说当时共设置四十一个县（《秦本纪》称共设三十一个县）。县设县令、县丞、县尉等官吏。"百县之治"的任务，就是做到"官属少而民不劳"、"官无邪"、"民不敖（遨）"、"业（农业）不败"、"征（赋税征收）不烦"、"农多日、草（荒地）必垦"③。

迁都咸阳。便于进取中原。

统一度量衡。秦孝公十八年，统一度量衡制度，并颁布统一的标准的度

---

① 也有说是沟洫道路占地太多，必须划削以为耕地。
② 《礼记·月令》注疏：封疆，则九夫为井，四井为邑，各有封境、界域、部分职掌也。
③ 《商君书·垦令》。

量衡器于天下，从而统一财税征收、统一俸禄发放，诚信商货贸易，稳定社会秩序。

按户口征收军赋。秦孝公十四年，"初为赋"。对隐匿户口、对父子兄弟同室居住不分家、家有二男（成年男子）不分立门户者等等妄图逃避税收（军赋）的，要加重处罚（倍其赋）。

此外，韩昭侯用申不害进行改革、齐威王用邹忌进行改革，对其所在国的发展，均起到了一定的作用。

二、徭役

徭役，包括劳役和兵役两部分。在唐虞时期，主要表现为临时的调发，并不固定。时间一般是三天。

（一）商代徭役

1. 兵役

殷王统治时期，文王为西伯侯。西有昆夷之患，北有玁狁之难，西伯以殷王之命，命其属为将率，遣屯戍之役，北御玁狁，西伐西戎，以武力捍卫中国。《诗·采薇》就是反映这一事实的。"靡室靡家，玁狁之故"；"忧心烈烈，载饥载渴。我戍未定，靡使归聘"。

"赫赫南仲，玁狁于襄……赫赫南仲，薄伐西戎。"[①] 指南仲奉殷王之命，平定玁狁之后，又伐西戎。

2. 劳役

己亥卜，内贞，王有石在麓北东，作邑于之。　　　　　　　（乙3212）
此片指令以石修筑城邑。

"召彼仆夫（御夫），谓之载矣。王事多难，维其棘（急）矣。"[②] 指急调民夫转运军用物资。

王命南仲，往城于方。出车彭彭，旂旐央央。天子命我，城彼朔方，赫赫南仲，玁狁于襄[③]。到朔方筑城，防守玁狁的入侵。

田猎、杂役：

己酉卜，争贞，共众人，乎从夒𨔶王事。五月，甲子卜，品贞，令夒𨔶

---

① 《诗·小雅·出车》。
② 《诗·小雅·出车》。
③ 《诗·小雅·出车》。

田于□,甾王事。 (通726)

此片是指商王征召㛸率众人去执行狩猎任务。

辛巳卜,贞,令众御事。 (叕1)

(二) 周代徭役

1. 兵役

按《国语·周语》所载,周王朝处理国事的原则:"王事唯农是务……三时务农而一时讲武,故征而有威,守则有财。"① 但事实不尽如此。在一些时期,徭役是很繁很重的,在《诗经》中多有反映。

"江汉之浒,王命召虎,式辟四方,彻我疆土……于疆于理,至于南海。"② 周宣王承厉王衰乱之后,为振兴王业,先是命召公率兵平定淮夷叛乱,然后率师至于江汉之滨,军事上的胜利,萌发了宣王经营四方的雄心,于是命召虎"式辟四方,彻我疆土,……于疆于理,至于南海。"境内既安,又修理土田,功成事终,称王之命。于是周王"釐尔圭瓒,秬鬯一卣,告于文人。锡山土田,于周受命,自召祖命。"

《鸨羽》,写农民长期服役,不能耕种以养活父母的痛苦。第一章是:"肃肃鸨羽,集于苞栩。王事靡盬,不能蓺稷黍。父母何怙?悠悠苍天!曷其有所?"全诗共分三章。首句均以鸨鸟停集在树上这一不正常现象,暗喻农民正处于非正常的生活。因鸨鸟是属于雁类的飞禽,平时生活在水中和沼泽草地,而今鸨鸟居然飞集在树上,暗喻农民离开了务农的本业,而常年从事徭役,家中生活受到极大影响:即王室的差事没完没了,服役者回家的日子遥遥无期,大量良田地荒芜,老弱妇孺衣食无着,饿死沟壑,这正是春秋战国时期各国纷争、战乱频仍的现实反映。

周幽王是历史上有名的昏愦荒淫的君王,《诗经》中多有揭露。主要收集在在《节南山》组诗中。关于揭露赋役苛重者,代表作有《何草不黄》,主要是刺周幽王统治时期,政治腐败,四夷交侵,征夫长年征战在外,哀怨有家不得归、有老不得养的痛苦心情。全诗如下:

何草不黄,何日不行,何人不将?经营四方。

何草不玄,何人不矜?哀我征夫,独为匪民。

匪兕匪虎,率彼旷野。哀我征夫,朝夕不暇。

---

① 《虢文公谏宣王不籍千亩》。
② 《诗·大雅·江汉》。

有芃者狐，率彼幽草。有栈之车，行彼周道。

全诗四章。"何草不黄"、"何草不玄，"述说来自全国各家各户，离别家乡，离别亲人的征人，看到时间过去一年又一年，野草由青到枯黄、腐烂，为周王应对四方，拼死拼活，天天不得休息，过的是非人的生活。

第三章、四章，写征夫哀怨，我们不是野牛（犀），不是山中的老虎，也不是狐狸，成年奔忙在旷野；或跟随将有栈之车（辇车、役车）穿行于旷野、乡间山道，时刻不得休息。

《蓼莪》，哭诉民人劳苦，不得终养父母，"父兮生我，母兮鞠我，拊我、畜我、长我、育我、顾我、复我、出入腹我，欲报之德，昊天罔极。"

在《大东》篇中，疏称时东方之国困于赋役而损伤于民财。《诗》称"小东大东，杼柚其空。"指政役失理，丝麻无收，杼柚不作。

《北山》，揭露役使不均，已劳于王事，而不得养父母。

《楚茨》，刺幽王政烦赋重，田莱多荒饥馑降丧，民卒流亡。

《采绿》，指丈夫行役过时，民间多怨旷。

《渐渐之石》，刺戎狄叛，荆舒不至，名将东征，役久不得归。

《苕之华》，幽王时，西戎、东夷交侵中国，师旅并起，因之饥馑。

又如《诗·北山》，指责幽王役使不均。"陟彼北山，言采其杞。偕偕士子，朝夕从事。王事靡盬，忧我父母。"劳于执事，不得孝养父母。

在《诗经》中用这么多的篇幅来写一个朝代的腐朽、没落，应该说是少见的。事情到此还没有截止，进入春秋战国以后，周王朝每况愈下，如平王时期，是内外交困，大夫思其危难，君子服役没有尽期。《君子于役》就是反映这种情况。"君子于役，不知其期。曷至哉……君子于役，如之何勿思。""君子于役，不日不月。曷其有佸……君子于役，苟无饥渴。"

2. 劳役

"周公初基，作新大邑于东国洛。"① 周公摄政七年，兴工在洛阳筑新的京城。

"（宣王）筑室百堵，西南其户。爰居爰处，爰笑爰语。"② 指周宣王之治，使国富亲和，为嗣续先祖先妣之功，筑其居室百堵，南其户者指宗庙路寝，制如明堂，每室四户。居于是处，笑语安乐。

---

① 《尚书·周书·康诰》。
② 《诗·小雅·斯干》。

在《扬之水》诗篇中，指平王恩泽不行于民，而久令屯戍，不得归思而其家。

在《大东》篇中，疏称时东方之国偏于赋役而损伤于民财。《诗》称"小东大东，杼柚其空。"指政役失理，丝麻无收，杼柚不作。

卫国伐郑。"击鼓其镗，踊跃用兵。土国城漕，我独南行。"① 漕，卫邑。指民众或劳于土工之役，或修理漕城。

"定之方中，作于楚宫；揆之以日，作于楚室。"② 指卫懿公时，卫为狄所灭。东徙渡河，野处漕邑。齐桓公攘夷狄，卫文公徙居楚丘，开始建筑城市，营建宫室，安定民生。

"叔处于京，缮甲治兵，以出于田。"③ 指太叔段为举行田猎，事前先修理铠甲。

"叔于田，巷无居人。"④ 太叔段田猎，滥调人力，致巷如无人。

逃避服役的处罚：

"甲戌，我惟征徐戎，峙乃糗粮，无敢不逮，汝则有大刑。鲁人三郊三遂，峙乃桢干。甲戌，我惟筑，无敢不供，汝则有无余刑。非杀。鲁人三郊三遂，峙乃刍茭。无敢不多，汝则有大刑。"⑤ 这里是王下令征徐戎，下令准备好足食的干粮，如有违反，将受到乏军兴之死刑。凡三郊、三遂之民准备桢干之材，用作东郊构筑防御工事，如有不供，将会受到刑罚。三郊、三遂之民，还需准备刍茭等物，"无敢不多，汝则有大刑"。

在基层的县级官府，还有一个如何安排罪犯的问题。据《里耶秦简》记载，对已判刑的罪人，一般是安排他们服劳役。如果刑徒多的话，还要根据需要进行调配。

☐……⑥　　　　　　·凡八十七人

……圂∟段∟却　　其二人付畜官

七人市工用　　　　四人付貣舂

八人与吏上计　　　廿四人付田官

---

① 《诗·邶风·击鼓》。
② 《诗·鄘风·定之方中》。
③ 《诗·郑风·叔于田》。
④ 《诗·郑风·叔于田》。
⑤ 《尚书·费誓》。
⑥ ☐，指本简前面简文残断。"……"指简文漫漶，不能确定字数的用此符号。

一人为□剧　　　　二人除道沅陵
九人上省　　　　　四人徒养枽瘗带复
二人□复卯①　　　二人取芒阮道
一人□□酉阳　　　一人守船遏
□□□人　　　　　三人司寇□款
□□十三人　　　　二人付都乡
隶妾擎舂八人　　　三人付尉
隶妾居赀十一人　　一人付臣
受仓隶妾七人　　　二人付少内
　　　　　　　　　七人取□□林婋粲鲜夜丧
　　　　　　　　　六人捕羽刻绅卑□娃变
　　　　　　　　　二人付启陵
　　　　　　　　　三人付仓
　　　　　　　　　二人付库
　　　　　　　　　二人传徙酉阳
　　　　　　　　　一人为笥齐
　　　　　　　　　一人为席婷
　　　　　　　　　三人治枲梜兹缘
　　　　　　　　　五人擎碑般橐南儋
　　　　　　　　　二人上□
　　　　　　　　　一人作务青
　　　　　　　　　一人作园夕

·小城旦九人
其一人付少内
六人付田官
一人捕羽强
一人与吏上计
·小舂五人
其三人为田官
一人徒养姊

---

① 书中的□，表示 a. 释文；b. 简文漫漶；c. 存疑。

一人病□①　　　　　　　　　　　　　　　　　8-145 正
　　二人付□□□　　　　其廿六付田官☒
　　一人付田官　　　　　一人守园壹孙☒
　　一人付司空枚　　　　二人司寇守囚∟媛☒
　　一人作务臣　　　　　二人付库恬☒
　　一人求白翰羽章　　　二人市工用馈亥☒
　　一人廷守府快　　　　二人付尉□□☒　　　　　8-664 正
　　☒癸未二春，乡守绰作徒簿（簿），受司空居责城旦□☒②　8-788
　　卅年十月辛亥，启陵乡守高☒　受司空仗城旦二人☒
　　二人治传舍它∟骨☒　　　　　　　　　　　　　8-802
　　☒城旦春、耐，以为鬼薪；白餐其当耐☒③　　　　8-806④
　　☒士五得=告戍卒赎耐罪恶。　　　　　　　　　　8-812
　　☒□于隶臣醋所取钱十二⑤。
　　☒般守　　　　　　　　　　　　　　　　　　　8-826
　　卅二年十月己酉，乙亥司空守园徒作（工役）簿：
　　　城旦司寇一人　鬼薪廿人　城旦八十七人　仗城旦九人　隶臣堑城旦三人　隶臣居赀五人　·凡百廿五人　其五人付二春　一人付少内　四人有律　二人付库　二人作园䦼□　二人付畜官　二人徒养臣益　二人作勇□亥　四人与吏上事守府　五人除道沅陵　三人作庙　廿三人作田官　三人削廷央闲赫　一人学车酉阳　五人缮官宵金□□触　三人付段仓信　二人付仓　六人治邸　一人取□厩　二人伐椠（记事的木板）□章　二人伐材□聚☒　二人付都乡　三人付尉☒　一人治观☒　一人付启陵☒　二人为笥移昭☒　八人捕羽操∟□∟□∟□☒　　　　　　　9-2294 正⑥

---

①《湖南龙山里耶秦简》，《湖南出土简牍选编》，湖南岳麓书社 2013 年版。
② 城旦，秦汉时刑名，指夜暮筑长城，白天防守寇虏入侵。
③ 城旦春，秦汉时刑名，即城旦刑与春刑。《史记·秦始皇纪》：《集解》引如淳曰：律说论决为髡钳（剃去头发曰髡，用锁束颈曰钳）。输边筑长城昼日伺寇虏，夜暮筑长城。城旦，四岁刑。《汉书·刑法志》罪人狱已决完，为城旦春。城旦春满三岁为鬼薪、白粲，一岁为隶臣妾，一岁免为庶人。《汉书·惠帝纪》有罪当刑，及当为城旦□春，皆耐为鬼薪、白粲。注：应劭曰，城旦者，旦启行治城；春者，妇人不予外徭，但春作米，皆四岁刑。耐，轻罪，又释为宜。鬼薪，秦汉刑名。以薪供宗庙，故名。三岁之刑。白餐，妇女犯罪所科之刑。使坐择精米以供祭祀。刑期三年。
④《湖南龙山里耶秦简》，《湖南出土简牍选编》，湖南岳麓书社 2013 年版。
⑤ 隶臣，汉代处罚有地位的官员及妇人的刑名。男子为隶臣，女子为隶妾。
⑥《湖南龙山里耶秦简》，《湖南出土简牍选编》，湖南岳麓书社 2013 年版。

鬼薪苍　输铁官　廿八年三月丙辰断午行☐　　　10－673
卅四年十二月仓徒簿最
大隶臣积九百九十人
小隶臣积五百一十人
大隶妾积二千八百七十六人
凡积四千三百七十六。
其男四百廿人吏养
男廿六人与库武上省
男百五十人居赀司空
男九十人☐城旦
男卅人☐除道☐食，
男十八人行书守府
男卅四人库工
小男三百卅人吏走
男卅人廷走男九十人亡
男七十二人牢司马
男卅人输铁官未报
男十六人与吏上计
男四人守囚
男十人养牛
男卅人廷守府
男卅人会建它县
男卅人与吏☐具狱
男卅人付司空
男卅人与吏谢具狱①
女五百一十人付田官
女六百六十人助门浅
女卅四人助田官获
女百卅五人毇舂
女三百六十人付司空

---

① 具狱，指狱案已定，其文具备。

女三百一十人居赀司空　　　　　　　　　　10-1170（上）
女六十人行书廷
女九十人求箘
女六十人会建它县
女六十人□人它县
女九十人居赀临沅
女十六人输服弓
女卌四人市工用
女卅三人作□
女卌四人付二春
女六人取薪
女廿九人与少内殷买徒衣
女卅人与库佐午取漆
女卅六人付畜官
女卅九人与史武输乌
女六十人付启陵
女卅人牧雁
女卅人易除道罋食
女卅人居赀无阳
女廿三人与吏上计
女七人行书酉阳
女卅人守□
女卅人付库　　　　　　　　　　　　　　　10-1170（下）①

劳作期限长短不一：
凡作……　　　　　　　　　□□乡廿二年……
为令佐六岁　　　　　　　　□功二……
为县令佐一岁十二日　　　　劳四三九月
为县斗食四岁十一月廿四日　·凡功□三岁九月廿五日
为县司空有秩□□十三岁八月廿二日　……迁陵六月……廿一
守迁陵□六……　　　　　　……洞庭……

———
① 《湖南龙山里耶秦简》，《湖南出土简牍选编》，湖南岳麓书社2013年版。

凡□岁九月……　　　　　　……　　10－15

有时，劳动场所所需劳动人员已经满，拒绝再接收刑徒。如《里耶秦简》记载："金仓徒悉：采锡徒尽，毋遣也。"

三、贡和工商税

（一）贡

1. 夏商贡法

吕思勉先生认为：取民之法，最早者有三：一曰税，二曰赋，三曰役。而此三者，实仍是一事。盖邃古职业少，人皆务农，按其田之所获而取之，是为租。马牛车辇等供军用者，自以为其所出，是为赋。有事则共赴焉，是曰役。至于山林薮泽等，其初本属于公有，自无所谓赋税。关之设，所以讥察非常，不为收税。商则行于部族与部族间，不为牟利之举。当部族分立之时物产既少，制造之技亦尚未精，或则必需之品，偶尔缺乏，不得不求之于外；又或其物为本部族所无，不得不求之于外。此时奢侈之风未开，所求者大抵有用之品，于民生利病，关系甚巨，有能挟之而来者，方且庆幸之不暇，安有征税之理？故山、海、池、泽征商之税无一非后起之法也。这就是上古之世，赋、税和役皆出自农，工商无税的缘由。但有研究者认为，赋、税、役，皆系后出之字，从甲骨文考察，首先因为"宾"。我们从文献上考察，"宾"和"享"都属于部落方国的贡纳。如轩辕"乃内习用干戈，以征不享。"历观史书，有关"享"的内容：（1）享，献也。《尔雅·释诂》：享，献也。《国语·周语》：宾服者享。注，享，献也。（2）与飨通，献食物。《尔雅·释诂·舍人》注：献食物曰享。（3）祭也，祀也，《易·升》：王用享于岐山。【释文】享，祭也。（4）享烝，进物以祭宗庙。（5）享觌《左传》昭公五年：享觌有璋。注：享，飨也；觌，见也。既朝聘而享见，臣向君献币（璋）。（6）享礼，聘礼完毕，进献礼物。享觐，觐见天子，进献礼物。有关"宾"的内容：①宾，《书·康王之诰》：宾称奉圭兼币。【传】宾，诸侯也。②协也，《礼记·乐记》："诸侯宾服"，注：宾，协也。③官名，掌诸侯之朝觐。④宾服，古诸侯入贡而宾见于天子。引申为归顺臣服。《礼记·乐记》："诸侯宾服"。⑤宾贡，也即宾服。韩愈《后上宰相书》："九夷八蛮之在荒服之外者，皆已宾贡。"宾和享两者都是诸侯向王朝中央进献珍贵礼物或食品；如果说有不同的话，那就是有远近亲疏的区别，后者当指荒服之外的"九夷八蛮"之类的方国、部族。

但如果按《尚书·禹贡》篇所说,当时国家的主要收入形式是"贡"。我们认为,贡、纳、献……这些缴纳形式,不为某一个国家或地区部落所首创,所独有,它好像是世界各国(部落)政权的一种本能,有似如婴儿一生下来就知道吸奶一样,可以说是生命的需求。

关于贡,据分析,可能始于原始公社末期。在这时,原始公社的首领,大多已不能始终参加生产劳动,如恩格斯所说,已部分地依靠公社成员缴纳贡物,如谷物、家畜等来补充自己的生活了。这种状况,在中国可能开始于炎黄时代。史称黄帝在战胜炎帝之后,对不顺者、不履行贡纳义务者,东征西伐,往来无常处。《通典》也说:"昔黄帝方制天下,立为万国。《易》称首出庶物,万国咸宁。后来颛顼、帝喾时代,也说统领万国。及至大禹时期,涂山之会,亦云万国。因为所属国家、部落众多,各国出产丰富,"执玉帛者万国",所以部落联盟首领、夏王、商王乃至周天子的统治稳便,"庶政惟和"。但自进入唐虞时代,大禹治水成功后,划地居民,制定制度,这时,早期的贡赋制度才基本形成。

史称黄帝时,南夷乘白鹿来献鬯。按《通鉴前编》注:《瑞应图》云:献褐裘。

帝尧五载,南夷越裳氏来朝献大龟。按《通鉴前编》云:按《述异记》,陶唐之世,越裳国献千岁神龟,方三尺余,背上有科斗文,记开辟以来,帝命录之,谓之"龟历"。 二十九载,春,僬侥氏来朝贡没羽①。

帝舜九年,西王母来献白环玉玦。二十五年,息慎氏来朝,贡弓矢。四十二年,元都氏来朝,贡宝玉②。

禹时,渠搜来献裘③。按《瑞应图》:乘白鹿来献。

《尚书·禹贡》:"禹别九州,随山浚川,任土作贡。"

"禹贡",指大禹时制定的在九州境内的贡纳之法。《正义》称:"贡赋之法,其来久矣。治水之后,更复改新,此篇贡法,是禹所制,非禹所为贡也。"

据史籍记载:夏禹当时所制定的纳税原则是:"相地宜所有以贡,及山川之便利。"也就是"因地制宜","任土作贡"的征收原则。制度规定:

---

① 《中国历代食货典·贡献部·汇考一》。
② 《竹书纪年》。
③ 《通鉴前编》。

冀州：鸟夷皮服。指东北方之民，人处山林，养禽兽，食其肉衣兽皮。

沇州：其贡漆、丝。

青州：厥贡盐、绨（细葛）、海物维错（海物，海鱼。错，杂；非一种）；岱畎（岱山山谷）丝、枲（麻）、铅、松、怪石（孔安国曰：怪异好石似玉者），厥篚檿丝（檿，山桑。蚕食山桑所吐的丝）。莱夷为牧（东莱之地可放牧）。

徐州：贡维土五色（土五色，古为大社之封。《正义》引《韩诗外传》云："天子社广五丈，东方青，南方赤，西方白，北方黑，上冒以黄土。将封诸侯，各取方土，苴以白茅，以为社也"），羽畎夏狄（羽畎，羽山之谷。狄，雉名也），峄阳孤桐（《集解》孔安国曰：峄山之阳特生桐，作琴瑟。峄山，《括地志》云：峄山在兖州邹县南二十二里），泗滨浮磬（泗水中之石可做磬；浮磬，透过水波看水中之石，似在浮动），淮夷蠙珠（蚌珠）暨（古暨字）鱼。其篚玄纤、缟（《正义》：玄，黑，以细缯染为黑色；纤，细；缟，白缯。"篚"，指以竹篾编制的用作盛物的筐）。

扬州：贡金三品（孔安国曰：金、银、铜。郑玄曰：铜三色也），瑶、琨（美玉）、篠（竹箭）、簜（大竹）、齿、革、羽旄（孔安国曰：象齿、犀皮、鸟羽、旄牛尾），岛夷卉服（扬州东之岛夷。草服葛越，南方布名，用葛为之。也说越即苎。此非贡品）。其篚织贝（贝锦）；其包橘、柚锡贡（不常贡，锡命乃贡）。

荆州：贡羽、旄、齿、革，金三品，杶、榦、栝、柏（四木名。榦，柘也），砺、砥、砮、丹（孔安国曰：砺、砥，皆磨石。砥细于砺。砮，石镞），维菌簵（美竹）、楛（箭杆），包匦菁茅（《集解》郑玄曰：菁茅，茅有毛刺者，给宗庙缩酒。《括地志》云：产于辰州卢溪西南包茅山），其篚玄纁、玑（珠类，生于水中）组（绶类），九江入赐大龟（孔安国曰：尺二寸曰大龟。出于九江水中，赐命而纳）。

豫州：贡漆、丝、绨、纻，其篚纤絮，锡贡磬错。

梁州：贡璆（美玉。郑玄曰：黄金之美者谓之镠）、铁、银、镂（钢铁，可以刻镂）、砮、磬，熊、罴、狐、狸、织皮（织皮，孔安国曰：贡四兽之皮。后又指罽，毛织品）。

雍州：贡璆、琳（玉名）、琅玕（孔安国曰：琅玕，石而似珠者）。

上述贡制内容是随同田赋一起制定的。

至于九贡，包括祀贡、嫔贡、器贡、币贡、材贡、货贡、服贡、斿贡和物贡九种。《周礼》称它是属于"邦国之用"的收入。其具体内容，郑司农云：祀贡，牺牲、包茅之属；嫔贡，皮帛之属；器贡，宗庙之器；币贡，绣帛；材贡，木材；货贡，珠、贝自然之物；服贡，祭服之物；斿贡，羽毛之类；物贡，九州之外各以其所贵为贽，如肃慎氏贡楛矢之类。所有这些物品，都需地方诸侯贡献。贡纳的原则是：专事专物专用。又按郑玄所说：嫔贡，指丝、枲一类的物品；器贡，指银、铁、石磬、丹漆等物；币贡，玉、马、皮帛等物；材贡，櫄杆、楛、柏、篠簜之属；货贡，金、玉、龟、贝之属；服贡，絺、纻之属；斿贡，燕好珠玑、琅玕之属；物贡，杂物、鱼、盐、橘、柚等物。之所以说"以九贡致邦国之用"，《周礼》云："凡邦国之贡，以待吊用。"① 就是说，九贡之物，是周王举行祭祀活动所需的物品，郑司农则认为此贡为诸侯邦国之常贡。所谓常贡，是指各国诸侯、方国之贡，规定有固定的时间、地点和贡物，如一年或两年一贡；所贡之物，虽属各地所产，但并非一般易得之物产，多属珍稀贵重之品，如《禹贡》中所云九州之美物。按制度规定，诸侯国内得民税，大国贡半之，次国三之一，小国四之一；所贡者，市取当国所出美物，则为《禹贡》所云厥篚、厥贡之类②。再从《周礼·大宰》中可知：祀五帝，则掌百官之誓戒，与其具修。包括前期十天，斋戒；及纳享，赞王牲事；祭祀之日，赞玉币爵之事……享先王亦如之，赞玉几玉爵；大朝觐会同，赞玉币、玉献、玉几、玉爵；大丧，赞赠玉、含玉。从上可见，郑司农所讲的九贡，当主要是指周王举行例行大祭时，各诸侯国按规定所贡献的助祭品；而郑玄所说的九贡，主要是指九州之贡③，即常贡，其中也包括助祭的部分物品，与以居民缴纳而购置的"九州美物"一致。

《左传》哀公七年云："禹会诸侯于涂山，执玉帛者万国。"

关于"禹会诸侯于涂山"之说，对涂山地点的考释，后世学者有多种说法。因为它牵涉舜禹统治区域，或者说是活动范围大小问题，所以在讨论夏王朝时，不能不对此做一些尽可能详尽、准确的说明。

其一：安徽怀远说。指安徽怀远的淮河东岸有当涂山，为大禹当年娶涂山氏之处。王楙《野客丛书》云：涂山有四：一会稽，二渝州，三濠州，

---

① 《周礼·天官·大府》。
② 楚国所贡包茅则不属此类。
③ 指《禹贡》。

四当涂。而苏轼、苏辙"涂山"诗,皆指濠州,与杜注《左》氏传在寿春东北合,则以涂山在怀远县为正。

其二:浙江绍兴说。《越绝书·越绝外传记地传》:涂山者,禹所取妻之山也,去(绍兴)县(西北)四十五里。又《会稽志》云:涂山在山阴县西北四十五里。据《清一统志》云:《国语》、《史记》皆云禹会诸侯于会稽,会稽亦有涂山。《吴越春秋》亦以涂山在会稽。

其三:四川巴县说。据《华阳国志》记载:禹娶涂山,今江州涂山是也。《水经注·渐江水》注,江水北岸有涂山,常璩、庾仲雍并言禹娶如此。

其四:九江当涂说。《史记·夏本纪》,禹曰:予辛壬娶涂山,癸甲生启。《索引》皇甫谧云:今九江当涂有禹庙,则涂山在江南也。《集解》引孔安国曰:涂山,国名。《汉书·地理志》上,九江郡,县十五里,当涂。《注》,侯国。应劭曰:禹所娶涂山侯国,邑有禹墟。

上举四说,两处在安徽(南北各一处),一在浙江。禹治水从上游到下游,到东南入海,治水成功,从道理上是讲得通的。但四说都同娶妻相联系,按《吴越春秋·越王无余外传》所记:禹三十未娶(禹在外治水十三年,数过家门而不敢入),当治水经过涂山,恐时之暮失其度制,乃辞云:"吾娶也,必有应矣。"乃有白狐九尾造于禹。禹曰:'白者,吾之服也;其九尾者,王之证也。'涂山之歌曰:'绥绥白狐,九尾痝痝;我家嘉夷,来宾为王;我家成室,我造彼昌。天人之际,于兹则行明矣哉!"禹娶涂山,谓之女娇。《吴越春秋》所说,禹乃在治水途中娶妻,数日后又去继续治水,那么,娶涂山女不在绍兴萧山,当另有所指。而绍兴才是治水成功、合诸侯、计功行赏之地。

至于万国之说,当尧舜统治时期,其活动区域当在黄河中游一带。当时,在以唐虞部落为共主的部落联盟之外,还有成千上万个以血缘关系为纽带的家族所组成的部落或联盟。从以后的《尚书》、《史记》、《荀子》等书的记载来看,应该有其可信的一面。如:

"彖曰:首出庶物,万国咸宁。"①

"庶政惟和,万国咸宁。"②

---

① 《易·乾》,彖,音 tuàn。
② 《书·周官》。

"置左右大监，监于大国。"①

"《书》曰：协和万国。"②

"古有万国，今有十数焉。"③

可见，各书之所以说"万国"，并不是真实的统计数字，只是乏指而已，言其很多。

这里还得提一下，关于夏禹杀防风氏的问题。《史记·孔子世家》："禹致群神于会稽山，防风氏后至，禹杀而戮之"。这一神化禹的记叙，被后人曲解了。后人只知尊王、王权、君臣等等级关系，而对一些历史事实，并未作比较深入的研究，所以做出一些并不合乎常理的答案，禹杀防风氏就是一例。首先，禹合诸侯于涂山，庆祝治水成功，这是几代人奋斗多年的结果。但这时的首领不是禹，而是舜。此时禹虽然已进入部落联盟的领导集体之中，在治水时官为司空，并无生杀之权；其次，禹治水成功，合诸侯于涂山，应该感谢、奖励为治水做出过贡献的各地部落首领和各地民众。防风氏乃浙江北部汪芒氏之首领（地在今浙江省德清市武康镇一带），因故晚到，禹因而将其"杀而戮之"。至于杀他的原因，是否如《文选》张衡著《思玄赋》所说"集群神之执玉兮，疾防风之食言"的原因（防风氏既然来参加涂山会，他不能不带礼物）？但滥杀部落首领，这首先就不符合虞舜的"柔远能迩，惇德允之"的治国方针；所以说，禹杀防风氏之事肯定有误传；第三，防风氏后到肯定是有原因的。（1）他来与会，说明他遵守联盟的决定；（2）后到，肯定是有多种延误的理由，包括天气的、道路的等等原因；（3）得到信息晚了，准备礼物耽误了时间。所有这些，都构不成死罪。充其量也就是将其驱逐了事。据《尚书大传》："夏刑三千条"。《唐律疏义》记载："逮于唐虞，化行事简。议刑以定其罪，画像以愧其心，所有条贯，良多简略。"④ 从历史上考察，无论是从历史环境或从社会安定来看，《唐律》所说比较合理一些。

汉唐以后，一些有识见的学者、社会活动家、专家，对《尚书·禹贡》的真实性提出质疑。为了求证，我们也曾有意地翻阅了一些古代典籍，发现，虽然历史在前进，社会在发展，人们在改造自然、改善生活的过程中，

---

① 《史记·五帝本纪》。
② 《汉书·地理志序》。
③ 《荀子·富国》。
④ 《唐律疏义·名例·十恶》。

各地山泽的出产和农业产品、手工制造业产品，也发生了某些改变，有的还发生了根本性的变化，但在一个比较大的范围内，各地的地下蕴藏和土地出产，还是能看出某些相似的地方。以《史记·货殖列传》为例：

《货殖列传》说：

夫山西饶材、竹、榖、纑、旄、玉石①；

山东多鱼、盐、漆、丝、声色；

江南出枏、梓、薑、桂、金、锡、连、丹沙、犀、瑇瑁、珠玑、齿革②；

龙门、碣石北多马、牛、羊、旃裘、筋角③；

铜、铁则千里往往山出棊置。

营丘（太公望封地），地潟（鹹地）卤，人民寡；于是太公劝其女功④，极技巧，通鱼盐，则人物归之（集结于此）。

猗顿用鹽盐起⑤。而邯郸郭纵以铁冶成业。

乌氏倮畜牧，及众。

巴（蜀）寡妇清，其先得丹穴⑥，而擅其利数世。

西汉政权建立后，税收制度又较前前进了一步。这时的贡品，据《史记·货殖列传》所记：

汉兴，海内为一，开关梁，弛山泽之禁，是以富商大贾周流天下，……关中自汧、雍以东至河、华，膏壤沃野千里，自虞夏之贡以为上田，……其民犹有先王之遗风，好稼穑，置五谷，地重。

巴蜀亦沃野，地饶卮、姜、丹沙、石、铜、铁、竹、木之器。西近邛笮，笮马、牦牛。

天水、陇西、北地、上郡与关中同俗，然西有羌中之利，北有戎翟之畜，畜牧为天下饶。

燕，南通齐、赵，东北边胡。有鱼盐枣栗之饶。

齐带山海，膏壤千里，宜桑麻，人民多文綵布帛鱼盐。

---

① 榖，《索引》：音谷，又音雏。榖，木名，可以为纸。纑，《索引》：音盧，山中紵，可以为布。
② 连，铅之未炼者。
③ 《正义》龙门山在绛州龙门县。碣石山在平州卢龙县。
④ 指纺织、刺绣、缝纫。
⑤ 《正义》按：猗氏，蒲州县也。河东盐池是畦盐。鹽盐，《索引》一说河东大盐。
⑥ 《集解》徐广曰：涪陵出丹。

邹、鲁滨洙、泗，颇有桑麻之业，无林泽之饶。

陶（定陶）、睢阳，好稼穑。

彭城以东，东海、吴、广陵，此东楚也。东有海盐之饶，章山之铜，三江、五湖之利。

衡山、九江、江南、豫章、长沙，是南楚也，……合肥受南北潮，皮革、鲍、木输会也；……江南卑湿，……多竹木。豫章出黄金，长沙出连、锡。

番禺，……珠玑、犀、瑇瑁、果、布之凑。

沂、泗水以北，宜五谷桑麻六畜①。

燕、代田畜而事蚕。

陆地牧马、牛蹄角、羊、彘，水居千石鱼陂，山居千章之材。安邑千树枣；燕、秦千树栗；蜀、汉、江陵千树橘；淮北、常山已南，河济之间千树萩；陈、夏千亩漆；齐、鲁千亩桑麻；渭川千亩竹。

蜀卓氏之先，赵人也。秦迁卓氏于临邛，即铁山鼓铸，倾滇蜀之民，……程郑，山东迁虏也，亦冶铸，富埒卓氏，俱居临邛。

宛孔氏之先，梁人也，用铁冶为业。秦伐魏，迁孔氏南阳。大鼓铸，……家致富数千金。

鲁人曹邴氏，以铁冶起，富至巨万②。

齐刀閒，收奴虏使之逐鱼盐商贾之利。

下面我们再从《汉书·货殖传》、《汉书·地理志》和《后汉书》中有关志、传的零星记载来看：

上谷至辽东，地广民稀，有鱼盐枣粟之饶③。

河东本唐尧所居，有盐铁之饶④。

赵国以冶铸为主，安平好枣，中山好粟，黎郡好杏，河南好稻，真定好梨，共汲好漆⑤。

（兖州、青州）利蒲、鱼，畜宜鸡狗。

（扬州）利金、铁、竹箭，畜宜鸟兽。

---

① 指地小人众，数被水旱之害，故秦、夏、梁、鲁、三河、宛、陈好农而重民。
② 《集解》徐广曰："鲁县出铁"。
③ 《汉书·地理志》。
④ 《汉书·地理志》。
⑤ 《太平御览》卷七七六，何晏：《九州论》。

江表长沙有好米①。

合浦，海出珠宝②。

交阯：土多珍产，明玑、翠羽、犀、象、玳瑁、异香、美木③。

交州：杂香、细葛、明珠、大贝、琉璃、翡翠、玳瑁、犀、象、异果、蕉柳、龙眼之类④。

豫州：林、漆、丝、枲⑤。

襄斜材木、竹箭之饶，拟于巴蜀⑥。

临邛蒲江盐井二十所⑦。

蜀地沃野千里，果实所生，无谷而饱。女工之业，复衣天下；名竹材干、器械之饶，不可胜用。又有鱼盐铜银之利……⑧。

白马氐（广汉西、武都）有麻田，出名马、牛羊、漆蜜⑨。

秦地（雍、梁二州）有鄠杜竹林、南山檀柘，对称陆海。 天水、陇西，山多林木；凉州之畜为天下饶。 关中桑麻条畅，梗楠檀柘，蔬果成实⑩。

南山出玉石，金、银、铜、铁、大木，不可胜原⑪。

龟兹盐池，牛马衔尾，群羊塞道⑫。

（昆明）河土平敞，多出鹦鹉、孔雀，有盐池田渔之饶，金银畜产之富⑬。

（永昌郡）土地沃美，宜五谷蚕桑；知染彩文绣，罽㲲帛叠，兰干细布，织成文章如绫锦；有梧桐木华，绩以为布；……出铜铁、铜、锡、金、银、光珠、琥珀、水晶、琉璃、轲虫、蚌珠、孔雀、翡翠、犀、象、猩猩、

---

① 《太平御览》卷八三五。
② 《后汉书·循吏传·孟尝》。
③ 《后汉书·贾琮传》。
④ 《三国志·士燮传》。
⑤ 《后汉书·货殖传》。
⑥ 《后汉书·沟洫志》。
⑦ 《华阳国志·蜀志》。
⑧ 《后汉书·公孙述传》。
⑨ 《后汉书·西南夷传》。
⑩ 《汉书·地理志》。
⑪ 《汉书·东方朔传》。
⑫ 《后汉书·虞诩传》。
⑬ 《后汉书·西南夷传》

貊兽①。

从上面所引的史料可以看出，春秋战国至秦汉的土地物产，同虞夏时相比，有其相似之处，也有发展的地方，这也说明《禹贡》所言，并不是空穴来风。而各地出产正是国家税源之所在。这就是史籍所说的，大禹经过十几年对各地土地美、恶、高、下，出产情况，均已大致调查清楚，这就为制定相应的税收制度奠定了基础，"庶土交正，厎慎财赋，咸则三壤，成赋中邦"，即对土地出产，取之有艺，按照上中下三等以定赋税之法于中国。

成汤代夏后，亦以因地势所有而定为贡献则，据《汲冢周书》记载，汤问伊尹关于各国诸侯国君贡献之事，曰：诸侯来献，或无马牛之所生而献远方之物，如果这样的话，与自己的目的正好相反，不符合国家与人民的长远利益，于是决定"今吾改因其地势所有献之"，这是因为"必易得而不贵"，就是君易得而民不费的积极效果。载于《汲冢周书·王会》的历史上有名的"四方献令"，就是这时形成的。史称伊尹受命，于是为"四方令"。

"臣请

正东：符娄、仇州、伊虑、沤深、九夷、十蛮、越沤发文身，（十者，东夷蛮越之称。鬋发文身，因其事以名之也。）请令以鱼支之鞞、乌鰂之酱、鲛瞂利剑为献；（鞞，刀削；鰂，鱼名；瞂，盾也，以鲛皮作之；鲛，文鱼也）；

正南：瓯邓、桂国、损子、产里、百濮、九菌，（六者，南蛮之别名），请令以珠玑、海瑁、象齿、文犀、翠羽、菌鹤、短狗为献；（玑，似珠而小；菌鹤，可用为旌旟；短狗，狗之善者也）；

正西：昆仑狗国，鬼亲枳已阔耳贯胸，雕题离丘漆齿，（此九者，西戎之别名也。阔耳贯胸，雕题离丘漆齿等，亦因其事以名之也），请令以丹青、白旄、紕罽、江历、龙角、龟神为献；（江历，珠名；龙，解角得也；）

正北：崆峒、大夏、莎车、姑他、且略、貌胡、戎翟、匈奴、楼烦、月支、蠰犁、其龙东胡，（十二者，北岳之别名也。戎狄在西北，界戎翟之间，国名也），请令以橐驼、白玉、野马、駒騊、駃騠、良弓为献"。

汤曰："善。"允准颁布施行。

四方献令，指的是以京师为中心，散布于周边四方的部落方国的进献。商汤四方令的颁行，应当不是虚妄的。《诗》云："昔有成汤，自比氐羌，

---

① 《后汉书·西南夷传》。

莫敢不来享，莫敢不来王，曰商是常。"又《帝王世纪》记载："夏桀无道，诸侯咸叛桀归汤，同日职贡者五百国。"说明自国内至周边各部落方国，都在商汤的控制之下。而且，如以"四方令"同"禹贡"相比较，各地所产所贡，商汤同虞夏时期的贡献雷同者多。而且此时的贡，具有十分明显的强制性，这在商代甲骨文字中，有大量而真实的记录。所贡之物，包括牲畜（马、牛、羊、犬、豕）、兽类（鹿、麋、象等）、珍稀之物（牙、骨、玉石）、粮食谷物、奴隶、卜骨、卜甲以及其他物品。贡纳数量，因时因事而多少不同。如牛，一次用四百；羊一次三百；玉戈五柄等。表现在控制力方面，基本上贯穿殷商始终，史载帝辛三十年春三月，西伯（后为周文王）率诸侯入贡。说明仍然在执行四方令的规定。

2. 周朝贡

周王朝的贡法，较之夏商更条例化、具体化。按《左传》所记叔向之言曰："明王之制，使诸侯岁聘以志业，间朝以讲礼①，再朝而会以示威②，再会而盟以显昭明。"③ 并说"志业于好，聘也。讲礼于等，朝也。示威于众，会也。昭明于神，盟也。自古以来，未之或失也。"④ 朝贡，本系周王朝所属各国诸侯朝见周天子之礼。而春秋时期已发生了变化，按子大叔所说，而今已不同于周初原来所制定的制度，"昔文襄之霸也，其务不烦诸侯。令诸侯三岁而聘，五岁而朝，有事而会，不协而调。"⑤ 因周室已衰，政在霸主，不再设会盟时间，有事需要就会。就贡物而论，按《周礼》所载："以九贡致邦国之用"。"九贡"，它已不同于夏王朝时期的贡的内容，夏王朝的贡，包括内容广，既包括土田之税赋，又包括山林池泽产品的收入；而周王朝的大宗财政收入走的是另外一个渠道即"以九赋敛财贿"。赋与贡的不同理由，按南宋学者胡宏所说："先王授民以田，则责之赋；授诸侯以国，则责之贡。赋者养天子之礼，贡者事天子之义。"赋与贡的负担者，按北宋学者陈祥道曰："采邑有赋而无贡，邦国有贡而无赋。"有所得就必须有所奉献，有权利就必须承担义务，这就是古人的原则。

周王朝的九贡，包括祀贡、嫔贡、器贡、币贡、材贡、货贡、服贡、斿

---

① 三年一朝。正班爵之义，率长幼之序。
② 六年一会。训上下之则，制财用之节。
③ 十二年而一盟，所以昭信义也。
④ 《左传》昭公十三年。
⑤ 《左传》昭公三年。

贡和物贡九种。《周礼》称它是属于"邦国之用"的收入。其具体内容，郑司农云：祀贡，牺牲、包茅之属；嫔贡，皮帛之属；器贡，宗庙之器；币贡，绣帛；材贡，木材；货贡，珠、贝自然之物；服贡，祭服之物；斿贡，羽毛之类；物贡，九州之外各以其所贵为贽，如肃慎氏贡楛矢之类。所有这些物品，都需地方诸侯贡献①。贡纳的原则是：专事专物专用。又按郑玄所说：嫔贡，指丝、枲一类的物品；器贡，指银、铁、石磬、丹漆等物；币贡，玉、马、皮帛等物；材贡，橞杆、楷、柏、篠簜之属；货贡，金、玉、龟、贝之属；服贡，絺、纻之属；斿贡，燕好珠玑、琅玕之属；物贡，杂物、鱼、盐、橘、柚等物。这里的"致邦国之用"的"九贡"，《疏》称此贡为诸侯邦国岁之常贡。从上可见，郑司农所讲的九贡和郑玄所说的九贡，当主要是指的是九州之贡（《禹贡》），也就是常贡，其中也包括助祭的部分物品，与以居民缴纳而购置的"九州美物"是一致的。所谓常贡，是指各国诸侯、方国之贡，规定有固定的时间、地点和贡物。如一年或两年一贡；所贡之物，虽属各地所产，但并非一般易得之物产，多属珍稀贵重之品，如《禹贡》中所云九州之美物。按制度规定，诸侯国内得民税，大国贡半之，次国三之一，小国四之一；所贡者，市取当国所出美物，则为《禹贡》所云厥篚、厥贡之类（楚国所贡包茅则属祭祀专用物）。再从《周礼·大宰》中可知：祀五帝，则掌百官之誓戒，与其具修。包括前期十天，斋戒；及纳享，赞王牲事；祭祀之日，赞玉币爵之事，……享先王亦如之，赞玉几玉爵；大朝觐会同，赞玉币、玉献、玉几、玉爵；大丧，赞赠玉、含玉。正如《周礼》云："凡邦国之贡，以待吊用"②。就是说，九贡之物，是周王举行祭祀活动所需的物品。至于《周礼·秋官·大行人》所云："邦畿方千里，其外方五百里谓之侯服，岁一见，其贡祀物；又其外方五百里谓之甸服，二岁一见，其贡嫔物；又其外方五百里谓之男服，三岁一见，其贡器物；又其外方五百里谓之采服，四岁一见，其贡服物；又其外方五百里谓之卫服，五岁一见，其贡材物；又其外方五百里谓之要服，六岁一见，其贡货物。九州

---

① （1）祀贡，郑司农曰：祀贡，牺牲、包茅之属；而王氏曰，凡可以供祭祀之物；（2）嫔贡，郑康成曰：嫔贡，丝枲；（3）器贡，郑康成曰：银、铁、石磬、丹、漆也。刘执中说是民间用上述材料制造的精良器具，如刀、剑之类；（4）币贡，郑康成曰：郑康成曰玉、马、皮帛也；（5）材贡，郑司农曰木材也；郑锷曰如枬（香椿）幹、栝、柏之类可以为宫室者也；（6）货贡，郑康成曰：金、玉、龟、贝也；（7）服贡，郑康成曰：絺、纻也；（8）斿贡，刘执中说是羽毛，可做旗旄；（9）物贡，郑康成曰：杂物鱼盐、橘、柚（凡邦国之贡，以待吊用）。

② 《天官·大府》。

之外，谓之蕃国，世一见，各以其所贵宝为贽。"

关于周边各部落方国，"世一见，各以其所贵宝为挚。"的规定，郑康成曰：九州之外，其君皆子男也，无朝贡之岁，父死子立，及嗣王即位，乃一来耳，各以其所贵宝为挚。史称武王十有三年二月①，肃慎氏来贡。按《通鉴前编》云：十有四年，西旅献獒。昭公奭作书戒王。按《书》经"旅獒"："惟克商，遂通道于九夷八蛮，西旅底贡厥獒。太保乃作'旅獒'，用训于王。"《蔡传》说，武王克商之后，威德广被九州之外，蛮夷戎狄，莫不梯山航海而至。史云："明王慎德，四夷咸宾无有远迩。毕献方物，惟服食器用。"林氏曰：先王于四夷，不责彼之难得，不求我之无用。关于这一点，《国语·周语》云："昔武王克商，通道于九夷八蛮，使各以方贿来贡，使无忘职业。于是肃慎氏贡楛矢、石弩。"这段话所述者当属于常贡，而且系法令所定，有强制的作用。我们从西周金文里，也可得到当时的原始证明。如：《兮甲盘》："王令甲，政司成周四方积，至于南淮夷。淮夷旧我帛（币）畮人，毋敢不出其帛、其职、其进人、其贮；毋敢不即次、即市。敢不用命，则即刑扑伐。"即不进贡，就将遭到讨伐。

部落方国之贡，有必要介绍一下成王之会。

史称成王大会，诸侯各以其方物贡。按《汲冢周书》成王之会：

王城既成，大会诸侯及四夷。天子南面立，唐叔、虞叔、周公、太公望分立左右……

西面者正北方：稷慎（肃慎）　　大麈（麈，鹿类，其尾巴毛可做拂尘）。

秽人（东夷别种）前儿（前儿，若猕猴，立行，声似小儿）。

良夷在子（良夷，乐浪之夷；贡奇兽）；扬州禺（禺，奇鱼）；

发人麃（发，东夷；献麃，若鹿）；俞人虽马（俞，东北夷；虽马，一角；无角者曰骐）；青丘狐九尾（青丘，海东地名）；周头（海东夷）煇**弦**（煇**弦**者，羊也）；黑齿白鹿、白马（黑齿，西远之夷，贡白鹿、白马）；白民乘黄（乘黄者，似麒，背有两角；白民，亦东南夷）；东越海蛤（东越则海际；蛤，文蛤）；欧人蝉蛇（蝉蛇，顺食之美；东越，欧人也；交州蛇特多，为上珍也）；于越纳（于越，越也；纳，纳贡）；姑妹珍（姑妹，姑妹国，后属于越）；且欧文蜃（且欧，在越；文蜃，大蛤）；共人**玄**贝（共人，

---

① 武王在位仅三年。

吴越之蛮；**乍**贝，班贻贝）；海阳大蟹（海阳，海水之阳；大蟹，一蟹盈车）；自深桂（自深，南蛮也）；会稽以鼍（鼍，其皮可以为鼓）；

正北方：义渠以兹白，兹白者，若白马锯牙，食虎豹（义渠，西戎国；兹白，一名駮）；央林以酋耳，酋耳者，身若虎豹，尾长三其身，食虎豹（央林，戎之西南者）；北唐以间间，似隃冠（北唐，戎之在西北者；隃，射礼以间象为射器）；渠叟以**鼩**犬（渠叟，西戎之别名也）；**鼩**犬者，露犬也，传说能飞，吃虎豹）；楼烦以星施，星施者，珥旋（楼烦，北狄地；施，所以为旋羽珥）；卜卢以綠牛，綠牛者，牛之小者也；卜卢，卢人，西北戎也；区阳以鳖封，鳖封者，若彘，前后有首（区阳，亦戎之名）；规规以麟，麟者，仁兽也（规规，亦戎也；麟，似鹿，牛尾，一角，马蹄）；西申以凤鸟，凤鸟者，戴仁抱义，披信（凤鸟，其形似鸡，蛇首，鱼尾）；氐羌以鸾鸟（氐羌，地羌不同，故谓之氐羌；鸾，大于凤，亦归于仁义者也）；巴人以比翼鸟（巴人，在南者；比翼鸟，不比不飞，其名曰鹣鹣）；方炀以皇鸟（方炀，亦戎之别名；皇鸟，配与凤者也）；蜀人以文翰，文翰者，若皋鸡（皋鸡，鸟有文采者，似凫）；方人以孔鸟（方人，亦戎别名；孔，与鸾相配者）；卜人（西南之蛮）以丹沙；夷（东北夷）用阗木（乌木）；康（西戎之别名）民以桴苡（桴苡者，其实如李，食之宜子）；州靡费费（其形人身歧踵）；都郭（北狄）生生（兽名）；奇干（北狄）善芳（鸟名）。

北方台正东：高夷（东北夷高句丽）嗛羊（羊而四角）；独鹿（西方戎）邛邛（兽，善走）；孤竹（东北夷）距虚（驴、骡属）；不令支（皆东北夷）**乍**貘（黑狐）；不屠何（东北夷）青熊；东胡（东北夷）黄罴；山戎（东北夷）戎菽（巨豆）；

其西般吾（北狄近西）白虎；屠州（狄之别名）黑豹；禺氏（西北戎）騊駼（良马）；大夏（西北戎）兹白牛（野兽，牛形而象齿）；犬戎（西戎远者）文马（古黄之乘）；数楚（北戎）每牛（牛之小者）；匈奴（北戎）狡犬（巨身四足）；權扶（南蛮形甚小）玉目（玉之有光明者）；白州（东南蛮与白民接）比间（其华若羽，伐其木以为车，终行不败）；禽人（东南蛮）菅（草坚韧）；路人（东方蛮）大竹（贡大竹）；长沙鳖（特大而美，故贡）；

其西鱼复（南蛮国）鼓、钟钟牛（贡鼓、钟，其形似牛背形）；蛮扬之翟（扬州之蛮贡翟鸟）；仓吾（蛮）翡翠。

其余众诸侯贡物，皆可知自古之政，即政化之所至。从上可见，成王大会，周王朝四面八方的部落方国都远道而来，并有献礼（多系珍稀动物、鸟类，本地所产，不需他求），说明周之影响远及四方。从周王朝来说，他无论是从政治上、经济上或军事上，都比殷商王朝落后，他之所以能在短时间内影响周边各个部落方国，其外因是殷王朝的腐败、暴虐，遭到人们的唾弃；内因是周公辅政，在保留古周民的传统思想美德的基础上，吸收包括殷商在内的治国、治民的成功经验，"德盛不押侮"，"不作无益害有益"，制定规章制度，选任勤政官吏，以求声教达于四海。但成王之会，九州之外，蛮夷戎狄毕献方物，虽昭示"方物于异姓之诸侯，使之无废其职分；宝玉于同姓之诸侯，使之益厚其亲。"但所进献的方物，已非"服食器用"的范围，正如林氏评论西旅贡獒时所说的："……小不可为服食，大不可为器用；疏不可昭德于异姓，亲不可展亲于同姓。"这就为以后的变乱埋下了隐患。不过，周贡并未停止过，穆王、孝王、夷王、厉王、宣王、惠王、定王等，均有周边小国贡献的记录①。

以上说明，从夏至周，方国、部落之贡是相沿袭的，而进入西周之后，贡纳之制更为完备。

大约是从西周后期开始，随着土地的开发，生产力水平的日渐提高，特别是渔猎、采集得来的产品数量加多，加工使用程度提高，贡纳逐渐从昔日的"贡"的渠道里脱离出来，变成新的税种，所保留下来的贡物，主要是为满足王室的需要（其原则仍然是"服食器用"），且多为生活和食用的补充物品，每种物品的数量也不多，越到后来越是如此。我们以《唐六典》、《新唐书·地理志》、《元和郡县制》所记载的唐朝郡国贡献为例：

单于都护府：贡生野马胯皮12片。

安北都护府：贡生野马胯皮12片。

太原府：贡铜镜2面，甘草31斤，矾石30斤，龙骨30斤、葡萄粉屑、柏子仁……上党郡（潞州）：贡人参200小两，墨3挺；河东郡（晋州）：贡丝绢扇4面，龙骨20斤，枣8000颗，凤栖梨3500颗……

河南府：……高密郡（密州）：贡贽布10端，牛黄1斤（16两），海蛤20两；东牟郡（登州）：贡牛黄128两（8斤），水葱席6领；范阳郡（幽州）：贡绫20匹；河内郡（怀州）……

---

① 《中国历代食货典·贡献部·周》183卷。

到西周末年，由于统治者的腐败导致丢掉政权，如厉王丧国就是典型的例子。史称厉王好利，即位三十年，近荣夷公。大夫芮良夫谏厉王曰："王室其将卑乎？夫荣公好专利而不知大难。夫利，百物之所生也，天地之所载也，而有专之，其害多矣。天地百物皆将取焉，何可专也？所怒甚多，而不备大难。以是教王，王其能久乎？夫王人者，将导利而布之上下者也，使神人百物无不得极，犹日怵惕惧怨之来也……今王学专利，其可乎？匹夫专利，犹谓之盗，王而行之，其归鲜矣。荣公若用，周必败也。"① 周厉王反常规的内外政策，最终导致国人暴动，厉王出奔。进入春秋以后，王室渐衰，诸侯并起，王权受制于诸侯，周初制定的一切典章制度，无不在发生变化。

周朝的贡纳制度，自虞夏以来，是权力的象征，是地方诸侯及周边各方国、部落对天子（联盟首领）表示臣服的一种方式（时贡、宾贡）；有多少贡使，来自何方，便知周王影响所及。礼（贡）虽轻，其意却深远。前面说过，西周后期，周之贡纳制度已经发生了某些变化，如诸侯不贡或不按时贡纳（假装不知、忘记），要天子派人来催问；或者是受利益的影响，天子派人索取不当（不符周朝礼制）之财。但从总体上来看，大体上还属于"服食器用"的范围，数量也不是太多。另外一个变化，就是进入春秋时期，周室衰微，大国称霸，各个诸侯国虽不似过去一样定期朝贡于周天子，但聘问之礼未废；各个诸侯国之间，仍然相互聘享；只是中小国家特别是小国，除了定期向天子朝贡之外，还要定期或不定期地向相邻的大国强国聘问、献礼，以求生存，所谓"大国令，小国共。"② 《左传》记载：孟献子对鲁宣公说："臣闻小国之免于大国也，聘而献物，于是有庭实旅百，朝而献功，于是有容貌、采章、嘉淑，而有加货，谋其不免也。诛而荐贿，则无及也。"③ 但这种贡纳，往往处于无序状态。如郑简公即位（前565年，即鲁襄公八年）后即开始向晋国进贡，除了朝会入贡之外，在不朝期间，也是贡纳无常。郑子产说："以敝邑褊小，介于大国，诛求无时，是以不敢宁居，悉索敝邑，以来会时事。"④ 郑夹于楚、晋两个大国之间，要向两国进贡。公孙侨曰："不朝之间，无岁不聘，无役不从。以大国政令之无常，国

---

① 《史记·周本纪》。
② 《左传》昭公元年。
③ 《左传》宣公十四年。
④ 《左传》襄公三十一年。

家罢病。"① 又如鲁国对晋国，也是"职贡不乏，玩好时至，公卿大夫相继于朝，史不绝书。"② 如果稍有失误，即将招致大国的讨伐（兴师问罪），如僖公十二年，黄人未向楚国进贡，该年夏天，"楚灭黄"。当然，除了小国向大国进贡之外，大国按规定也必须向天子进贡。《左传》称僖公七年，齐侯修礼于诸侯，诸侯官受方物。注称王室盛明之时，每国贡有常职；天子既衰，诸侯惰慢，贡赋之事，无复定准，故霸主总率诸侯，尊崇天子，量其国之大小，号令所出之物，传言诸侯各使官司取齐，约束受其方所当贡天子之物。秦汉之际，贡事简弱，汉和帝更令"勿复受献"。史称"汉唐以来，任土作贡，无代无之。"但州府岁贡土物，"所贡至薄"，"其物易供"。

（二）工商税收

1. 税收的本质和原则

我们今人所说税收，《汉书·食货志》记载为"税谓公田什一，及工商衡虞之入也"。即：这时的税收包括了田赋和工商杂税两部分。但并没有涉及税收的本质问题。据《辞海》所说，税收是国家对有纳税义务的组织和个人所征收的货币和实物。社会主义国家的税收，是国家积累资金、调节积累和消费、调节纳税人收入、促进企业加强经济核算、维护国家权益的重要工具。我们认为：税收是公共权力机关按规定条令，对属地居民的资财按一定比例征收的收入。如果从历史上考察，所谓赋税，最先是指氏族社会（或部落联盟）首领从居民收入中提取、用以抵补因抵御外来入侵者、救助因公共事务伤残或死亡者、因公共事务减少收入者等等需要而集中的资财。主持这种事务的是氏族（部落）首领，它主持该氏族的公共事务，代表一种权力机构；提供财物的是本部落（氏族）有收入的成员；集中起来的资财使用的方向（范围），主要是为本氏族（部落）的生存和发展服务的人和事，包括公务人员的务工补贴、集体安全保障、集体生产生活需要（河渠、桥梁、医药等）、抚恤救济、社会教育（社会道德、公共秩序维护和监督等）等。提取的方式，早期为自愿，后来是自愿与说服（劝导）相结合。当部落联盟发展壮大，集体事务（目前的和长远的）越来越多，向部落成员收取的资财也日益增多，并且成为一种长期的制度，这就是炎黄、虞夏时期的贡赋，夏商西周时期的租、赋（山泽之赋、关市之赋）源始。

---

① 《左传》襄公二十二年。
② 《左传》襄公二十九年。

至于说到古代的税收思想和原则,从夏商周三代到春秋时期,上至王(共主),下到各国诸侯、方国部落,所共同遵循的一个原则就是轻税原则。从典籍中考查,无论是管仲、孔子,抑或孟子、荀子诸家,都是主张国家轻税的。

"轻田野之税,平关市之征,省商贾之数,罕兴力役,无夺农时,如是则国富矣,夫是之谓以政裕民"。"今之世而不然。厚刀布之敛以夺之财,重田野之税以夺之食,苟关市之征以难其事,不然而已矣。"①

2. 中国早期工商业的萌芽及其发展

按传统的说法,中国以农立国,是一个农业大国。中国农业具有悠久的历史。但国以农为本,并不等于说我国先民最早创立的就是农业。我国先民最早创立的是生产工具和生活工具的生产,如狩猎要有木棒、弓箭、网罟;采集要有筐、篮;渔捕要有渔网、渔叉之类。而农业种植业则是在渔猎资源逐渐减少、食物供应的节令性和不规则性情况下,由妇女发现、种植(或移植)而最终取代渔猎经济的。

有学者认为,早在"北京猿人"乃至"元谋猿人"或者说是在更早的原始人群时期,就已经出现了最原始的手工制造,其产品表现为粗笨的石器(打砸器、砍削器之类)、骨器和木器之类的工具。这些原始手工制造的成果,应该认为是手工业的萌芽状态。至于农业种植(栽培)的萌芽和发展,其实证,在湖南、江西和浙江等地均有实物出土,时限距今七千至一万一千年左右;而史籍记载则在神农、炎帝时期。《国语·鲁语》(上):"昔烈山氏(炎帝)之有天下也,其子曰柱,能殖百谷百蔬。"至于周的始祖弃,则是在尧舜时期的事。

但农业的发展,要求手工业有相应的发展。也可以说,农业的发展,又促进了手工业生产的向前发展。这就继农业和畜牧业分工后,农业和手工业又有了分工。而这种分工,又促进了交换的出现。以物易物,互通有无,当发展到一定的程度,便出现了集中交易之处,《汉书·货殖传序》:商相与语财利于市井。(注)师古曰:凡言市井者,市交易之处,井共汲之所,故总而言之也。《史记·平准书》【正义】曰:古人未有市及井,若朝聚汲水,便将货物于井边货卖,故言市井也。就是说,交易场所最初无固定之处,选人多集中时间交易。交易的目的不是为了利,而是生产生活需要。所以

---

① 《荀子·富国》。

《周易·系辞下》说的"日中为市，致天下之民，聚天下之货，交易而退，各得其所。"这应该是神农以后，集市市场已经得到一定发展的情况了。

由于社会的向前发展，手工业生产也不仅仅是为生产生活服务了，它的服务范围已经深入到军事的、消费的各个层面。按《越绝书》所说："黄帝之时，以玉为兵。"《世本·作篇》说："蚩尤作兵。"部落之间的争斗，呈现经常化和复杂化，石块由生产和生活工（用）具发展为战斗的武器。不过，这时的士（军）、农、工、商各业，虽有分工，还是可以自由流动的，如舜，"耕历山，渔雷泽，陶河滨，作什器于寿丘，就时于负夏。"① 说明舜在尧没有启用他以前，务农、捕鱼、作陶、制器、贩卖，什么都干过，没有固定的职业。

手工业中的金属冶炼到底始于何时，并没有一个明确的说法。史称"昔夏之方有德也，贡金九牧，铸鼎象物"，九鼎，九州贡金所铸之鼎。说明在虞舜时期，冶铸业已经发展到了一定的程度。而商朝则是青铜业铸造的成熟时期。"以铜为兵"。奚仲造车。社会上开始出现某些需求量较大、或技术水平相对较高的手工业品专业生产部门。

进入西周以后，重要的手工业生产部门逐渐纳入国家由官府统一管理。《国语·晋语》（四）说："公食贡……庶人食力，工商食官"。按韦昭注：工，指百工；商，指官贾。食，是指在官府领取俸禄。由此可知，在西周，工、商业是由官府统一经营管理的，也可以理解为从原料采购、作坊制作加工到分配（或者出售），以及员工俸禄的发放，都由官府经管，属于后世国营企业性质。这时手工制造业，不仅门类多，而且分工细，技术含量也高。

按《周礼》所记，周制六官，以司空为冬官。《周礼·天官·小宰》：六曰冬官，其属六十，掌邦事。后"司空"篇亡佚，汉兴，购求千金不得。传汉河间谢王得《周礼》惟阙冬官。取《考工记》补之。有关此事，清江永谓为东周后齐人所作；后清康熙间王芝藻注《周礼》，订释古本，谓《考工记》之文，奇变而轨乎法，非周公莫能为之。然书内有郑之刀、秦无庐等文，而郑封于宣王时，秦封于孝王时，周公安得称之？是其说不攻而破也。又书中用语，如茭、桦、终古等类，郑注皆以为齐人语，则谓为齐人所作，当可信也。

---

① 《史记·五帝本纪》。

据《考工记》曰："粤无镈①，燕无函②，秦无庐，胡无弓车。粤之无镈也，非无镈也，夫人而能为镈也；燕之无函也，非无函也，夫人而能为函也；秦之无庐也，非无庐也，夫人而能为庐也；胡之无弓车也，非无弓车也，夫人而能为弓车也"。注称言其人人皆能作是器，不需国工。但并非每一器具人人都能作，不是、也不能"万事不求人"这就是百工的缘由。

按《周礼·考工记》所记，"国有六职，百工居一焉。"所谓百工，并不是说有一百个工种，意即很多个工种。

"凡攻木之工七，攻金之工六，攻皮之工五，设色之工五，刮摩之工五，搏埴之工二。

攻木之工：轮、舆、弓、庐、匠、车、梓。凡造车，车人主造车；轮人制车轮、毂、辐、车盖；舆人制车厢；辀人为辀（车辕）③。梓人为笋虡④、饮器⑤、侯；庐人为庐器⑥；匠人建国，匠人营国⑦，匠人为沟洫⑧；车人为耒、为车；弓人为弓。

攻金之工：筑、冶、凫（专造钟鼎）、栗、段、桃。筑氏为削，冶氏为杀矢，桃氏为剑，（皆为刀、剑、削、矢等兵器），栗氏为量。

攻皮之工五：函、鲍、韗、韦、裘。函人为甲，鲍人鞣制皮革⑨，韗人为皋陶⑩，韦、裘阙。

设色之工五：画、缋、锺（锺氏染羽）、筐（阙）、慌⑪，专事装饰。

刮摩之工五：玉、栉（阙）、雕（阙）、矢、磬。专门加工玉、石、骨、角和象牙。

搏埴之工二⑫：陶、瓬。

从上所见，足见西周手工业门类很多，分工很细，这是因为一辆兵车就

---

① 镈，鉏，锄田器，除草的农具。
② 函，甲胄。辀人，掌造车辕。
③ 车人，主造车；辀人，掌造车辕。
④ 笋，古悬挂锺、磬木架的横梁。虡，古悬挂锺、磬木架两边的立柱。
⑤ 饮器，木制勺、爵、觚、豆。
⑥ 侯，箭靶。庐器，指戈、戟、矛等。
⑦ 匠人营国，指建城郭、宫殿、街道、朝市、仓廪等。
⑧ 匠人为沟洫，包括沟洫、畎浍、城壕。
⑨ 韗，治革冒鼓。函人为甲，指犀甲七属，兕甲六属，合甲五属。鲍，郑众作"鞄"。
⑩ 皋陶，皋鼓。
⑪ 慌，huang，染色练丝。
⑫ 搏埴之工，和制粘土以治陶器。陶，制砖；瓬，音fang，主造簋、豆等祭器。

有很多构件，需要相关工种来共同完成。其他如宫殿建筑更是如此。

其实，手工业制造起源很早。武王克商后，为便于统治，就把殷民大分八块，史称分鲁公以大路大旗，夏后氏之璜，封父之繁弱。殷民六族：条氏、徐氏、萧氏、索氏、长勺氏、尾勺氏。使帅其宗氏，辑其分族……分之土田陪敦，祝宗卜史，备物典策，官司彝器。因商奄之民，命以伯禽，而封于少皞之虚。

分康叔大力少帛，綪茷、旃旌、大吕。殷民七族：陶氏、施氏、繁氏、锜氏、樊氏、饥氏、终葵氏……封于殷墟。

上述殷民六族、殷民七族，都是商奄之民。但是他们是有特殊技艺的手工业制作者（家庭、个人）。

当时的手工制造，主要是为贵族享乐生活服务，当然也为百姓的生产、生活服务，包括祭器、兵器、礼器、生产用具和生活器用具等。

从上可见，百工事涉上自王侯、下至百姓千家万户，是最丰富的税源，为什么工商无税？我们分析，（1）上述攻金之工、攻皮之工、设色之工和刮摩之工所生产的产品，大多属于投入多、质量要求高的产品，所以价格也高，对一般民众来说，既不实用，也消费不起。（2）凡精致小车、钟磬、兵器、皮革、玉石、象牙等制品，或为官用、军用，或为王侯等贵族消费，一般很难征税；（3）木工和搏埴之工的民用部分（主要是生活用品），虽然产量大，消费多，但价值低，有的是农民自产自用，所以，收税也很有限。再者，按当时官府规定，上述很多产品是不许进入市场的。

按《礼记·王制》："圭璧金璋，不粥于市；命服命车，不粥于市；宗庙之器，不粥于市；牺牲，不粥于市；戎器，不粥于市"①。这里所说的"圭璧金璋"，"命服命车"，都是王侯专用之物，一般平民是不许用的，而王侯本人又用不着去买，既然不在市场上交易，当然就不能征税了。又如宗庙之器，牺牲，前者是祭祀陈列器具，后者是祭祀用品，卖则是对神、对祖宗的不敬。至于兵器，按法律规定，不许私自买卖的。

又如，有些物品，官府虽然允许进入市场出售，但对物品的规格、用途、年限等做了很严格的限制。如"用器不中度，不粥于市；兵车不中度，不粥于市；布帛精粗不中数，幅广狭不中量，不粥于市；奸色乱正色，不粥于市；锦文珠玉成器，不粥于市；衣服饮食，不粥于市；五谷不时，果实未

---

① 粥，即鬻。

熟,不粥于市;木不中伐,不粥于市;禽兽鱼鳖不中杀,不粥于市"。①

关于商人,《周礼》认为它的职责是"阜通货贿"。《考工记》说是"通四方之珍异以资之,谓之商旅"。早在夏商时期,为了生活之需,农民在农事之后,即冬闲时节,一些人驾着牛车,到很远的地方做买卖,史称"肇牵车牛,远服贾,用孝养厥父母"。(《尚书·酒诰》)《诗经·卫风·氓》亦云:"氓之蚩蚩,抱布贸丝"。所以郑玄说:"商旅,贩卖之客也"。可见,之所以叫商旅,就是因其从事商业贩运(行商)。

卫文公务材、训农、通商、惠工……②

晋文公当国,轻关易道,通商③。

孟子曰:"且一人之身,而百工之所为备,如必自为而后用之,是率天下而路也。"④

从这里我们不难看出,这时的商人,还处于一种调节有无,既为王公贵族服务,又为平民生产生活乃至军事用途服务。正因如此,上从王公大夫,下至平民百姓,都需要商人的商业活动,以满足自己的需求,应该说,此时对商人的运销行为是不征税的。但自此以后,商人的逐利行为日渐渐显露。《国语·齐语》云:"令夫商,群萃而州处。察其四时,而监其乡之资,以知其市之贾。负任担荷,服牛轺马,以周四方,以其所有,市贱鬻贵,旦暮从事于此,以饬其子弟,相语以利,相示以赖,相陈以知贾"。商业活动自有其特点,但"处商在市井",发展余地有限。不过,他的活动还是受到政府保护。据《左传》所说:"宣子有环,其一在郑商。宣子谒诸郑伯,子产弗与。……子产对曰:'昔我先君桓公,与商人皆出自周,庸次比耦,以艾杀此地,斩之蓬蒿藜藿,而共处之。世有盟誓,以相信也。曰:尔无我叛,我无强贾,毋或匄夺。尔有利市宝贿,我勿与知'。恃此质盟,故能相保,以至于今。今吾子以好来辱,而谓敝邑强夺商人,是教敝邑背盟誓也,毋乃不可乎!"⑤ 从这里看到,郑国商人和郑国人民以及郑贵族是郑国的共同开发者,当时曾订有盟约,国家有义务保护商人的利益不受侵害(不强买,不强夺索),商人也不背叛郑国。这就使郑国商人有一个很大的生存和发展

---

① 《礼记·王制》。
② 《左传》闵公二年。
③ 《国语·晋语》。
④ 《孟子·滕文公上》。
⑤ 《左传》昭公十六年。

空间，而郑国的生产物资也得到顺利流通。《礼记》云："关执禁以讥，禁异服，识异言。"①《史记·货殖列传》说：凡被服、饮食、奉生、送死之具，都"待农而食之，虞而出之，工而成之，商而通之"，所以对商人货卖行为少税或不税，在当时来说是有利于国家和人民的。

关于给商人提供必要地运销条件。《左传》文公十一年冬十月，"宋公于是以门赏耏班，使食其征"。昭公二十年，冬十月。晏子认为，国君重德爱民，不强征其私。如果，"偪介之关，暴征其私；承嗣大夫，强易其贿。布常无艺，征敛无度。"所以，将使民人苦病，夫妇皆诅。"公说。使有司宽政，毁关去禁，薄敛，已责"。在各国会盟时，也曾多次提出轻税的盟誓，以促进商货的流通。

《孟子·梁惠王上》：耕者九一，仁者世禄，关市讥而不征，泽梁无禁，罪人不孥。

"古者公田藉而不税。市廛而不税。关几而不征。林麓川泽以时入而不禁。夫圭田无证。"②

春秋后期，随着铁器的普遍使用，农业和手工业的生产效力得到迅速提高，而农业产量和手工业产品的成倍增长，又促进了市场的活跃、物资的丰富和商业的繁荣。荀子在《王制》篇中说："北海则有走马吠犬焉，然而中国得而畜使之；南海则有羽翮、齿革、曾青、丹干焉，然而中国得而财之；东海则有紫绂鱼盐焉，然而中国得而衣食之；西海则有皮革文旄焉，然而中国得而用之。故泽人足乎木，山人足乎鱼，农夫不斲削、不陶冶而足械用，工贾不耕田而足菽粟。"那时，各大小都市的商铺，商货品类众多，如：调味品、食品、木制品、金属制品、衣着等以及玉石、犀象等高档消费品。

《史记·货殖列传》：夫山西绕材、竹、谷、纑、旄、玉石③；山东多鱼、盐、漆、丝、声色；江南出楠、梓、姜、桂、金、锡、连、丹沙、犀、玳瑁、珠玑、齿革；龙门、碣石北④，多马牛羊、旃裘、筋角。铜铁则千里往往山出棋置。此其大较也。

在政策轻松的情况下，一般平民均能抓住机会致富。"凡编户之民，富

---

① 《礼记·王制》。
② 《礼记·王制》。
③ 山西，战国秦汉时通称崤山或华山以西为山西。
④ 龙门，即禹门口在今山西稷山县和陕西韩城县之间，黄河到此，两岸峭壁对峙，形状像阙门、故叫龙门。碣石，地在今河北昌黎县北的碣石山。

相什则卑下之,伯则畏惮之,千则役,万则仆,物之理也。夫用贫求富,农不如工,工不如商……此言末业,贫者之资也。通邑大都,酤一岁千酿,醯酱千瓨,浆千甔,屠牛羊彘千皮,贩谷粜千钟,薪藁千车,船长千丈,木千章,竹竿万个,其轺车百乘,牛车千两,木器髹者千枚,铜器千钧,素木铁器若卮茜千石,马蹄躈千,牛千足,羊彘千双,僮手指千,筋角丹沙千斤,其帛絮细布千钧,文采千匹,榻布皮革千石,漆千斗,蘖曲盐豉千荅,鲐鮆千斤,鲰千石,鲍千钧,枣栗千石者三之,狐貂裘千皮,羔羊裘千石,旃席千具,佗果菜千钟,子贷金钱千贯……此亦比千乘之家,其大率也。"①

"行贾,丈夫贱行也,而雍乐成以饶;贩脂,辱处也,而雍伯千金;卖浆,小业也,而张氏千万;洒削,薄技也,而郅氏鼎食;胃脯,简微耳,浊氏连骑;马医,浅方,张里击钟。"②

"农业是整个古代世界的决定性的生产部门"。管子认为:凡为国之急者,必先禁末作淫巧。末作淫巧禁,则民无所游食。民无所游食则必农。民事农则田垦,田垦则粟多,粟多则国富,国富者兵强,兵强者战胜,战胜者地广。是以先王知众民、强兵、广地富国之必生于粟也。故禁末作、止奇巧而利农事③。商鞅则把工商业和农业对立起来。提出提高工商税和关税以抑商。"重关市之赋","贵酒肉之价,重其租,令十倍其朴。"④

3. 工商税制度

(1) 关市之税。按前引吕思勉先生所说:至于山林薮泽等,其初本属公有,自无所谓赋税。关之设,所以讥察非常,不为收税。商则行于部族,与部族间不为谋利之举。也就是说,在上古经济落后,工商官营,部族、方国之间,以有换无,并无征税,只是为保护本族、本国利益出发,设关以讥查,既为安全,也为防止不法者犯禁偷运以牟利。

西周有关市之征。这是根据《周礼》上明文记载的官员职责。

司市,主管该市的治理、教化、禁令及对违令(禁)者的处罚。他的"国凶荒札丧,则市无征而作布。"证明是有税收收入的。

"廛人,掌敛市絘布、緫布、质布、罚布、廛布,而入于泉府。"⑤

---

① 《史记·货殖列传》。
② 《史记·货殖列传》。
③ 《管子·治国》。
④ 《商君书·垦令》。
⑤ 《周礼·地官司徒》。

司门，掌授管键，以启闭国门。出入不物者，正其货贿；凡财物犯禁者举之，以其财养死政之老与其孤；祭祀之牛牲繫焉，监门养之；凡四方之宾客造焉，则以告①。

司关，掌国货之节，以联门市。司货贿之出入者，掌其治禁，与传出之；国凶札，则无关门之征，犹几；凡四方之宾客，敂关则为之告；有内外之送令，则以节传出内之②。

廿人，"掌金玉锡石之地，而为之厉禁而守之。"

《礼记·月令》：是月也（孟秋），易关市，来商旅，纳货贿，以便民事；四方来集，远乡皆至，则财不匮。上无乏用，百事乃遂。

春秋时期，有关税、市税之征。"市赋百取二，关赋百取一。"③

"轻田野之税，平关市之征，省商贾之数，罕兴力役，无夺农时④。"

《长沙走马楼吴简》一书中所收《嘉禾吏民田家莂》木简记载东吴嘉禾四年、五年吏民田家莂佃田缴纳租税的记录。竹简主要内容为佃田租税卷书及其他杂税卷书。

其一，属于户税性质的简分为两面书写，常常是正面（里面）书写户品的等级和户赀的数量；背面（竹里）书写户赀缴纳后还必须遵守的规定。

其二，杂税卷书的内容十分繁杂。征收的物品有米、布、钱、皮、豆等，其种类名目繁多，以钱为例，除户税钱、口算钱外，还有儌钱、也钱、枪钱、米租钱、酒租钱、市租钱、杂米钱、皮贾钱、财用钱等20余种。米税则分租米、税米、限米、梁租米、佃米、熟米、酱贾米、折咸米、陈张米等30余种。另有调，为调布、调麻、调牯牛等。

（2）山泽之税。三代不仅有农民，还有牧民，狩猎伐木的山民。山民是要交税（贡）的。《诗经·伐檀》记载如下：

坎坎伐檀兮，寘之河之干兮，河水清且涟漪，不稼不穑，胡取禾三百廛兮；不狩不猎，胡瞻尔庭有悬貆兮，彼君子兮，不素餐兮。

坎坎伐檀兮，寘之河之侧兮，河水清且直漪，不稼不穑，胡取禾三百亿兮；不狩不猎，胡瞻尔庭有悬特兮，彼君子兮，不素食兮。

---

① 《周礼·地官司徒》。
② 《周礼·地官司徒》。
③ 《管子·幼官》。
④ 《荀子·富国》。

坎坎伐檀兮，寘之河之漘兮，河水清且沦漪，不稼不穑，胡取禾三百囷兮；不狩不猎，胡瞻尔庭有悬鹑兮，彼君子兮，不素飧兮。

对山泽出产的征收，在《周礼》和《礼记》中的记载也很多。"凡任地，国宅无征。园廛二十而税一……唯其漆林之征，二十而五。"① "凡屠者敛其皮角筋骨，入于玉府。"凡四时珍美异味在市场滞销者，官府以钱收购，以供官食用②。

（孟夏）蚕事毕，后妃献茧。乃收茧税。以桑为均，贵贱长幼如一，以给郊庙之服。

（季夏）命渔师伐蛟、取鼍，登龟、取鼋。命泽人纳材苇。

是月也，命四监大合百县之秩刍以养牺牲，令民无不咸出其力，以共皇天上帝、名山大川四方之神，以祠宗庙社稷之灵，以为民祈福。

（季夏）是月也，命妇官染采，黼黻文章必以法故，无或差贷，黑黄仓赤，莫不质良，毋敢诈伪。以给郊庙祭祀之服，以为旗章，以别贵贱等给之度。

（孟冬）是月也，乃命水虞渔师，收水泉池泽之赋，毋或敢侵削众庶兆民，以为天子取怨于下，其有若此者，行罪无赦。

（仲冬）日短至，则伐木取竹箭。

（季冬）是月也，命渔师始渔，天子亲往，乃尝鱼，先荐寝庙。

冰方盛，水泽腹坚，命取冰，冰以入。

（季冬）乃命四监收秩薪柴，以共郊庙及百祀之薪燎。是月也……数将几终，岁且更始，专而农民，毋有所使③。

在周秦时代，有些山林川泽出产品，由于它的用途广泛或具有某种重要性，它已超出一般贡品的地位，如：

金，《里耶简》记载："贾里为县，将采赤金。"	16-223
锡，用刑徒开采。	12-3
铁，《里耶简》记载："鬼薪仓。输铁官。"	10-673
茶（无解说文字）	8-1541

盐人，"掌盐之政令，以其百事之盐"。即食盐，有供王用、有供官

---

① 《周礼·地官·载师》。
② 《周礼·地官·载师》。
③ 以上内容见《礼记·月令》。

用、有供祭祀之用，有招待宾客时用，或供民食。因而或税、或贡或自采自用。

掌皮，"掌秋敛皮，冬敛革，春献之。"

还有典丝、典枲、掌葛、角人、鳖人、腊人、兽人、羽人、林衡、泽虞等等，均是掌握一定的物品，这些物品，或收购、或征收、或自行生产，以保证王及官府的正常取用。

四、其他收入

（一）罚款收入

乡守履赀十四甲一▢

乡佐就赀一甲▢

乡佐□赀六甲▢①   8－300

稍人不能自给。卅六年徒□▢   8－428

罚戍士五赀。中宕登爽署迁陵书。②   8－432

（二）罚没收入

在古代，罚没收入一般包括两个方面，一是对违制、犯法的行为给予程度不同的罚款，二是对不当收入或犯罪人的收入予以没收。

周代有夫布，有里夫。《载师》之职：凡宅不毛者有里布，有田不耕者出屋粟，凡民无职事者出夫家之征。《闾师》之职：凡无职者出夫布。郑司农云：里布者，布参印书广二寸，长二尺，以为币贸易物。《诗》云：抱布贸丝。抱此布也，或曰泉也。《左传》昭公二十六年传曰：买之百两一布。又廛人职掌敛市之絘布、緫布、质布、罚布、廛布。玄谓宅不毛者罚以一里二十五家之泉。注引江氏曰：集注用旧说未妥。凡民居区域，关市邸舍，通谓之廛。"廛而不征，法而不廛"之廛是市宅。此廛谓民居，即《周礼》土地夫一廛，非市宅也。布者，泉也，亦即钱也，非布泉之布。夫布，见《地官·闾师》凡无职者出夫布。谓闲民为民佣力者，不能赴公旬三日之役，使之出一夫力役之泉，犹后世之雇役钱也。里，谓里居，即孟子收其田里之里，非二十五家也。里布见《地官·载师》凡宅不毛者有里布，谓有宅不种桑麻或荒其地，或作为台榭游观，则

---

① 《龙山里耶秦简》，《湖南出土简牍选编》，岳麓书社2013年版。
② 《龙山里耶秦简》，《湖南出土简牍选编》，岳麓书社2013年版。

使之出里布，犹后世凡地皆有地税也。此皆民之常赋，战国时一切取之。非佣力之闲民已有力役之征，而仍使之别出夫布；宅已种桑麻，有嫔妇布缕之征，而仍使之别出里布，是额外之征，借夫布里布之名而横取者，今皆除之，则居廛者皆受惠也①。

（三）赎罪收入

史称：穆王在位，立五刑、五罚、五过，即对犯罪嫌疑人经五辞辨证，信有罪则用五刑，不达五刑则五罚，不当罚则赦免。罚赎规定：五刑之疑有赦，五罚之疑有赦，其审克之。"黥辟疑赦，其罚百率②，阅实其罪；劓辟疑赦，其罚倍洒③，阅实其罪；膑辟疑赦，其罚倍差④，阅实其罪；宫辟疑赦，其罚五百率，阅实其罪；大辟疑赦，其罚千率，阅实其罪。墨罚之属千，劓罚之属千，膑罚之属五百，宫罚之属三百，大辟之罚其属二百，五刑之属三千"。名曰《甫刑》。

罚金、赎金，据张家山汉墓竹简《二年律令·具律》所记：赎死，金二斤八两；赎城旦舂、鬼薪、白粲，金一斤八两；赎斩、府（腐），金一斤四两；赎劓、黥，金一斤；赎耐，金十二两；赎迁，金八两。

关于罚金，有学者认为是对犯罪行为的一种经济制裁，属于财产刑。但如果从其犯罪行为的性质和处罚的形式来看，他还够不卜要通过刑法来处理，事实上汉朝也是按行政办法处理的。高叶青先生在其《汉代的罚金和赎刑——【二年律令】研读札记》一文中说，汉代罚金的适用"罪名"很多，有以下犯上、任人不廉、盗窃、学业不精、打架斗殴等涉及政治、经济以及文化教育各方面的内容。他适应的范围，不仅仅只是对百姓，也包括官吏（主要是地位较低的官吏）的不当、不法行为。根据这种情况，汉代将罚金划分为七个档次：即半两、一两、二两、四两、八两、一斤、二斤共七等⑤。

为官府服役，抵充赎金：

从史籍中多见出钱赎罪，这里是相反，通过劳动取得收入，作为赎金。

廿八年迁陵隶臣妾入黔昔居赀赎责作官府课·秦凡八十九人亡·衔之六

---

① 《日知录》卷七，"夫无廛里之布"。
② 率，重量单位，与锾同。《集解》孔安国曰六两（旧制）曰锾。
③ 加倍，二百。
④ 按《集解》所说，倍差，二百加倍，为四百，再加四百的三之一，共五百三十三锾。
⑤ 参见朱德贵：《汉简与财政管理新证》，第146页。

人。六十三分人人五而死亡一人。

已计廿七年，余隶臣妾百一十六人。　廿八年新·入卅五人。

·凡百五十一人，其廿八死亡·黔道居赀赎责作官卅八人，其一人死。①
　　　　　　　　　　　　　　　　　　　　　　　　7－304 正

规定：仓库出事，仓佐连坐。

课上金布副②

漆课—　作务—　畴竹—　池课—　园栗—　采铁—　市课—

作务徒死亡—　所不能自给而求输—　县官有买用钱∟/□殷—

竹箭——　水火所败亡，∟/园课∟采金——　赀赎责，毋不收课

8－456③

---

① 《湖南龙山里耶秦简》，《湖南出土简牍选编》，岳麓书社 2013 年版。
② （1）金布令，汉代法令名（后世之仓库令）；（2）金布律，以金钱、布帛赎罪之法律。
③ 《湖南龙山里耶秦简》。《湖南出土简牍选编》，湖南岳麓书社 2013 年版。

第五章

财 政 支 出

第一节 古代政权提供公共产品的思想基础

从财政产生之日起，就具备了"公共性"的特质。由于社会性质及政治经济状况不同，公共权力机构如何安排财政支出结构？安排多少支出？各个历史阶段有所不同，但古代涉及宇宙本源、社会制度以及天人关系等方面的哲学、政治和伦理思想，是政权提供公共产品的思想基础。

一、天授王权，人承天意

人之所以常常力不从心，是因为他是人而不是神。普通人如此，作为君主也是如此。无论是通过禅让得到政权，通过传承得到政权，还是通过战争，甚至阴谋夺得政权，成为统治者（管理者）的君主无一例外地都会向神灵祈求庇护——保佑他的统治可以稳若盘石，世代相传。他坚信是神灵在万众中选他为君主，他所拥有的权是上天赐予的——天授王权；他只要按照上天的旨意行事——人承天意——就能够保住自己的政权。关键在于：天神会让君主怎么做？很显然，这里的"天意"就是"人意"，无论如何上天不可能告诉人该怎么做，而只能是人的"想象"："天神让我怎么做？"这个"想象"可以是美善的，也可以是丑恶的。但当人们在恐惧天神的情况下，是否还敢于做"丑恶"的事情呢？其实，从人类产生到现在，虽然每一个时期美善与丑恶的标准不会绝对的相同，但相对的准则应该一致，即符合人性中最本质的东西是美的、善的；不符合人性中最本质的东西是恶的、丑的。人类希望吃饱、穿暖，生活在安定的环境中（当然不止是人类，动物也如此），这是人性中最本质的东西——生存无忧。正如《尚书·周书·泰誓》所说："天矜于民，民之所欲，天必从之。"君主得到天神给予的统治万民的权利，必须使人们生活有基本保障；如果人们吃不饱、穿不暖；出门遇贼，家中遭盗；生活动荡，朝不保夕，怎么能够遂民意？不遂民意、民愿，就是违背天意。违背天意，则天必谴之。

君主为治理国家和保住自己的地位，不仅要建立强大的军队，防御敌国的入侵和对外拓展疆土；建立完整有效的行政机构，管理社会各种公共事务；建立司法机构，对违反法律的行为进行纠正和惩罚；建设各种公共设施（城池、道路、水利设施、驿站）和提供君主需要的私人设施（宫殿、园林、陵墓）；还必须向百姓提供必要的救济，使之成为在这个国家安居乐业的臣民。由此，历代君主和研究治理国家策略的思想家们便展开了他们的"想象"！

《国语·周语上》记述了这样的故事："（周惠王）十五年，有神降于莘，王问于内史过，曰：'是何故？固有之乎？'对曰：'有之。国之将兴，其君齐明、衷正、精洁、惠和，其德足以昭其馨香，其惠足以同其民人。神飨而民听，民神无怨，故明神降之，观其政德而均布福焉。国之将亡，其君贪冒、辟邪、淫佚、荒怠、粗秽、暴虐；其政腥臊，馨香不登；其刑矫诬，百姓携贰。明神不蠲，而民有远志，民神怨痛，无所依怀，故神亦往焉，观其苛慝而降之祸。是以或见神以兴，亦或以亡。昔夏之兴也，融降于崇山；其亡也，回禄信于聆隧。商之兴也，梼杌次于丕山；其亡也，夷羊在牧。周之兴也，鸑鷟鸣于岐山；其衰也，杜伯射王于鄗。是皆明神之志者也。'"既然，国家兴亡神都会降临，那么"民神无怨"什么？"民神怨痛"什么？民、神观点都是一致的。因此，一个君主只有做到"齐明、衷正、精洁、惠和"，将恩惠施于广大的百姓，天神就会让他保有自己的权位，民存在，才需要君存在。

《尚书》也记载："皇天既付中国民越厥疆土于先王，肆王惟德用，和怿先后迷民，用怿先王受命。已！若兹监，惟曰欲至于万年，惟王子子孙孙永保民。"保民,即是安民①,养民②。安民、保民不仅需要强大的军队和司法机构,也需要当民众有生存困难时提供帮助。《无逸》记载周公的话:"文王卑服,即康功田功;徽柔懿恭,怀保小民,惠鲜鳏寡。自朝至于日中昃,不遑暇食,用咸和万民。"在这里,"天意"就更进一步说明"保民"的对象是"万民"和"小民",尤其是需要君主施惠的"鳏寡"之人。"事神保民"也就成为周朝统治者的治国纲领。

孟子这样阐述"天意""神授"的实质:"天视自我民视,天听自我民听。"③ 天神看到的一切就是民众所看到的一切。即:无论是"天意",还是"神授",能够决定国家命运的还是"民意"。因为"天意"和"民意"是统一的,"事天神",就要"保小民";保民就要遂民意。"乐民之乐者,民亦乐其乐;忧民之忧者,民亦忧其忧。乐以天下,忧以天下,然而不王者,未之有也。"④ 即:君以民乐为乐,以民忧为忧,才能够成为民的君主。因为"保民而王,莫之能御也。"⑤ 成为保民的君王,民怎么能不遵从君主呢?而且,当"上之于下,如保赤子……下之亲上,欢如父母"⑥ 的情况出现时,百姓会像对待父母一样热爱自己的君主,"天意"就得到了合乎情理的体现:为人父母者不能抛弃自己的子女,不能对子女的危难置若罔闻。所以古代君主和官吏又自称是民之"父母"。

二、君主、民众的对立与统一关系

安民、养民就是保民,而保民的前提是拥有民。君主和民众是互相对立、彼此依存的关系,没有民众哪有君主?尤其是在古代社会,人少地旷,必须拥有更多的民众,才能拥有足够的劳动力,才能使国富兵强。所以古代把"人之多寡"作为国家强弱的标志。但是,对君主和民众的关系无论是从政治的角度,还是从经济的角度考察,它们都是处在一个相对封闭社会中、互相对立的两端。从政治的角度考察,他们是统治者(管理者)和被

---

① 孔颖达疏引正义:"令其子子孙孙累世长居国以安民。"见《梓材》。
② 《国语·周语》记有"事神保民",韦昭注曰:"保,养也。"
③ (清)阮元校刻:《孟子·万章上》,《十三经注疏》,中华书局影印,1983年11月第3次印刷。本文引用"十三经"各篇均采用该版本,后文不再注明。
④ 《孟子·梁惠王下》。
⑤ 《孟子·梁惠王上》。
⑥ 《荀子·王霸》,《二十二子》上海古籍出版社,1986年版,第314页。本文引用"二十二子"各篇,如不特别加注,均采用该版本,后文不再注明。

统治者（被管理者）；从经济的角度考察，他们是公共部门（赋税征收者及公共资源支配者）和私人部门（赋税交纳者及私有资源支配者）。他们之间必然存在政治利益和经济利益的博弈。要想达到社会和谐发展的目的，必须找到博弈的平衡点。古人把这种关系形象地比喻为："传曰：'君者、舟也；庶人者、水也。水则载舟，水则覆舟。'"① 为君者必须清醒地认识到，君权虽然是"上天所赐"，但如果不能够得到民众的拥戴，同样会被推翻②。这段话也成为历代统治者引以为鉴的治国圣典。他们同样需要认清的是：君主调整这种关系的良策不是把"舟"建造得巨大而坚固就可保住自己的地位，而是要尽全力使"水"平缓流畅，才有可能保住自己的地位。因为，就如同再大的船，在大海中也是孤舟一样，君主的力量再大，也不可能胜过"万民"！君主与民众对抗的结果只能是：覆舟——某个君主的失权；大海不可能消失——它永远是或平静、或翻腾地存在于地球上。这是铁的定律——自然规律，统治者遵循它，则政权稳固；违背它，则政权倾覆。

　　君主与民众的关系能否和谐，是国家盛衰、兴亡的关键。怎样才能促使君主与民众的关系和谐？主动权在君主手中，不在民众的手中。有史实为证，《国语·鲁语上》载："晋人杀厉公，边人以告，成公在朝。公曰：'臣杀其君，谁之过也？'大夫莫对，里革曰：'君之过也。夫君人者，其威大矣。失威而至于杀，其过多矣。且夫君也者，将牧民而正其邪者也，若君纵私回而弃民事，民旁有慝无由省之，益邪多矣。若以邪临民，陷而不振，用善不肯专，则不能使。至于殄灭而莫之恤也，将安用之？桀奔南巢，纣踣于京，厉流于彘，幽灭于戏，皆是术也。夫君也者，民之川泽也。行而从之，美恶皆君之由，民何能为焉？'"③ 里革总结夏桀、商纣和周厉王、周幽王丧国的原因，是他们本身失德于民众。君主既"以邪临民，陷而不振，用善不肯专"，又在民众"至于殄灭而莫之恤"，民众不可能服从这样的君主。因此，君主被杀不是民众的过错，而是君的过错。在阶级社会中，如果君主不主动调整君主与民众的关系，就只能被动地等待民众采取暴力手段调整君主与民众的关系。所以《墨子·兼爱上》指出："圣人以治天下为事者也，必知乱之所自起，焉能治之。不知乱之所自起，则不能治。譬之如医之攻人

---

　　① 《荀子·王制》。

　　② 类似的阐述还有清朝陆曾禹在《康济录》卷1《前代救援之典》中的比喻："国之赖民，犹鱼之藉水。鱼无水则不生；国无民则难与治。"

　　③ 《国语·鲁语上》。

之疾者，然必知疾之所自起，焉能攻之；不知疾之所自起，则弗能攻。治乱者何独不然？必知乱之所自起，焉能治之。不知乱之斯自起，则弗能治？"① 什么是乱之始？"晋人杀厉公"的事例已经给出了准确答案。孟子也有非常明确的回答："桀纣之失天下也，失其民也；失其民者，失其心也。得天下有道：得其民，斯得天下矣。得其民有道：得其心，斯得民矣。得其心有道：所欲与之聚之，所恶勿施尔也。"② 不失民心，国家就不会动乱；国家动乱，在于君主失去了民心。荀子也形象地把这种关系比喻为"马骇舆，则君子不安舆；庶人骇政，则君子不安位。"③ 因此，君主若想平安地乘坐马车，就要使马不"骇舆"；君主要想安稳地拥有政权，就要使民不"骇政"。所以说："天之立君，以为民也；君之立国，以行保民之政也"④，按照我们现在的观点，就是国家的各项政策、制度的实施要以不引起公众的反对为最低标准，而保民、爱民则是国家制定政策制度的出发点。所以《晏子春秋》中当景公问晏子曰："贤君之治国若何？"时，晏子把"其政任贤，其行爱民，其取下节，其自养俭；在上不犯下，在治不傲穷；从邪害民者有罪，进善举过者有赏。其政，刻上而饶下，赦过而救穷；不因喜以加赏，不因怒以加罚；不从欲以劳民，不修怨而危国；上无骄行，下无谄德；上无私义，下无窃权；上无朽蠹之藏，下无冻馁之民；不事骄行而尚司，其民安乐而尚亲。贤君之治国若此。"此处，晏子劝谏君主要做到"爱民"——其行以爱民为准；"取下节"——有节制地征调赋税和徭役；"自养俭"——君主的私人消费要节俭；"不犯下"——不侵犯民众的私人利益；"不傲穷"——公正对待穷苦民众；"刻上而饶下"——对君主用度严苛，藏富于民；"赦过而救穷"——赦免他人的过错和救助穷苦之人；"不从欲以劳民"——不放纵自己的欲望而辛苦民众；"上无朽蠹之藏，下无冻馁之民"——君主无过分储藏的钱粮，民间就无饥寒交迫的百姓。这就是贤德君主治国的典范⑤。

---

① 《墨子·兼爱上》。
② 《孟子·离娄上》。
③ 《荀子·王制》。
④ （清）陆曾禹：《康济录》卷3，第360页，《中国荒政全书》第2辑，第1卷。
⑤ 《晏子春秋》"内篇问上第三"，"景公问贤君治国若何晏子对以任贤爱民第十七"。

三、君主与民众的博弈平衡点——"国安"

虽然君主和民众的关系是对立的,但"国危则无乐君,国安则无忧民。"① 只要国安,君主和民众将有相同的感受——乐而无忧。因此,国安成为君主和民众"统一"共存起来的平衡点。无论是君主出于畏惧天神的动机而保民,还是畏惧民众造反怕失位而惠民,君主都必须主动促使社会达到安定的局面。这也正是现代社会学中所谓国家必须进行"社会安全运行控制"的原理,是统治者主动为民众提供公共产品的思想理论基础。

必须指出,在中国,这种主动进行"社会安全运行控制"以达到"国安"的思想不仅被多数最高统治者奉为圣典,不断研究;就是普通的官吏,也是通过反复研读这些理论才能成为各级政府管理机构中的一员。我国从南北朝末期开始实施的九品中正制度及隋唐开始实施的科举制度都保证了入选的文官,无论士庶,要以熟读古代经典著作为基本条件。尤其从宋朝开始,不仅以对君主讲"忠"、对父母讲"孝"、对兄弟姐妹讲"友爱"、对朋友讲"信义"作为全国教化的道德准则,科举考试更是以传统儒家著作为考试的重要内容。虽然应试者的出发点是"考取功名",但十数年的苦读,必然使他们深受儒家传统思想的熏陶,一旦为官,这些人常常自诩为"一方百姓之父母"。按照人性的常理,没有父母会对子女的苦难置之不理,加之国家对官吏的考绩内容,不仅包括地方生产发展和赋税征调的状况,还包括当地户口增加情况,对百姓的救助状况。因此,很多官吏都会根据当地百姓所需,尽心尽力实施救助。尤其是面对自然灾害中的百姓和日常生活中的老弱病残者,不仅人性中的善良之本起到重要作用,国家的督责也起到重要作用。正是由于爱民、保民、惠民的思想不仅植根于国家政策和制度的制定者心中,也植根于政策制度的执行者心中,才能保证最高统治者为民众提供公共产品的思想可以得到贯彻执行。并且保证了即使是有一些最高统治者无视民瘼,或者由于行政制度和程序的制约,影响及时救助百姓,一些官吏也能对最高统治者进谏,甚至是死谏;有些官吏能够甘愿冒生命危险换来对百姓的及时救助。另外,当最高统治者认同"国安"是统治者(管理者)和被统治者(被管理者)达到"统一"共存的平衡点之后,也进一步保证了:在我国古代,对民众提供公共产品是由国家建立的、自上而下的、以国家的

---

① 《荀子·王制》。

财力为依托的一整套比较完整的财政制度。也正是因为中国古代为民众提供公共产品特别具有"国家性"的特点，也就决定了中国古代公共产品（包括水利和社会保障）的提供是以国家政权为依托，以国家法律作保障的制度。虽然这种法律还不能和近代资产阶级建立起来的法权媲美，而且往往还会受到皇权的人治侵害，但它是当时现实存在的事实，而不是虚无缥缈的幻想和猜测。

四、基于"畏民保位"为出发点的财政支出思想

统治者在安排财政支出时，为了政权的稳固，必然首先安排与其切身利益"直接紧密相关"的国家治理支出。如：行政管理、军事、司法、自身消费等。但要想达到政权真正的稳固，君主就必须懂得治理国家的根本途径是以人为本——爱民，才能够为民众拥戴，永远保有自己的政权。为此，君主必须对被统治者采取更"仁慈"的政策。贾谊《新书》载，帝喾曰："德莫高于博爱人，而政莫高于博利人。故政莫大于信，治莫大于仁，吾慎此而已也。"此论"博爱人"、"博利人"是帝喾提出行政和"治理"的"信"与"仁"要达到的目标。

我国儒家学派创始人孔子提出"仁者爱人"的理论，对统治者的统治理念起到了重要的指导作用。他对"仁爱"的思想所做的种种解释中，一贯肯定人的主导地位，以人为本，主张统治者要教化国民，使每个人都具有"仁爱"精神，国家就能够达到和谐安定。《礼记·礼运》当中记述了他所推崇的理想社会："孔子曰：'大道之行也，与三代之英，丘未之逮也，而有志焉。大道之行也，天下为公。选贤与能，讲信修睦，故人不独亲其亲，不独子其子，使老有所终，壮有所用，幼有所长，矜寡孤独废疾者，皆有所养。男有分，女有归。货，恶其弃于地也，不必藏于己；力，恶其不出于身也，不必为己。是故，谋闭而不兴，盗窃乱贼而不作，故外户而不闭，是谓大同。"① 他对当时诸侯间的纷争给社会造成的混乱局面及百姓生活的困苦表示了极大不满，"今大道既隐，天下为家，各亲其亲，各子其子，货力为己，大人世及以为礼……"② 孔子虽然不能阻止人类从以生产资料为公有制的原始共产主义社会向以私有制为基础的奴隶制社会过渡，但人类努力奋斗

---

① 《礼记·礼运》。
② 《礼记·礼运》。

的共同理想却没有改变。人们都希望能够"老有所终,壮有所用,幼有所长,矜寡孤独废疾者,皆有所养。"这也是孔子一生宣扬并奋斗的目标。他虽然并没有官居高位很长时间,但他在与学生们畅谈志向时明确了自己的志向,即是:"老者安之,朋友信之,少者怀之。"① 如果统治者都能够使老人和孩子得到保护和妥善的安置,百姓的生活将更有保障;如果社会中的每个人都以此为志向,社会将更加安定、和谐。

作为儒家学派的重要传人,孟子进一步将"仁爱"发展成为"仁政"。即国君要本着"仁爱"之心治国。他说:"尧舜之道,不以仁政,不能平治天下"②,实行"仁政",要求统治者怀有"老吾老,以及人之老;幼吾幼,以及人之幼"③ 之心治国。孟子分析夏、商、周三代统治者政权交替的教训,得出这样的结论:"三代之得天下也,以仁;其失天下也,以不仁。国之所以废兴存亡者亦然。天子不仁,不保四海;诸侯不仁,不保社稷;卿大夫不仁,不保宗庙;士庶人不仁,不保四体。"④ 因此,实施"仁政"者,"天下可运于掌。"⑤ 否则,即使得到天下,也会因失去民心而很快失去天下。孟子严厉斥责那些"庖有肥肉,厩有肥马"而使"民有饥色,野有饿莩"的统治者,强调君主必须注重对百姓的救助,"狗彘食人食而不知检,涂有饿莩而不知发。人死,则曰:'非我也,岁也。'是何异于刺人而杀之,曰:'非我也,兵也。'"⑥ 对于百姓的困苦不理不睬,就无异于直接杀死百姓。进而,他从君主必须重视民之疾苦的角度,提出了其著名的"民为贵,社稷次之,君为轻"⑦ 的理论。按照他的理论,任何一个统治者必须牢记:之所以某个人成为"君",是因为"社稷"需要君主;而"社稷"之所以能够存在,是因为有"民"。当诸侯失去民心的时候,天下"变置"的是"诸侯",而不是"民"。虽然国君以虔诚的心和丰盛的祭品祈求天神保佑,但当水旱相仍,国政处置不当时,"变置"的是"社稷"(朝代的更替,如商朝替代夏朝,周朝替代商朝),而不是"民"。这就是"民贵"的关键所

---

① 《论语·公冶长篇》。
② 《孟子·离娄上》。
③ 《孟子·梁惠王上》。
④ 《孟子·离娄上》。
⑤ 《孟子·梁惠王上》。
⑥ 《孟子·梁惠王上》。
⑦ 《孟子·尽心下》。

在，"是故得乎丘民而为天子。"① 也正是由于孟子深谙民贵的道理，才不断反复论述君主为民众提供公共产品的重要性。仔细考察《孟子》一书，每一个章节都有关于君民关系的论述和涉及财政支出中增加安民、保民支出的思想。《孟子》中对春秋时期桓公等称霸诸侯也赞赏有加，因为"葵丘之会"时，"五命"（即五禁）中"两命"为安民、保民的相关内容，即："三命曰：敬老慈幼，无忘宾旅"；"五命曰：无曲防，无遏籴，无有封而不告"。而对战国时期诸侯和大夫的痛斥，也主要表现在指责他们失"仁政"的行为——"今之诸侯皆犯此五禁。"②

《国语·楚语下》这样记述楚国灭亡的原因："今子常，先大夫之后也，而相楚君，无令名于四方，民之赢馁，日已甚矣。四境盈垒，道馑相望，盗贼司目，民无所放，是之不恤，而蓄聚不厌其速，怨于民多矣。积货滋多，蓄怨滋厚，不亡何待？"由此来看，春秋战国时期，"用国者，得百姓之力者富，得百姓之死者强，得百姓之誉者荣。三得者具而天下归之，三得者亡而天下去之。天下归之之谓王，天下去之之谓亡。汤、武者，循其道，行其义，兴天下同利，除天下同害，天下归之。故厚德音以先之，明礼义以道之，致忠信以爱之，尚贤使能以次之，爵服赏庆以申重之。时其事，轻其任，以调齐之，潢然兼覆之，养长之，如保赤子。生民则致宽，使民则綦理，辩政令制度，所以接天下之人。百姓有非理者如豪末，则虽孤独鳏寡，必不加焉。是故百姓贵之如帝，亲之如父母，为之出死断亡而不愉者，无它故焉，道德诚明，利泽诚厚也。"③ 当百姓要与君主同生共死，不断赞誉君主的情况下，政权怎么会失去呢？君主施"仁政"，就是要"兴天下同利，除天下同害"，当对君主"百姓贵之如帝，亲之如父母，"时，结果也必然是"天下归之。"而如果统治者"有悖逆诈伪之心，有淫泆作乱之事，"造成社会"强者胁弱，众者暴寡，知者诈愚，勇者苦怯，疾病不养，老幼孤独不得其所，"无疑是"此大乱之道也。"④ 国家不存，君主还怎么能够称之为君主？

《尸子·绰子》列举先贤实施仁政，施惠黎民百姓的范例："尧养无告，禹爱辜人，汤、武及禽兽，此先王之所以安危而怀远也。圣人于大私之中也

---

① 《孟子·尽心下》。
② 《孟子·告子下》。
③ 《荀子·王霸》。
④ 《纂图互注礼记》，卷11。

为无私,其于大好恶之中也为无好恶。舜曰:'南风之熏兮,可以解吾民之愠兮。'舜不歌禽兽而歌民。汤曰:'朕身有罪,无及万方;万方有罪,朕身受之。'汤不私其身而私万方。文王曰:'苟有仁人,何必周亲。'文王不私其亲而私万国。先王非无私也,所私者与人不同也。"① 尧养护的"无告"之人,必是无权无势的穷苦小民。尧的仁政是看到了社会上有受到不公平待遇的小民,才要挺身而出庇护他们。禹"爱辜人",不是爱这些犯人所犯之罪,而是想到了他们犯罪是因为君主的过错,由于君主实施"仁政"不利,导致了百姓犯罪。商汤、周武王仁德惠及禽兽,是因为他们把禽兽也作为其天下子民的一部分。他们虽然看重自己的王权,但他们更是贤明的君主。他们以为天下百姓解除忧患为自己的重任。

《墨子》在阐述兼爱思想时,提出了更大胆的设想:让百姓选择君主。墨子先描述了两个人的言行,让人们做选择:假设有两个士人,"……使其一士者执别,使其一士者执兼。是故别士之言曰:'吾岂能为吾友之身若为吾身,为吾友之亲若为吾亲。'是故退睹其友,饥即不食,寒即不衣,疾病不侍养,死丧不葬埋。别士之言若此,行若此。兼士之言不然,行亦不然。曰:'吾闻为高士于天下者,必为其友之身若为其身,为其友之亲若为其亲,然后可以为高士天下。'是故退睹其友,饥则食之,寒则衣之,疾病侍养之,死丧葬埋之,兼士之言若此,行若此。若之二者,言相非而行相反与?当使若二士者,言必信,行必果,使言行之合犹合符节也,无言而不行也。然即敢问,今有平原广野于此,被甲婴胄将往战,死生之权未可识也,又有君大夫之远使于巴、越、齐、荆,往来及否未及否未可识也。然即敢问,不识将恶也,家室,奉承亲戚,提挈妻子,而寄托之,不识于兼之有是乎?于别之有是乎哉?以为当其于此也,天下无愚夫愚妇,虽非兼之人,必寄托之于兼之有是也。此言而非兼,择即取兼,即此言行拂也。不识天下之士,所以皆闻兼而非之者,其故何也?"②《墨子》的例子非常明确地告诉世人,"兼士"是可以信任和托付之人。但是,他并没有停止,他的用意在于进一步的探讨:"然而天下之士,非兼者之言犹未止也。曰:'意可以择士,而不可以择君子。'姑尝两而进之,谁以为二君,使其一君者执兼,使一君者执别。是故别君之言:'吾恶能为吾万民之身为吾身,此泰非天下之情

---

① 《尸子·绰子》。
② 《墨子·兼爱下》。

也。人之生乎地上之无几何也，譬之犹驷驰而过隙也。'是故退睹其万民，饥即不食，寒即不衣，疾病不侍养，死丧不葬埋。别君之言若此，行若此。兼君之言不然，行亦不然，曰：'吾闻为明君于天下者，必先万民之身，后为其身，然后可以为明君于天下。'是故退睹其万民，饥即食之，寒即衣之，疾病侍养之，死丧葬埋之。兼君之言若此，行若此。然即交若之二君者，言相非而行相反与？常使若二君者，言必信，行必果，使言行之合犹合符节也，无言而不行也。然即敢问，今岁有疠疫，万民多有勤苦冻馁，转死沟壑中者，既已众矣。不识将择之二君者，将何从也？我以为当其于此也，天下无愚夫愚妇，虽非兼君，必从兼君是也。言而非兼，择即取兼，此言行拂也。不识天下所以皆闻兼而非之者，其故何也？"① 无论古今，天下都没有"愚夫愚妇"，如果人民可以选择，他们必定用"心"选择可以"饥即食之，寒即衣之，疾病侍养之，死丧葬埋之"的"兼君"。也正因为如此，君主只有成为"兼君"，做到对待百姓"饥即食之，寒即衣之，疾病侍养之，死丧葬埋之"，才能得到百姓的信任，保有政权。

《韩非子》中阐述君民关系的章节亦不少。如："齐景公之晋，从平公饮，师旷侍坐。始坐，景公问政于师旷曰：'太师将奚以教寡人？'师旷曰：'君必惠民而已。'中坐，酒酣，将出，又复问政于师旷曰：'太师奚以教寡人？'曰：'君必惠民而已矣。'景公出之舍，师旷送之，又问政于师旷，师旷曰：'君必惠民而已矣。'景公归，思，未醒，而得师旷之所谓。'公子尾公子夏者，景公之二弟也。甚得齐民家富贵而民说之。拟于公室，此危吾位者也。今谓我惠民者，使我与二弟争民耶？'于是，反国发廪粟以赋众贫，散府余财以赐孤寡。仓无陈粟，府无余财，宫妇不御者出嫁之，七十受禄米，鬻德惠施于民也。已与二弟争。居二年，二弟出走，公子夏逃楚，公子尾走晋。"② 在齐景公反复追问下，师旷给出的唯一施政措施就是"惠民"。此处虽然讲述的是齐景公与其弟争夺统治权的故事，但是旨在论述统治者权位争夺取胜的关键是"得民心"。而"得民心"的关键是采取"鬻德惠施于民也"的政策："发廪粟以赋众贫，散府余财以赐孤寡。仓无陈粟，府无余财，宫妇不御者出嫁之，七十受禄米。"最终取得民心，迫使"公子夏逃楚，公子尾走晋。"达到了稳固政权的目的。

---

① 《墨子·兼爱下》。
② 《韩非子·外储说右上》。

君主必须施以"仁政"才能得民心、得天下的思想,不仅只存在于先秦时期,后代君主和有识之士也在不断探讨。比如,唐文宗大和二年(828年),刘蕡就在参加策试时,申禀社稷、君主和民众的关系:"臣闻国君之所以尊者,重其社稷也;社稷之所以重者,存其百姓也。苟百姓不存,则虽社稷不得固其重;社稷不重,则人君不得保其尊。故治天下者,不可不知百姓之情。夫百姓者,陛下之赤子,陛下宜令慈仁者视育之,如保傅焉,如乳哺焉,如师之教导焉。"君主如果能够对百姓"亲育之,如保傅焉,如乳哺焉,如师之教导焉",君主得到天下,百姓又何乐而不为呢?而如果"海内困穷,处处流散,饥者不得食,寒者不得衣,鳏寡孤独不得存,老幼疾病不得养",又"即不幸因之以病疠,继之以凶荒,陈胜、吴广不独起于秦,赤眉、黄巾不独生于汉"①,后果将不堪设想。所以,为了稳固自己的政权,君主在安排财政支出时,怎样考虑支出的结构?用途的数量?什么是与稳固政权最直接、最紧密、最有效的支出?什么支出应该多安排?始终是历代君主不断研究和权衡的问题。

第二节 财政支出的意义

从人类建立国家这个最典型的公共权力机构之后,财政支出的结构和数量就开始和国家履行的各项职能相适应。国家在行使其职能时,没有经济资财支持就百事难成!因此,无"政"就无"财",而无"财",也就无"政"!

按照恩格斯关于国家的理论,国家是社会发展到一定阶段的产物,随之而来的则是"公共权力"的加强和行使,而维持这种公共权力的则是捐税(经济资财),而承担纳税任务的则是国家的公民。因此,国王、武装的人(军队)、宪兵、监狱和各种强制机关("物质的附属物")包括捐税在内等等,就自然成为必要。

中国古代的先民们,从氏族社会时期开始设计公共开支,他们很直接、很现实:氏族酋长为氏族利益误工误时,需要弥补其损失;在狩猎时有人受

---

① 《新唐书·刘蕡传》。

了伤，在防卫外族进攻时有人受了伤，要医治，要救助，这就要动用公共的粮食（或布帛）……这种支出，绝对是公共事务之需，不是为自己个人而供给。

第三节 支出原则

一、耕三余一原则

《礼记·王制》：冢宰制国用，必于岁之杪，量入以为出。"国无九年之蓄，曰不足；无六年之蓄，曰急；无三年之蓄，曰国非其国。"这一原则，是基于当时社会生产力不足，国家财政收入受耕地的多少、气候的变化、国境内外安全状况等等因素的影响很大，所以在制定国家支出计划时，必须留有余地。只有在掌握了三十年的收支变化情况，即摸索出了一套农业丰歉同财政收支的关系，在此基础上制定的国家支出计划，才能保障王和国家食用无忧，"日举以乐"。当然，这一规定未免有些夸张。积存五年的粮食，在两千多年前的条件下，霉烂损失必然很多。所以，有三年的积存就很科学了。

二、节约原则

在中国古代，不少政治家、理论家都关心财税问题，针对当时的时政，提出了轻税、"薄敛已责"要求①。同时，又倡导节约。孔子曰：治理千乘之国，首要是"节用而爱人"② 又说"奢则不孙，俭则固。与其不孙也，宁固。"③

西周是个十分注重节约的王朝，在制定国家支出计划时，提出了"以九式均劫财用"的原则。《易经》云："节以制度，不伤财，不害民。"④《疏》称"王者以制度为节，使用之有道，役之有时则不伤财，不害民。"

---

① 《左传》昭公二十年。
② 《论语·学而》。
③ 《论语·述而》。
④ 《易·节》。

只有在制定计划时，坚持均和节原则，通观全局，才能达到政权稳固、民不伤而财用足的目的。

第四节 财政支出内容

一、祭祀支出

（一）祭祀支出的意义

在古代，活动地域不广，视听范围有限，科学知识不多，所以，我们的远古祖先，宗教观念十分浓厚。凡有不明之事，包括天气变化、风、雷、雨、电、或植物生长的各异、或动物活动的差异等等，都认为是上天所指，神灵所为，所以心怀敬畏，事事小心，时有祭祀。史称黄帝立，"万国和，而鬼神山川封禅与为多焉。"[①] 古代祭祀，以黄帝为多。从考古发掘的遗迹证明，从东北到江南以及中原地区，多处发现古代祭祀场所，祭祀的供品（物）包括猪、羊等在内，有时还有所俘虏的奴隶，耗于祭祀的财物是相当多的。如湖南怀化洪江市岔头乡岩里村发掘出一个距今七千年前的祭祀场所，面积约有500—1000平米，还有多个方形或圆形的祭祀坑，内有一个人体骨架和猪、牛、鹿等动物骨骸、骨渣[②]，可能是参加祭祀的人多，祭祀规模大，伴有杀祭的原因。

祭祀在整个支出中的地位最为重要。史称："国之大事，在祀与戎。"[③] 此祀，就是指祭祀。以一定的仪式，祭天（上帝）、祭地（山川、河流诸神）、祭列祖列宗以及各方神祇。祭天、祭地、祭祀神灵，是对上天、对神灵的敬畏；祭祀宗祖，则是对先人的感恩，总的来说，是在感谢天地神灵、列宗列祖的保佑（赐福）的同时，祈求更长远的降福。但在祭祀的规格上，又因时间的差别、性质的差别而有所不同。

炎黄子孙，虽同出一根，但随着支庶发展，各有所宗。按展禽所说，凡制定"国典"性质的祭祀制度，需要十分慎重。他认为，列入国典的祭祀，

---

① 《史记·五帝本纪》。
② 见《光明日报》，2005 年 5 月 12 日。
③ 《左传》成公十三年。

包括五个方面："夫圣王之制祀也,法施于民则祀之,以死勤事则祀之,以劳定国则祀之,能御大灾则祀之,能捍大事则祀之。非是族也,不在祀典。"① 从烈山氏、柱,共工氏、后土,黄帝,颛顼、帝喾、尧、舜、鲧、禹、契、冥、汤、稷、文王、武王等均各有功于世,但其后人子孙祭祀时有了区别:"故有虞氏禘黄帝而祖颛顼,郊尧而宗舜;夏后氏禘黄帝而祖颛顼,郊鲧而宗禹;商人禘舜而祖契,郊冥而宗汤;周人禘喾而郊稷,祖文王而宗武王。幕,能帅颛顼者也②,有虞氏报焉……凡禘、郊、祖、宗、报,此五者国之典祀也。"③

商代的祭祀,可资证明的是"邲其三卣"铭文记载,邲受命随同商王行祭祀祖先和上帝的典礼,并得到商王赏赐的事。邲其三卣保存了商代贵族祭典和社会生活的史事。

《礼记·表记》云:"殷人尊神,率民以事神,先鬼而后礼。"人称殷墟出土的甲骨(自盘庚迁殷至纣灭亡的二百七十余年的甲骨遗存),其甲骨文字大多为商王武丁、盘庚、小辛、小乙四王祭祀时占卜的祭祀刻辞,人称卜辞。而专管祭祀占卜、而且执行占卜,既能代上帝鬼神言事,又能替商王通过甲骨求问吉凶和判断吉凶的史官,其官位虽然不高,但作用(权力)却很大,商代称他们为"贞人"(周称其为卜人或卜正),他们的职务是世代相传的。《礼记·表记》云:"殷人尊神,率民以事神,先鬼而后礼。"人称殷墟出土的甲骨(自盘庚迁殷至纣灭亡的二百七十余年的甲骨遗存),其甲骨文字大多为商王武丁、盘庚、小辛、小乙四王祭祀时占卜的祭祀刻辞,人称卜辞。而专管祭祀占卜、而且执行占卜,既能代上帝鬼神言事,又能替商王通过甲骨求问吉凶和判断吉凶的史官,其官位虽然不高,但作用(权力)却很大,商代称他们为"贞人"(周称其为卜人或卜正),他们的职务是世代相传的。

商代祭祀太丁、太甲等人的卜辞很多,祀典也十分隆重,合计用牲多达"百羌"、"百牢"④。以后几度兴衰,如雍己时,王朝生活腐败奢靡,对人民剥削加重,政事怠慢,祭祀失常,导致周边各国疏远而不朝。太戊修德治国,东方九夷、西方西戎亦复来漕朝。祭祀也因此而多礼,如祖乙(河亶

---

① 《礼记·祭法》。
② 帅,循的意思。
③ 《国语·鲁语上》。
④ 《佚》873。

甲之子）即位，殷复兴，随之而来的是祀典也十分隆重，合祭时，备用牺牲多至"百鬯、百羌卯三百牢。"① 又如专祭："甲午卜，贞，翌乙未，侑于祖乙，羌十人。又卯五牢，又一牛。五月。"② "贞，御自唐、大甲、大丁、祖乙，百羌，百宰。（续1.10.7）"

我国古代的祖先，最早是以农立国，农业是人类维系生存的物质基础，也是国家政权巩固、社会稳定的物质基础。商人尊奉鬼神，"先鬼而后礼"，凡事必先经过祭祀，进行占卜，然后才采取行动，所以在卜辞中，有大量的反映有关农业生产等方面的记录，这就是古代祭祀的一个重要特色，就是即祭祀神灵同祈求农业丰收结合在一起。如"求年"、"受年"，"求禾"、"受禾"，就是商王祈求禾谷丰登、上帝授予禾谷丰收的意思。

在已发现商代祈求农业丰收的卜辞中，以武丁时期的卜辞为多。这是因为武丁曾在民间居住、同农民一起耕作，"知稼穑之艰难"③。首先，祈求的神灵，有先人、先王夒、冥、王亥、上甲、示壬、太甲、祖乙以及河、岳诸自然神等；其次，祭祀的方式，有按方位祭祀祈谷的：如"今岁商（指商王朝王畿所在地）受年"，"东土受年"，"南土受年"，"西土受年"，"北受年"；第三，祈求丰收的谷物，有黍、稷、麦、豆、稻等，如"受黍年"，"受稷年"，"告麦"，"受年"等；第四，祈天降雨水，一般说来，农业丰收，离不开水、肥④、土、种四个方面。但是，水不是人所能自由控制的，它受天象变化的影响很大，有时，当农作物正需浇灌的时候，天不下雨，有时连续几个月、几年干旱不雨，禾苗干枯，丰收无望；饥民遍野，社会动荡。所以，商王自然要祈求上天降雨，以保丰收。卜辞中有"帝命雨弗足年？帝命雨足年。"⑤ 意即上天是不是会下令降雨？有两种答案，一是降雨，则丰收有望；或是不降雨，"帝其降我糞。"那么，就难保丰收了。第五，亲耕耤田。耤田，其性质属于公田，也是殷王亲耕之田，其收入供王祭祀之用。所谓殷王亲耕，其实只是一种仪式，头一天，殷王必须斋戒沐浴；当天，祭祀祈年，然后在众多大臣陪伴下，下农田扶犁，仪式完毕，则由农夫将该耤田继续犁毕。它的意义在于宣告春耕开始，各级官员要依据殷王重视

---

① 《后》上，28.5。
② 合300。
③ 《尚书·无逸》。
④ 上古不知道施肥，但到西周时期，已经懂得施肥了。
⑤ 《前》1.50.1。

农田耕作的精神，督促农业生产，争取农业丰收。由于耤田是开春的第一件大事，殷王十分重视，所以，卜辞必有记录。武丁时期有关耤田的卜辞有：

"呼……耤，受年。""众作耤不丧。"①

卜辞的意思是，王亲耕耤田，祈望获得丰收。命众人协力耕作王之耤田，不会有人逃离。

商王关心全国的农业生产，同样也关心自己的耤田，他要不定期的巡视检查。卜辞有："王其观耤叀往，十二月。"② 这里说的是该年十二月，商王到他自己的耤田进行巡视检查。

第六，扩大耕地。古代受生产工具落后的制约，开垦耕地有限，产量满足不了需求。所以商王下令多开垦荒地，如武丁"命尹垦田于羊"；"命禽垦田于京"。这里的尹，是指官；羊为地名，地在今山西长治东南；禽为武丁时的一员武将，京是地名，在今河南沁阳附近。这些地方离王畿已有一定的距离了，足见商王有着更远的打算。

周代，祭祀神灵是同农业生产、国家政权巩固以及祈求天子延年益寿紧密连接在一起的。

（二）《诗经》反映的祭祀支出

《诗经》是古代诗歌总集，里面反映了商周时期很多政治、经济、军事、民生以及下层人民的爱憎等等内容。其中有关祭祀方面的诗篇，将祭祀神灵同祈求农业丰收结合在一起。反映的场面生动活泼，思想意境深远，至今仍有重要的研究价值。

1. 《诗经·小雅·楚茨》

此诗为祭祖祀神的乐歌。全诗共分六章。

楚楚者茨，言抽其棘。自昔何为，我艺黍稷。我黍与与，我稷翼翼。我仓既盈，我庾维亿，以为酒食。以享以祀，以妥以侑，以介景福。济济跄跄，絜尔牛羊，以往烝尝。或剥或亨，或肆或将，祝祭于祊。祀事孔明，先祖是皇。神保是飨，孝孙有庆。报以介福，万寿无疆！执爨踖踖，为俎孔硕。或燔或炙，君妇莫莫，为豆孔庶。为宾为客，献酬交错。礼仪卒度，笑语卒获。神保是格。报以介福，万寿攸酢。我孔熯矣，式礼莫愆。工祝致告，徂赉孝孙，苾芬孝祀。神嗜饮食，卜尔百福，如几如式，既齐既稷，既

---

① 《合集》9506。
② 《合集》500。

匡既敕，永锡尔极，时万时亿。礼仪既备，钟鼓既戒，孝孙徂位。工祝致告：神具醉止，皇尸载起。鼓钟送尸，神保聿归。诸宰君妇，废彻不迟。诸父兄弟，备言燕私。乐具入奏，以绥后禄。尔肴既将，莫怨具庆。既醉既保，小大稽首。神嗜饮食，使君寿考。孔惠孔时，维其尽之。子子孙孙，勿替引之。

从上面全诗的内容来看，第一章写祭祀的前奏：粮食丰收，堆满大小仓、囷，食用、祭祀无虞。

第二章写人们怀着庄严激动的心情，把牛羊涮洗完毕，经过宰、剥、烹饪后，盛于专用的鼎、俎等器物中，供奉在神、祖前，司仪先祭于庙门之内。仪式孔明，祖宗前来享用，赐福。

第三章写厨师恭谨敏捷，或燔或炙；主妇恭谨有仪，盘盏中祭品丰富；主客酬答，举止合宜。赐福子孙，宏福齐天。

第四章写工祝（司仪）代神祇致辞：祭品丰富芬香，神灵喜尝；祭祀仪式合乎法度，庄严隆重。赐福祭祀者极大福气，福寿绵长。

第五章写仪式完成，钟鼓齐鸣。主祭人归还原位。司仪宣告神有醉意，代神受祭的"皇尸"引退。诸父兄弟起身参加家宴。

第六章写皇家族私宴，共享天伦之乐。大小老少叩头祝福，福禄永葆！

此诗可贵的地方就是展示了西周祭祀仪式的全貌。从准备祭祀直到祭祀礼仪完毕以后，王室及主祭服务诸人在后宫饮食宴乐，整个过程自然和谐，浑然一体。其义影响深远，流传后世数千年。

2.《诗经·小雅·信南山》

此诗是写岁末冬祭。烝祭是在一年农事完毕以后的祭典。全诗共六章。

信彼南山，维禹甸之。畇畇原隰，曾孙田之。我疆我理，南东其亩。上天同云，雨雪纷纷。益之以霡霂，既优既渥，既沾既足，生我百谷。疆埸翼翼，黍稷彧彧，曾孙之稼，以为酒食。畀我尸宾，寿考万年。中田有庐，疆埸有瓜。是剥是菹，献之皇祖。曾孙寿考，受天之祜。祭以清酒，从以骍牡，享于祖考。执其鸾刀，以启其毛，取其血膋。是烝是享，苾苾芬芬。祀事孔明，先祖是皇。报以介福，万寿无疆！

此诗还是感谢神灵降幅农业丰收。第一章，南山，即终南山。诗中说"维禹甸之"，是说周之京畿地区的大片土地，是当年大禹治水时开辟出来的，郑笺也以"甸"即是禹治为丘甸之甸。所以认为井田事实上是从大禹开始的。"我疆我理，南东其亩"，是因划分田界是井田制的一个重要内容，而"南东其亩",则是按地形地势,其田陇或南北向,或东南向。对此,郭沫若在他的《十批判书》中,借《左传》成公二年所记的事说:亩道系以国都为中心,故有南北纵走与东西横贯的两种大道。南北纵走的是南亩,东西横贯的就是东亩。他认为,"我疆我理,南东其亩"就是这个事实。由此也可认为这是井田制的有力证明。

第二章写冬有雨雪,春有小雨,雨水充沛,有利于百谷生长。

第三章写田界划分符合规定,黍稷等作物生长茂盛,粮食丰收,置办酒食祭献神灵,保佑长生。

第四章关于"中田有庐,"又是井田制中的内容。在田界的空隙处种上瓜菜(充分利用土地),做成食品献给皇祖,祈求上天赐福子孙。

第五、六两章写以清酒、公牛祭祀祖考,祭品散发出阵阵浓香,祭祀仪式庄重有条理,列祖驾临。降福子孙万福。

3.《潜》

《潜》是《诗经·周颂·臣工之什》的一篇。是一首周天子以各种嘉鱼献祭于宗庙的乐歌。全诗一章,共六句。诗中说在那漆水、沮水的深处,藏有各种各样肥美的鱼,把它们打上来祭祀祖先。

猗与漆沮①,潜有多鱼。

有鳣有鲔②,鲦鲿鰋鲤③。

以享以祀,以介景福。

用很多的鱼作为祭品,没有涉及牺牲,这在书中不常见。按照《毛诗序》的说法,《潜》所写的祭祀,按时间分有两种,供奉鱼的品种亦不同:"季冬荐鱼,春献鲔也。"孔疏的解释是:"冬则众鱼皆可荐,故总称鱼;春唯献鲔而已,故特言鲔。"我认为这是以古之式,思古至亲,属于家祭之类。也是在岁末年初,祈望年年有余之意吧。

4.《诗经·周颂·雍》

《雍》是《诗经·周颂·臣工之什》的一篇。是周天子祭祀宗庙完毕,撤去祭品时所唱的乐歌。全诗一章,十六句。

有来雍雍,至止肃肃。相维辟公④,天子穆穆。

---

① 漆、沮:河流名,均在今陕西省。
② 鳣(zhān):大鲤鱼。鲔(wěi):鲟鱼。
③ 鲦(tiáo):白条鱼。鲿(cháng):黄颊鱼。鰋(yǎn):鲇鱼。
④ 指诸侯助祭。

於荐广牡，相予肆祀。假哉皇考！绥予孝子。
宣哲维人，文武维后。燕及皇天，克昌厥后。
绥我眉寿，介以繁祉。既右烈考，亦右文母。

在周初，以周王之威德，召诸侯或诸侯主动来助祭，这种形式，既表现周天子在诸侯中的权威，也表现诸侯的臣服，成为周王室政权巩固的标志。祭品丰硕，主祭、助祭肃敬，宣称"宣哲维人，文武维后"，即君明臣贤，国定邦安，政权巩固。今"燕及皇天"，目的在于"克昌厥后"，祈求保佑。

5.《良耜》

《毛诗序》云："《良耜》，秋报社稷也。"

《良耜》一诗，应是产生于成康时代，农业生产开始进入一个新的发展时期。此诗一共二十三句：

畟畟良耜，俶载南亩。播厥百谷，实函斯活。或来瞻女，载筐及莒，其饟伊黍。其笠伊纠，其镈斯赵，以薅荼蓼。荼蓼朽止，黍稷茂止。获之挃挃，积之栗栗。其崇如墉，其比如栉。以开百室，百室盈止，妇子宁止。杀时犉牡，有捄其角。以似以续，续古之人。

此诗包括对春耕夏耘的追述、秋天大丰收的追述和秋冬报赛祭祀等内容。首先，追述男性劳动者手扶锋利的耒耜在南亩深翻土地，把各种农作物的种子撒入土中，让它孕育、发芽、生长。正午时分，农家的妇女、孩子挑着方筐圆筐，给他们送来了香气腾腾的黄米饭。当杂草除去后，大片绿油油的黍、稷长势喜人。

秋天大丰收，各种谷物很快就堆积成山，上百个粮垛一字儿排开；收粮入库，个个粮仓都装满了粮食；妇人孩子个个喜气洋洋，今后能过上安稳的日子。

最后是祭祀。杀头黑唇大黄牛做祭品。祭天之式年年不断，永远继承古人的礼仪。

6.《诗经·颂·丰年》

丰年多黍多稌，亦有高廪。万亿及秭，为酒为醴，烝畀祖妣。以洽百礼，降福孔皆。

这是一首秋冬报之乐歌。说上天降福丰年，黍稷、稻谷都获得丰收。已经建起了高大的仓廪，希望装上万亿石粮食。为感谢上天神灵的佑助，煮酒祭献。《正义》云：

"祭祀酒食，当用藉田之粟"。"万亿及秭，则是税民之物。"说明此处有些违制。

周代的祭祀很多，所谓"日祭、月祀"即是。所保持的祭祀史事也多：武王克商后，告祭于周庙，祭祀用品的数量相当大。史称"告于天于稷，用小牲羊、犬、豕于百神、水土于誓社……用牛于天于稷，五百有四；用小牲羊、豕于百神、水土于社二千七百有一。"① 可能是因为周以诸侯之国攻灭共主之国（殷），为显示其强力地位，所以不惜用大祭，一次即用牛504头，羊、豕2701头。武王立国不久即亡；成王（新王）即政，声称奉命告立新朝，必以朝享之礼祭于祖考，并令诸侯助祭，夏、殷二王之后裔亦来助祭；周公辅佐成王治国，既成洛邑，大朝诸侯，亲率众诸侯至清庙祭祀文王，并以"维天之命"的乐歌告慰文王。周之祭祀，除了新王即位、迁都等用大祭外，属于常祭的还有：春、夏祈谷于上帝，秋、冬报祭宗庙；冬荐鱼，春献鲔；耤田祈上帝，秋收祈社稷；凡祭祀，必有乐歌：祀先王（大王）、先公，奏"天作"之乐歌；郊祀天地，则歌"昊天有成命"；祭五帝于明堂，奏"钟将"之乐歌；秋冬报祭宗庙，奏"丰年"乐歌。等等。

（三）楚国的祭祀

楚国的祭祀，无论是祭祀的对象（神、宗祖），或是祭祀的形式，与中原各国似乎有所区别。楚昭王二十七年（前489年），史称："昭王有疾，卜曰：河为祟，王弗祭。大夫请祭诸郊。王曰：'三代命祀，祭不越望。江汉睢章，楚之望也，祸福之至，不是过也。不谷虽不德，河非所获罪也。遂弗祭。孔子曰：'楚昭王知大道矣，其不失国也宜哉！'"②

根据《楚辞·招魂》所载，楚国的祭祀是十分虔诚、隆重的，以祭祀食品为例，十分丰富：

魂兮归来！何远为些？室家遂宗，食多方些。稻粢穱麦，挐黄粱些。

大苦咸酸，辛甘行些。肥牛之腱，臑若芳些。和酸若苦，陈吴羹些。

胹鳖炮羔，有柘浆些。鹄酸臇凫，煎鸿鸧些。露鸡臛蠵，厉而不爽些。粔籹蜜饵，有餦餭些。瑶浆蜜勺，实羽觞些。挫糟冻饮，酎清凉些。华酌既陈，有琼浆些。归反故室，敬而无妨些。肴羞未通，女乐罗些。陈钟按鼓，造新歌些。

---

① 《逸周书·世俘解》。
② 《左传》哀公六年。

翻译成现代文字就是：

魂啊，回来吧！为什么还要滞留在那遥远的地方。宗族的人都聚集在这里。摆放的食品多种多样。有稻米小米和刚收割的新麦，还掺杂了香美的黄粱；有苦有咸有酸多种滋味，辛辣和甜味也都用上；黄牛的蹄筋是佳肴，久炖软烂肉味香；备有调味的酸汁和苦汁，再加吴国厨师做的羹汤；清炖的甲鱼，火烤的羊羔肉，水煮的天鹅肉和烩水鸭，加上醋酸，油煎的大雁和仓庚（黄鹂），卤鸡龟汁，口味浓烈而脾胃不伤，蜜制面饼和米糕，加上很多麦芽糖；晶莹如玉的美酒掺和蜂蜜，斟满醇酒供品尝。醇香可口又冰凉。华美的宴席已经陈设，所有的酒都是玉液琼浆。归来吧！返回故居，保证礼敬有加，一切如常。

我们再用它同中原各国比较：商周两代的祭祀，表现为颂扬先王立国创业的功绩的乐歌，如《那》为祭祀成汤的乐歌①；《烈祖》，祀中宗的乐歌。是说成汤有天下，中宗承而兴之②；《长发》，大禘，祭天之乐歌③。又如周代颂歌，如《清庙》乐歌，祭文王有清明之德④；《天作》，祀先王先公⑤；《昊天有成命》，郊祀天地⑥。总之，商周祭祀之歌，一为感恩，二为祈求赐福、求得农业丰收。

《里耶秦简》记载祭祀用品，剩余部分，卖给城旦，并不废弃。

祭祀用盐：☐盐四分升一，以祠先农。　　　　　　　　　　　14－4

卅二年三月丁丑朔，丙申，仓是佐狗褮出，祠先农，余彻羊头一，足四，卖于城旦赫，所取钱四☐　　　　　　　　　　　　　14－300

14－375，14－635等号简牍，其内容一次大致相同。

卅二年三月丁丑朔，丙申仓是佐狗出，祠农，余彻☐☐半斗，卖于城旦赫，所取钱四，令史尚视平狗手　　　　　　　　　　14－649

卅二年三月丁丑朔，丙申仓是佐狗褮出，祠先农，余彻酒一斗半斗，卖于城☐⑦　　　　　　　　　　　　　　　　　　　　　　14－698

---

① 见《诗·商颂·那》。
② 见《诗·商颂·烈祖》。
③ 见《诗·商颂·长发》。
④ 见《诗·周颂·清庙》。
⑤ 见《诗·周颂·天作》。
⑥ 见《诗·周颂·昊天有成命》。
⑦ 《湖南龙山里耶秦简》，《湖南出土简牍选编》，湖南岳麓书社2013年版。

二、军事支出

史称轩辕之时，神农氏世衰，一些部落国家相互侵伐，暴虐百姓，神农氏无力控制，"于是轩辕乃习用干戈，以征不享"。这时的武器，不过是弧、矢之类，史称黄帝"弦木为弧，剡木为矢，弧矢之利，以威天下"。面对强大的蚩尤部落和炎帝后代子孙，轩辕修德振兵，调集"熊罴貔貅貙虎"以与炎帝战于阪泉之野；又"征师诸侯，与蚩尤战于涿鹿之野"。从而被诸侯尊为天子，代神农。轩辕代被举为黄帝后，"以师兵为营卫，官名皆以云命，为云师。置左右大监，监于万国"。"天下有不顺者，黄帝从而征之，平者去之，披山通道，未尝宁居。"① 黄帝之后，自颛顼、帝喾至尧、舜、禹之世，与炎帝支系因争帝位而进行过长期的、有时十分激烈的战争。但从"黄帝之时，以玉为兵"的实际情况看，这时双方的武器，不过是木石之具。此时的战争，规模不会很大，其战争，也仅是械斗而已。持续时间也不会很长。有关这方面的支出，作为兵器的玉（石）、弓矢、刀之类，是就地取材，人皆自备；只有"战争"中的伤亡，作为国家（部落）来说，可能有相应的抚恤和救济措施。

（一）传说时期的军事活动

1. 黄帝平定四方

《史记·五帝本纪》：轩辕取代神农氏，是为黄帝。其征伐"东至于海……西至于崆峒……南至于江……北逐荤粥，合符釜山，而邑于涿鹿之阿。迁徙往来无常处。"又说"轩辕乃习用干戈，以征不享。诸侯咸来宾从。"说明皇帝是部落首领。他的领域是凭自己的实力，并联合周边部落方国打出来的。他设置了一套管理机构（云师、左右大监），组建了自己的军队（师兵、熊、罴、貔貅、貙虎），组织农牧业生产，和睦万国。

2. 黄帝与蚩尤之战

蚩尤，黄帝前后时期的诸侯。《尚书》谓为古九黎国之君。《礼记》郑注以三苗为蚩尤。应劭以为古之天子，而臣瓒则以为庶人之贪者。其说不一。《书·吕刑》："蚩尤为始作乱②，延及平民。"[传] 九黎之君，号曰蚩

---

① 《史记·五帝本纪》。
② 蚩尤，按孔颖达所说，九黎之君，号曰蚩尤，旧说云然不知出自何书，如《史记》之言，蚩尤是炎帝之末诸侯，君也。应劭云：蚩尤，古天子。郑玄云：蚩尤霸天下，黄帝所伐者。

尤。《史记·五帝本纪》："蚩尤作乱，不用帝命，于是黄帝乃征师诸侯，与蚩尤战于涿鹿之野，遂擒杀蚩尤。"

《初学记》引《归藏启筮》云："蚩尤出自羊水，肱八趾疏首，登九淖以伐空桑。黄帝杀之于青丘。"

据传，九黎是传说时代中国南方的古部落名，亦称黎，分布在今湖北、湖南和江西一带。共有九个部落，每个部落有九个氏族，蚩尤是其首领。传说蚩尤有兄弟八十一人，即八十一个氏族酋长。信奉巫教，杂拜鬼神。能用铜制造兵器。有刑法。为南蛮中最早进入中原地区的一支。蚩尤曾赶走炎帝而据天子之位，后炎帝族和黄帝族组成联盟，同蚩尤大战于涿鹿之野，九黎败，一部分留在北方建立黎国（后为周所灭），一部分逐渐融入华夏氏族，还有一部分退回江汉流域，建立三苗部落联盟。

《太平御览》引《龙鱼河图》云："黄帝摄政前，有蚩尤兄弟八十一人，并兽身人语，铜头铁额，食沙石子，造立兵仗、刀、戟、大弩，威振天下，诛杀无道，不仁不慈。万民欲令黄帝行天子事，黄帝心慈，不能禁止蚩尤，遂不敌。……天遣玄女下，授黄帝兵信神符，制伏蚩尤，以制八方。蚩尤没后，天下复扰乱不宁，黄帝遂画蚩尤形像，以威天下，天下咸谓蚩尤不死，八方万邦皆为殄服。"又传"黄帝与蚩尤战于涿鹿之野，蚩尤作大雾，弥三日，军人皆惑。""黄帝与蚩尤九战九不胜"，黄帝归于太山，得玄女所授战法，遂擒蚩尤。

3. 尧舜禹与三苗之战

按《山海经·海外南经》所记，"三苗国，在赤水东，其为人相随，一曰三毛国"。郭璞注称，昔尧以天下让舜，三苗之君非之。帝杀之。有苗之民叛入南海，为三苗国。《淮南子·修务训》"窜三苗于三危"，高诱注称：三苗盖谓帝鸿氏之裔子浑敦、少昊氏之裔子穷奇，缙云氏之裔子饕餮三族之苗裔。实则三苗即有苗，亦即苗民。《大荒北经》云："颛顼生驩头，驩头生苗民"。苗民即天帝之裔孙。关于苗民的神话传说有多种，见于史书的：（1）附同蚩尤以对抗黄帝，故黄帝乃"遏绝苗民"，使"无世在下"[①]。即断绝关系，永不相往来。（2）附同丹朱对抗尧，故尧乃与有苗战于丹水之浦（苗子朱，封于丹，故名丹朱）。

但史论者又不完全认同这个观点，如《六韬》云："尧与有苗战于丹水

---

① 《书·吕刑》。

之浦。"《吕氏春秋·召类篇》："尧战于丹水之浦以服南蛮。"但后面又引发了一场议论，原注曰：丹水之浦，乃丹朱放逐之地。这又应了《庄子·盗跖》"尧不慈"的话，更甚者是称尧杀长子丹朱，事见《吕氏春秋·去私篇》高诱注。又《史记·五帝本纪》《正义》云：《括地志》云：故尧地在濮州鄄城县东北十五里。又有偃朱故城，在县西北十五里。按：濮州北临漯，大川也。河在尧都之南，故曰南河。《禹贡》"至于南河"是也。其偃朱城所居，即"舜让避丹朱于南河之南"处也。另一说是丹朱兵败，自认有罪，"自投南海而死"，帝因此而发慈悲，"使其子居南海而祠之。"因丹朱的妻子亦随丹朱败逃南海，丹朱死后，其子孙得以繁衍成国，遂称"讙头国或讙朱国①。

（二）商、周时期的军事支出

商周时，实行国野制度，国人才有资格当兵：贵族为甲士，平民为步兵。由于战争规模不大，用兵人数也不是很多，所以服役之人也只是"家一人"。如《周礼·地官》所说"凡起徒役，毋过家一人。"而其余为羡卒（即预备役）。

根据商王廪辛或康丁时期的卜辞来看，那时的军队构成，氏族公社的成年男子是理所当然的战士。也就是说，殷商时期，是以族为单位，把年轻人组织起来，编成军队，是符合当时的血缘系统和家族利益需要的。为了自己家族的生存，可以舍生忘死。他们除了应付外来的入侵或到敌对方打仗外，还负责边关的戍卫和地方矛盾冲突以及保卫本族人民生命财产安全。如"□丑卜，五族戍，弗雉王□众。"②的卜辞，就是令众去执行戍守任务。这种情况，同马克思描述的氏族公社的情况"这种由家庭组成的公社，首先是按军事方式组织起来的。"③是基本相同的。

1. 商代的军事支出

商代的军队，一般是临时征集的，卜辞称"登人"、"雉众"。

军事编制：

丁酉贞，王作三𠂤，右、中、左。　　　　　　　　　　《粹》597

百人为一小队，名曰𠂤，三𠂤为一联对。

---

① 《山海经·海内南经》。
② 邺 3.39.10。
③ 《马克思恩格斯全集》第46卷，人民出版社1972年版，第475页。

丙申卜，贞，戍马左、右、中，人三百。六月。　　　　《前》3.31.2

王令三百射。　　　　　　　　　　　　　　　　　　　《乙》4615

军队装备：武器大多用青铜制作，如铜制刀、矛、戈、斧、钺、胄、盾等。

战争目的：对内镇压，对外征服和掠夺。

战争规模：一次出兵人数，可达三千至五千，最多时曾达到一万三千人。杀死敌方人数多少不一，最多时一次达二千六百人。战争俘获的敌人一般用作奴隶，或用作"人牲"。

根据史籍和甲骨遗存这两方面的记录。商代几经兴衰，史称"殷道衰，诸侯或不至；"但在国力强大时，"殷复兴，诸侯归之。"① 为巩固盟国，扩大自己的势力范围，殷王也不失时机地以武力征伐四方。其成果比较显著的要数武丁。商族的后代子孙就有一首乐歌是专门歌颂武丁的，其歌词是："武丁孙子，武王靡不胜。龙旂十乘，大糦是承。邦畿千里，维民所止，肇域彼四海。"② 是说汤王子孙武丁，无往不胜。兵车所至，诸侯降服、献礼。千里王畿之内，民人安居。疆域开拓达于四海。

有关史料（卜辞）摘录：

汤有七命而九征③。

武丁（高宗）时，四处用兵，以扩大统治区域和影响。征伐目标主要是西北方的舌方、土方和鬼方，北方的羌方及南方荆楚，动用兵力有时上万人。征战时间如对鬼方的战争花了三年时间。当时商朝的统治区，北起辽宁、内蒙古，南到江西、浙江，西北达山西、陕西，东到山东的广大地区。

高宗伐鬼方，三年克之④。

王师克鬼方，氐羌来宾⑤。

达彼殷武，奋伐荆楚⑥。

王叀凤令五族伐羌⑦。

从甲骨卜辞来看，有关周边国家入侵商或商主动入侵周边之国的行动，

---

① 《史记·殷本纪》。

② 《诗经·商颂·玄鸟》。

③ 《竹书纪年》。

④ 《易·既济》。

⑤ 今本《竹书纪年》。

⑥ 《诗经·商颂·殷武》。

⑦ 《后》下42.6。

多反映在卜辞之中，仅《甲骨文合集》就收录了数百条之多。入侵者主要是今内蒙古河套至山西西北部的吾方和今山西北部的土方。不仅侵扰商的臣属国，而且侵扰商的本土，有时还进入了商王朝都城的郊外。据《合集》收录的卜辞所记，某年某月，吾方从西边侵入商王城城郊抢劫农田作物；此后不久，呈方又侵入商王城西郊农田；同时，土方亦进入王城东郊抢掠二邑；某年七月，呈方进入商王城郊区丰地抢掠。由于四邻不安，商王朝境内人民的生活也受到影响，为此，武丁朝决定给予痛击，每次动用兵力为"三千"或"五千"，经过长期的征战，最后才把吾方、土方和方方这三个强有力的反抗势力（方国）消灭。此外，同商王朝发生过冲突的部落、方国有免方、龙方、虎方、马方、印方、羌方、夷方、旨方、基方、湔方、典方、戠方、鬼方等。羌方为羌人的一部。羌在商时是一个大部落，分为若干支，如北羌、马强、羌龙等。其活动地区主要为今内蒙古西南、陕西、甘肃、宁夏、青海等广大地区。商王朝对待羌人十分残忍，往往以其作为人祭，一次杀戮几十、上百人。经过多年的征伐，商的统治区域大为扩大：北到今内蒙古南部、山西北部；西到今陕西、甘肃；东到今山东、江苏、安徽一带，南到荆楚①。

2. 西周的军事支出

周人早在商末（文王之时）"西有昆吾之患，北有玁狁之难"，故文王"名将率，遣戍役"，即开始征伐周边的小国部落。据史籍记载：武乙三十五年，"周王季伐西落鬼戎，俘二十翟王"。大丁二年，"周人伐燕京之戎，周师大败。"大丁四年、七年、十一年，先后对余无之戎、始呼之戎、翳徒之戎作战，并取得胜利②。

武王十一年，王率西夷诸侯伐殷，败之于牧野。成王初立，年幼，周公摄国，管叔、蔡叔群弟疑周公有异心而连结殷遗民起来叛周，"周公东征，三年而归。"③ 之后一段时间很少有战争，史称"成康之际，天下安宁，刑措四十余年不用。"④

在西周周边，有几个强有力的部落方国。东面是分布在今山东和淮河一带的东夷、淮夷，在周公东征时，曾和殷遗民一起起来抵抗，双方战争长达

---

① 邓书杰：《中国历史大事详解》（远古史），吉林大学出版社2005年版，第99—102页。
② 范祥雍编：《古本竹书纪年辑校订补》，新知识出版社1956年版。
③ 《诗·国风·东山》。
④ 《史记·周本纪》。

三年；自此以后直至宣王时期，周之齐、鲁两诸侯国，同东夷、淮夷诸部落之间的征战不断。其原因之一就是索贡与抗贡。以《兮甲盘》为例。该盘铭文记载，周宣王的军队在讨伐淮夷时，"敺孚士女、羊、牛，孚吉金。"周王朝认为，"淮夷旧我帛晦人，毋敢不出帛，其积，其进人，其贮。"就是说，淮夷是贡纳之臣（"帛晦人"、"帛晦臣"）应该向周王朝贡纳王朝需用之物（布帛、劳动者和其他财物），如果抗拒不交，"敢不用命"，就要受到严厉惩处。对此，淮夷也时有反抗。据《虢仲盨》（盘）铭文记载："王南征，伐南淮夷。"有时，淮夷也进攻齐鲁地区，史称"厉王无道，淮夷入寇，王命虢仲征之，不克。"①

宣王北伐。史称宣王所以北伐，是由于前厉王小雅尽废（君臣、兄弟、忠信、和乐、福禄、法度尽缺），致令四夷交侵。宣王复兴，北伐玁狁，南征蛮荆。所谓伐，是指对方有罪，所以出兵讨伐。而征与伐同义。诗云："玁狁孔炽，我是用急。王于出征，以匡王国。"之所以宣王亲自出征，是因为"玁狁匪茹，整居焦获，侵镐及方，至于泾阳。""薄伐玁狁，至于大原，文武吉甫，万邦为宪。"②

宣王南征。"方叔涖止，其车三千。""显允方叔，征伐玁狁，蛮荆来威。"③ 按《司马法》：兵车一乘，甲士三人，步卒七十二人，则此次出征动用了二十一万余人。大兵压境，蛮荆遣使服威。

当时，西周同南方的楚国，也是冲突不断。其原因是周王很想将南方纳入自己的统治区。这一情况，《诗经》中也有记载。（1）如果说，黄帝时外战是"以征不享"的话，那么，从商到周则是扩大领域和索贡巡行，《诗·大雅·江汉》云："江汉之浒，又命召虎。式辟四方，彻我疆土。""于疆于理，至于南海。"通过考古发现，在河南南阳、信阳和湖北圻春发现有西周的遗迹，说明西周的势力已经深入到长江的北部；（2）在一些铜器铭文中，有"伐荆楚"、"伐反荆"的记载；（3）昭王十六年，南征荆楚，"伐楚荆，涉汉，遇大兕。"十九年，"天大噎，雉兔皆震，丧六师于汉。"又称：昭王末年，"王南巡不反。"④ 到宣王时，再次南征，《诗》云：宣王欲南征，命卿士方叔为将，"方叔涖止，其车三千，师干之试。""方叔率止，钲人伐

---

① 《后汉书·东夷传》。
② 《诗·小雅·六月》。
③ 《诗·小雅·采芑》。
④ 《古本竹书纪年辑校订补》，新知识出版社1956年版。

鼓,陈师鞠旅。""蠢尔蛮荆,大邦为雠。方叔元老,克壮其犹……显允方叔,征伐玁狁,蛮荆来威。"① 按原注,方叔奉命伐荆楚,临视戎车三千乘,其士卒皆有佐师。按司马法:兵车一乘,甲士三人,步卒七十二人,宣王承乱,羡卒尽起。就是说,此次是动用了全部兵力。但按此推算,动用兵力达二十余万,应是夸张之言。而《正义》曰:天子六军,千乘。这是规制。之所以出兵三千乘,是因荆蛮内侵,周军人少了不足以相敌。后面在"陈师鞠旅"下注:二千五百人为师,五百人为旅。这是将战时陈列示威的人数。总之,以卿士率六军已属违制,三千乘之说过多,三千人又似乎太少。只能说是出重兵攻打荆楚蛮。

周朝与东北、西北各氏族,经常发生战事。原因之一就是征服与反臣服。史称周康王(前1020—前996年)在盂征伐鬼方,鬼方战败,周俘获鬼方人一万三千余人,其中有酋长四人,还有不少车、马和牛羊。周穆王时(前976—前922年),"犬戎氏以其职来王",王欲"以不享征之"。祭公认为犬戎君长"守终纯固"。王不听,遂征之。"得四白狼,四白鹿以归。"② 周夷王时(前885—前878年),与虢公率六师伐太原之戎,获马千匹。至宣王时,玁狁已逼近西周的都城,据《诗经》所述:"玁狁匪茹,整居焦获,侵镐及方,至于泾阳";指玁狁居于周之焦、获(后世之扶风、池阳一带)地方,已侵入镐、方,到了泾水之北③,而西周的军队竟无力击退玁狁等民族(部落)的进攻。宣王即位,振兴朝政,"外攘夷狄",在对玁狁、西戎、和荆楚的战争中,都取得了不少胜利,但也遭到不少失败,如宣王命秦仲伐西戎,秦仲败死;伐太原之戎、条戎,也遭失败;宣王三十九年,"战于千亩,王师败绩于姜氏之戎。"④ 宣王既败于姜戎,又败于江汉地区的民族,史称"宣王既丧南国之师",为挽回败局,"乃料民于太原",以补充兵员的不足,结果,遭到大臣的反对。此后,在国内外矛盾的作用下,国势日渐衰弱。

(三)春秋战国时期的军事支出

《左传》载,哀公二年(前493年)秋八月,晋赵鞅誓曰:"克敌者,上大夫受县,下大夫受郡,士田十万,庶人工商遂,人臣隶圉免。"这里

---

① 《诗·小雅·采芑》。
② 《国语·周语》。
③ 《诗·小雅·六月》。
④ 《国语·周语上》。千亩,地在今山西介休南。姜氏之戎,西戎的一种。

说，战胜敌人的，上大夫赏给一县，下大夫赏一个郡（当时郡比县小），士可赏土田十万，庶人、工、商可以做官，为奴者可免为庶人（获得自由）。

鲁哀公十年（前485年），吴鲁联军齐，"徐承帅舟师，将自海入齐，齐人败之，吴师乃还。"① 吴从海道以舟师进军，可以认为是中国海军之始。

战争的利弊，实际上大家都明白，利大国，于小国不利。因是之故，在春秋后期，曾两次举行"弭兵"大会：一次是在宋共工七年（前579年），宋华元发起，在宋都城西门之外召开弭兵之会。曰："凡晋、楚无相加戎，好恶同之。同恤灾危，备救凶患；若有害楚，则晋伐之；在晋，楚亦如之。交贽往来，道路无壅；谋其不协，而讨不庭。有渝此盟，明神殛之。"② 不久，狄人就先破坏此盟。另一次是在鲁襄公二十七年夏，"弭兵以召诸侯"。史称宋向戌"欲弭诸侯之兵"，先到晋国（大国、强国）找赵孟协商。韩宣子曰："兵，民之残也，财用之蠹，小国之大灾也。"他明知在当时情况下，弭兵不会长久，但应许之。楚是大国、强国，亦许之。齐、秦亦许之，齐陈文子说："晋楚许之，我焉得已。且人曰弭兵，而我弗许，则固携吾民矣。将焉用之。"并告于小国。说明弭兵之举，乃大多数国所希望的。乙酉，宋公及诸侯之大夫盟于蒙门之外，与会者有晋赵武、楚屈建、齐、秦、鲁、蔡、卫、陈、郑、许、曹、邾、滕、宋等十四国。

到战国时，七雄的兵力，已远非春秋各国及其以前各国的兵力所能比的。以《史记》、《战国策》所记为例：

齐国：地方二千里，带甲数十万，粟如丘山；齐车之良，五家之兵，疾如锥矢。

赵国：地方二千里，带甲数十万，车千乘，骑万匹，粟支十年。

魏国：武士二十万，苍头二十万，奋击二十万，厮徒二十万，车六百乘，骑五千匹。

韩国：地方九百里，带甲数十万，天下之强弓劲弩皆从韩出。按张仪之说：韩地险恶，山居……地不过九百里，无二岁之食；卒，悉之不过三十万，而厮徒负养在其中。

燕国：地方二千余里，带甲数十万，车七百乘，骑六千匹，粟支十年。

秦国：秦地半天下，兵敌四国，被山带河，四塞以为国。虎贲之士百余

---

① 《左传》哀公十年。
② 《左传》成公十二年。

万，车千乘，骑万匹，粟如丘山。"凡天下强国，非秦而楚，非楚而秦，两国敌侔交争，其势不两立。"①

楚国：地方五千余里，带甲百万，车千辆，骑万匹，粟支十年。此霸王之资也。

上述内容多为说客之词，既有夸大恐吓的成分，也有偏袒、打气鼓励的成分。但这时的战争规模确实是很大的，也十分残酷。如周赧王五十五年（前260年），秦、赵为争夺上党而发生的长平（今山西高平）之战，赵军因绝粮而降秦，秦将白起竟将赵国降卒40余万人坑杀。

战国时期战争的激烈场面，也可从战国时期楚国的伟大爱国诗人屈原追悼楚国阵亡士卒的挽诗《国殇》中得到某些启示。

《国殇》全文：

操吴戈兮被犀甲，车错毂兮短兵接。
旌蔽日兮敌若云，矢交坠兮士争先。
凌余阵兮躐余行，左骖殪兮右刃伤。
霾两轮兮絷四马，援玉枹兮击鸣鼓。
天时怼兮威灵怒，严杀尽兮弃原野。
出不入兮往不反，平原忽兮路超远。
带长剑兮挟秦弓，首身离兮心不惩。
诚既勇兮又以武，终刚强兮不可凌。
身既死兮神以灵，魂魄毅兮为鬼雄。

看了这首诗，使我们似乎看到了一场短兵相接的战斗，而且是一场敌众我寡的殊死战斗场面。当敌人汹涌而来，楚军的战阵被冲破，楚军将士个个视死如归，奋勇杀敌。特别是战阵中有一辆战车，左外侧的骖马已中箭倒毙，右外侧的骖马也被砍伤，但他的主人心无他念，他埋两轮，絷四马，举起鼓槌，擂响进军的战鼓，一时杀得苍天威怒，尸横遍野。战士虽然死了，但他们佩带的长剑、手握的良弓仍在身边，诗人赞美他们生是人杰，死为鬼雄，气贯长虹，英名永存。

秦国从一个落后、不为中原各国诸侯看好的国家，在孝公任商鞅变化后，迅速强大起来，究其原因，一是政治上敢于改革，经济上敢于创新，行政上依法行事，而军事上就是把春秋末期一些国家实施的奖励军功制度以法

---

① 《战国策·楚策一》。

律的形式规定下来，强制推行。

商鞅的做法是：

"国削、民勇，则赏之以其所欲；民怯，则杀之以其所恶。故怯民使之以刑，则勇。勇民使之以赏。"①

"令民为什伍，而相牧司连坐。不告奸者腰斩，告奸者与斩敌首同赏，匿奸者与降敌同罚。"②

"民有二男以上不分异者，倍其赋"。"努力本业，耕织致粟帛多者复其身。事末利及怠而贫者，举以为收孥"。

"有军功者，各以率受上爵；为私斗者，各以轻重被刑大小。""宗室非有军功论不得为属籍。明尊卑爵秩等级，各以差次名田宅、臣妾衣服以家次。有功者显荣，无功者虽富无所芬华。"

商鞅还制定政令：其一，鼓励增加人口，奖励勤劳致富；对耕织致粟帛多者复其身；其二，鼓励检举、揭发奸邪之人、之事；其三，鼓励公斗，重奖立有军功者：各以率受上爵；或在原有爵秩等级上，按军功大小各以差次名田宅、臣妾衣服以家次；其四，对事末利及怠而贫者、民有二男以上不分异者、对为私斗者，按其性质轻重，或以经济制裁（加赋），或罚作奴隶，或给予刑罚。

由于重奖重罚，奖罚规定十分明确，这就促使秦民在乡者努力耕作，出战者奋勇争先，所向披靡。商鞅的耕战政策，为秦统一天下奠定了人力和物力的基础。

具体到军费开支，一是军用武器，虽是冷兵器，但刀、枪、剑、戟以及箭头之类，都是金属制品；其次是马匹、牛（运输之用）和车辆；第三是铠甲；第四是军粮（人吃、马料）。因无资料无法细算，但就人数每天口粮有一个参照数。按《周礼》所说："凡万民之食，食者人四鬴，上也；人三鬴，中也；人二鬴，下也。若食不能人二鬴，则令邦移民就谷。"③ 按：古量，龠，1200黍；二龠为合，2400黍；十合为升，24000黍；（四升为豆；四豆为区；四区为鬴，六斗四升；十鬴为锺，六斛四斗）十升为斗，24万黍；十斗为斛，240万黍。人一月食米最高标准是四鬴，则 6.4 斗 × 4 =

---

① 《商君书·说民》。
② 《史记·商君列传》。
③ 《周礼·地官·廪人》。

25.6 斗，则一天为 0.85 斗。古一石合今 2 斗，则一天的口粮合今 1.7 升①。（中等为 1.28 升，下等为 0.852 升）带甲百万，这是夸张之数，即是最多可征调的人数，真正在服役的可能也就是三十万人。一天就是五十多万升。按一个兵士一年食粮 365×1.7 升=620.5 升，则三十万大军，一年的食粮就是 180 万石。按当时田赋制度计算，每夫 100 亩，亩收一石，即年收 100 石；当时的税率为什一税率，则一年应上交 10 石粮食。就是说，仅军队食粮就要用去近二十万户上交的田赋。所以，对一个小国来说，军费开支是一个沉重的负担。

按《里耶秦简》和《居延汉简》等所载，战国时的秦国，兵卒食用开支有如下记录：

武器供应：

☐☐十八，弩二百五十一，臂九十七，几百一十七，弦千八百一，矢四万九百九十，

☐千二百八十四，物同券齿。　　　　　　　　　　　　　　　9-29

☐五十一，臂九十七，几百一十七，弦千八百一，矢四万九百九十八，戟二百。

☐齿。　　　　　　　　　　　　　　　　　　　　　　　　　9-2147

口粮：

出粟卅石，三月以食卒十五人。　　　　　　　　　　　　　160.8

大石一石七斗四升以食吏一人。十月壬辰尽庚申廿九日☐。　　88.10

卒每月的口粮大约为二石、一石八斗、一担五斗六升（大石）②

衣服供给：

阜布章单衣一领，值三百五十三。袍一领，直二百八十七。袭一领，值四百五十。

食盐供应，《居延汉简》有载："鄣卒史赐盐三升。""入盐八斗七升，给鉼庭部卒卅人。"汉代边兵食盐标准，每月应是三升左右。

军用物资运输：

廿七年三月丙午朔，己酉库后，敢言之兵当输内史，在二春☐☐五石一

---

① 按《湖南里耶秦简》的记载：春小城旦却等五十二人积五十二日。日四升六分升。
☐等卅七人积卅七日，日四升六分升。　　　（8—214）（037）
② 当时分小石和大石。凡出谷小石十五石与大石的九石相等。即大石与小石之比为 10:6。

钧七斤，度用船六丈以上者四艘，谒令司空遣吏船徒取。敢言之。

8－1522 正

三月辛亥，迁陵守丞敦孤告司空主以律令从事/……昭（诏）行。

三月己酉，水下九佐赾以来/釦手☐①　　　　　　8－1522 背

军用马匹（马政）：在《周礼》夏官司马属官中，有"校人掌王马之政。"② 并规定："凡军事，物马而颁之……"。之所以称夏官为司马者，"兵官而曰马者，古以车战军政莫重于马也"。③ 周孝王年间，秦人非子以善养马闻名，"（周孝王）赐姓嬴，今其后世亦为朕息马，朕其分土为附庸。"④ 由是秦人以养马立国，秦穆公时期"发革车五百乘，畴骑二千，步卒五万纳重耳于晋"⑤，畴骑者，即为骑兵。当时虽然存在着骑兵，但是尚未大规模出现于中原各国，随着列国之间战争的频发以及应付游牧民族的侵扰的需要，中原各国逐渐抛弃了车战，并大规模建立骑兵部队，"古以车战，春秋时郑晋有徒兵，而骑兵盖始于战国之初。"⑥ 战国时期，骑兵大量出现，成为各国的主力军队，《战国策》中记载：燕国骑六千、赵国骑一万、魏国骑五千、秦国骑一万、楚国骑一万等。发展到秦汉时期，军马是军队、特别是边防军在战斗中夺取胜利的重要保障。汉武帝先后三次发兵数十万北击匈奴，其中一次便征调马二十四万匹⑦。史称："马者，甲兵之本，国之大用。安宁则以别尊卑之序，有变则以济远近之难。"⑧ 因此，马匹对国家来说，无论是和平时期、还是战争时期都是必不可少的装备。

为了打造一支具有较强战斗力的骑兵，政府在战马的选择以及战士的遴选上都有着严格的标准，《睡虎地秦墓竹简》中就记载了当时秦国的战马选择标准："募马五尺八寸以上，不胜任，奔挚（絷）不如令，县司马赀二甲，令、丞各一甲。先赋募马，马备，乃粼从军者，到军课之，马殿，令、丞二甲，司马赀二甲，法（废）。"⑨ 当时规定，募集战马必须在五尺八寸以

---

① 《湖南龙山里耶秦简》，《湖南出土简牍选编》，湖南岳麓书社2013年版。
② 按照《周礼》制度中规定，天子应有马3456匹；邦国有马2592匹。
③ （清）刘沅辑注：《周官恒解》，卷四，清刻本。
④ 《史记·秦本纪》。
⑤ 《韩非子·孤愤》。
⑥ （宋）王应麟：《困学纪闻》，卷五，明万历刻本。
⑦ 《史记·武帝本纪》。
⑧ 《后汉书·马援传》。
⑨ 睡虎地秦竹简整理小组：《睡虎地秦墓竹简》，文物出版社1978年版，第132页。

上，如果不堪用，或者战马在奔驰或者羁系中不听指挥，县司马罚甲二，县令、县丞各罚一。征集战马时，马数已足，即要从军中选用骑兵，并且对战马进行考核，如果战马评为下等，县令、县丞各罚甲二，县司马罚甲二，并且革职永不叙用。当时选择骑兵亦有其法，"取年四十以下，长七尺五寸以上，壮健捷，疾超绝伦等，能驰骑彀射，前后左右周旋进退，越沟堑，登丘陵，冒险阻，绝大泽，驰强敌乱大众者，名曰武骑之士。"① 为了保证战马的供给，政府设立专门掌管马政的官员，如秦国设立宫僦、大厩、外厩以及中厩诸多名目，负责饲养马匹，汉承秦制，在中央置太仆寺，管理六厩，"太仆寺诸苑三十六所，分布北边、西边，以郎为苑监，官奴婢三万人，分养马三十万头，则取教习给六厩。"② "六厩谓未央、承华、騊駼、龙马、辂軨、大厩也，马皆万匹。武帝承文景蓄积，海内殷富，厩马有四十万匹。"③ 维持如此庞大规模的马匹饲养与训练给国家造成了巨大的财政负担，马的饲料，包括麦、粟和苜蓿，《居延汉简》的记录，基本上是"日食马二斗"。《盐铁论》中记载："夫一马伏枥，当中家六口之食"④，况且当时马匹稀少，而马价尤贵，秦汉之交，"马一匹则百金"⑤，百金者，汉文帝叹到："百金，中人十家之产也。"⑥ 汉武帝时期虽然国家最为强盛，然则"天下马少，平牡马匹二十万（钱）"⑦，及汉末时期，"马一匹至二百万（钱）"⑧。马价虽贵，饲养马的成本虽高，但是当时国家对于战马的需求却不能减少，武帝时"匈奴数寇边，遣卫青、霍去病发十万骑并负私从马凡十四万匹穷追，大破匈奴，汉马死者十馀万匹。"⑨ 对于战马的需求使得国家在在马政上不得不投入巨额的财政支出。

---

① 《六韬·武骑士》。
② （汉）卫宏：《汉官旧仪》，"补遗"，清武英殿聚珍版丛书本。
③ 《通典·职官》。
④ 《盐铁论·散不足》。
⑤ 《史记·平准书》。
⑥ 《汉书·文帝纪》。
⑦ 《汉书·武帝纪》。
⑧ 《文献通考》卷一百五十九。
⑨ 《通典·职官》。

三、君主和王室费用支出

(一) 服食费用

君主和贵族的饮食，按《礼记·内则》所记：

饭：黍、稷、稻、粱、白黍、黄粱、稰（晚熟谷）、穛（早熟谷）。

膳：臐（牛肉羹）、臐（羊羹）、膮（豕肉羹）、醢、牛炙、醢、牛胾、醢、牛脍；羊炙、羊胾、醢；豕炙、醢、豕、胾、芥酱、鱼脍；雉、兔、鹑鷃①。

羞：糗饵、粉酏。

饮：重醴、稻醴、清糟、黍醴、清糟、粱醴，或以酏为醴，黍酏、浆、水、醷（梅浆）滥；酒：清、白。

羞（滋味）：糗饵（熟米麦粉饼糕）、粉酏（粥）。

（美）食（目入君宴食所用）：蜗醢而苽食②，雉羹；麦食，脯羹，鸡羹、析稌、犬羹、兔羹；和糁不蓼，濡豚，包苦实蓼；濡鸡、醢酱实蓼；濡鱼、卵酱实蓼；濡鳖、醢酱实蓼；腶、修、蚳（白蚁卵）醢、脯羹，兔醢、麋肤、鱼醢、鱼脍、芥酱、麋腥、醢酱、桃诸、梅诸、卵盐③。

用现在的话来说，饭食有：黍米、小米、稻米、粱、白黍、黄黍；膳食有：牛肉羹、猪肉羹，烤牛肉、牛肉酱、大块牛肉、肉酱、肉丝，烤羊肉、大块羊肉、肉酱、烤猪肉、肉酱小猪肉、大块肉芥子酱、脍鱼、野鸡、兔肉、鹑鷃等；饮料有：醴酒，稻醴、黍醴、粱醴（各分清酒、糟酒），醋水，梅浆，清凉饮料。酒有清酒和浊酒。美味食品有米麦糕、粉、饼，各种肉质（犬、兔、鸡、鱼、麋、鳖等）羹类，桃乾、梅干等。

(二) 丧葬

（孟冬）饬丧纪，辨衣裳；审棺椁之薄厚、茔丘垄之大小、高卑厚薄之度、贵贱之等级④。在上古时期，一般墓葬都有陪葬品，视贵贱而有多少，多为死者生前的心爱物品或生产、生活用具（品）。

有的陵墓，并不是当时的人修筑的，而是后人由崇敬而产生修筑陵墓的

---

① 这些是上大夫之礼庶羞二十豆。
② 蜗醢，将蜗牛洗净，焯水，用姜水腌渍，撒上盐，剁成肉酱吃。也可用动物油封口，用火烤熟吃。
③ 此二十六种食物似乎都是人君宴会时所食用之物。
④ 《礼记·月令》。

举动。如盘古陵,有葬于南海的传说,于是有寄托后人思念的横亘三百余里宏伟古陵的遥想。又如黄帝陵和炎帝陵,因为他们开创了华夏文明,是中华民族的人文始祖,后人为了纪念这两位始祖,为他们修建了宏伟、庄重的陵墓。《史记》称:"黄帝崩,葬桥山。"现存黄帝陵高 3.6 米,周长 48 米;南有祭亭,山下有黄帝庙,占地约 8000 平米。史称,汉武帝于元封元年(前 105 年)冬巡北方后,曾到桥山祭奠,并在墓前修筑两座高约十米的土台。此外,河北高阳、甘肃兰州、河南灵宝、山东寿丘都有黄帝陵;又如炎帝陵,陕西宝鸡、湖北随州、湖南炎陵县、山西高平都有炎帝陵庙。一般来说,皇陵习惯于建筑在自己的统治中心即都城附近如从人力、物力、财力上考虑,也应该如此。所以明清时传说:江浙出文臣,两湖多将相,陕西埋皇上。

长沙马王堆出土丧葬祭奠、陪葬物品:包括副食品、调味品、酒类、粮食、漆器、陶器、梳妆用具、衣物、乐器竹器、木制和土制明器等。

食品原料:牛、羊、鹿、豕、豚、狗、勋、雉、鸡、鱼、鳙……

酒类:白酒、温酒、肋酒、米酒……

粮类:稻、黄粱、白粱、麦食、穄。

乐器:瑟、竽、铙、铎、锺、鼓、筑、琴、芡、帛、缂……

演出者:楚歌者、郑舞者、美人。

车:安车、大车、温车、辌车、轺车、叠车、牛车……

陪葬俑(三号墓),右方男子明童凡六百一十六人。右方女子明童凡百八十人[①]。

有学者认为,周秦以前,大都提倡薄葬,但自秦始皇开始,奢侈成风,不仅环境优美,还以"浩大的规模,磅礴的气势,奇巧的布局,精湛的工艺",成为传世的建筑杰作。实际上,贵族的厚葬之风,"古已有之"。如鲁成公二年(前 589 年),宋文公卒,始厚葬。用蜃炭,益车马,始用殉,重器备;椁有四阿,棺有翰桧[②]。更有甚者,是战国早期的曾侯乙墓。曾侯乙墓地在今湖北随州城郊西面三公里处的擂鼓墩。据文献记载,东周时的曾国,在今山东枣庄旧峄县和河南睢县等地,后统一于楚。在随国和邻近的京

---

① 见《马王堆汉墓出土西汉简牍》,《湖南出土简牍选编》,岳麓书社 2013 年版,第 146—205 页。

② 《左传》成公二年。"重器备",指用明器。"四阿",指棺椁四面成坡状,如房屋建筑。

山、枣阳及河南的新野都出吐过曾国铜器。曾侯乙墓面积约220平米，深约13米，无墓道，墓坑置椁，周围填木炭约12万斤，垒用木材380立方米；出土有大量金、青铜、玉、竹木等器具和竹简等随葬品共一万多件，其中仅钟磬等乐器青铜铸编钟64件，楚王赠送的镈钟一件，编磬32件，青铜或木质、竹质造鼓4件，瑟12件，琴2件，笙5件，排箫2件，竹笛2件，共八种124件，不仅种类全，数量多，而且制作精，保存完好，而且在地下保存2400多年，其音乐性能仍然良好。

秦始皇陵，地在今陕西临潼骊山，史称从开凿到建成前后历时39年，投入人工73万。有关地库情况，据司马迁说：穿三泉，下铜而致椁，宫观、百官、奇器珍怪徙藏满之……以水银为百川、江河、大海，机相灌输，上具天文，下具地理，以人鱼膏为烛，度不灭者久之。模拟天文地理形势，构成秦始皇的地下王国①。据考古发掘，证明此记不假。在陵东侧为兵马坑，占地二万多平米，中有陶俑、陶车马七千余件，包括步兵、骑兵、车马等兵种，象征左、中、右三军和一个指挥部，说明秦始皇死后仍想用武力威慑东方。

（三） 朝觐、聘问接待饮宴费用

朝觐，古代指诸侯谒见天子。春见曰朝，秋见曰觐。也包括非周王朝直接统治的王国部落，如《大戴礼·主言》：蛮夷诸夏，虽衣冠不同，言语不合，莫不来至，朝觐于王。朝觐之礼物，来自"农工商贾畜长"，"素封"者"朝觐聘享出其中。"② 所谓聘问，《礼记·曲礼下》云：诸侯使大夫往他国相问曰聘问。《周礼·秋官·大行人》：凡诸侯之邦交，岁相问，殷相聘。聘问之时，为表敬意，持有贽见之礼，此叫聘问纳币。聘礼的多少，视其贵贱而有不同。

古代重礼，朝、聘有献礼，也有饮宴、有馈赠。《诗·小雅·鹿鸣》云：鹿鸣，燕群臣嘉宾也。既饮食之，又食币帛筐篚，以将其厚意，然后忠臣嘉宾得尽其心矣。《诗》云："我有嘉宾，鼓瑟吹笙。吹笙鼓簧，承筐是将。""我有旨酒，以燕乐嘉宾之心。"

《诗·小雅·四牡》：劳使臣之来也。有功而见知则说矣。

《诗·小雅·常棣》：燕兄弟也。闵管蔡之失道，故作常棣焉。

---

① 《史记·秦始皇本纪》。
② 《史记·货殖列传》。

《诗·小雅·伐木》：燕朋友故旧也。自天子至于庶人，未有不须友以成者。

《诗·小雅·湛露》：诸侯朝觐会同，天子与之燕饮。

《诗·小雅·彤弓》：天子锡有功诸侯。"钟鼓既设，一朝飨之。"

春秋时期。鲁僖公二十九年（前631年）春，介葛卢来朝，舍于昌衍之上。公在会，馈之刍米。[疏] 引'正义'曰：《周礼·掌客》：天子待诸侯之礼，上公饔饩九牢，饔五牢，饩四牢……聘礼，卿饔饩五牢，禾米与子男同。注云：饔，古指熟食；饩，古指赠送粮食之类；牢，古指牛羊豕三者为一牢。

鲁僖公三十年（前630年），冬，王使周公阅来聘，飨有昌歜、白、黑形盐。按周朝礼法的规定：凡文治足以显扬四方，武功可以威震列国的国家君主，才具备以特殊物品宴请，以象征他的德行；进五味、献美好的粮食、虎形的盐，以象征他的功业。所以周公阅虽代表周王来聘，但就鲁国为他准备的宴飨，显然是超越规制。

时宴乐间，多喜赋诗，如：鲁襄公十九年，夏，卫孙林父帅师伐齐。季武子如晋拜师，晋侯享之。范宣子为政，赋《黍苗》①。季武子兴，再拜稽首曰：小国之仰大国也，如百谷之仰膏雨焉。若常膏之，其天下辑睦，岂唯敝邑。赋《六月》②。季武子以所得于齐之兵作林钟，而铭鲁功焉。林钟，律名。铸钟声应林钟，因以为名。《正义》曰："月令"季夏律中林钟，是林钟，六月之律名也。周语云：景王将铸无射，问律于泠州鸠（泠州鸠，周景王之乐官。）对曰：律所以立，均出度也。古之神声，考中声而量之以制度，律均钟，百官轨仪。贾逵云：律谓六律、六吕，以均钟大小清浊也。考成也，成，平也。平中和之声，度律吕之长，以立均钟，已成和平之声。而百官之道，得象而仪之，是言度律吕长短然后铸钟，钟声应律，遂以律名钟，此钟声应林钟，故以林钟为名。臧武仲谓季孙曰：非礼也！夫铭，天子令德（天子铭德不铭功），诸侯言时计功，大夫称伐。今称伐，则下等也（鲁之伐齐也，借人之力，功非己有）；计功，则借人也；言时，则妨民多矣，何以为铭！且夫伐小，取其所得以作彝器，铭其功烈，以示子孙，昭明德而惩无礼也。今将借人之力以救其死，若之何铭！小国幸于大国，而昭

---

① 《黍苗》，见《诗·小雅》。美召伯劳来诸侯，如阴雨之长黍苗也。喻晋君优劳鲁国犹召伯。
② 《六月》，尹吉甫佐天子征伐之诗，以晋侯比吉甫出征以匡王国。

所获焉以怒之，亡之道也①。这里表明：鲁国赋诗过称，铸钟违制。既不合乎礼，又不符合制，所以遭到谴责。

鲁襄公二十年，冬，季武子如宋，报向戌之聘也。褚师段逆之以受享，赋《常棣》之七章以卒②。宋人尽赂之。归复命，公享之。赋鱼丽之卒章《鱼丽》③，卒章曰：物其有矣，维其时矣。喻聘宋得其时。公赋《南山有台》④，取其乐只君子，邦家之基，邦家之光。喻武子奉使能为国光辉。武子去所曰，臣不堪命也⑤。

《左传》襄公二十九年，吴公子札来聘，见叔孙穆子，"请观于周乐⑥。使工为之歌《周南》《召南》。曰：美哉！始基之矣（王化之基）。犹未也（犹有商纣，未尽善也）。然勤而不怨矣。为之歌《邶》、《鄘》、《卫》，曰：美哉！渊乎！忧而不困者也。吾闻卫康叔武公之德如是，是其卫风乎！为之歌王⑦。曰：美哉！思而不惧，其周之东乎。为之歌郑。曰：美哉！其细已甚，民弗堪矣，是其先亡乎……为之歌《颂》，曰：至矣哉！直而不倨，曲而不屈，迩而不偪（谦退），远而不携，迁而不淫，复而不厌（常日新），哀而不愁（知命），乐而不荒（节之以礼），用而不匮，广而不宣，施而不费，取而不贪，处而不底（守之以道），行而不流（制之以义），五声和，八风平（八方之气），节有度（八音克谐），守有序（无相夺伦），盛德之所同也。"⑧

(四) 赏赐

有周一代，周王的赏赐有严格的规定。《周礼》记载：司勋掌六卿赏地之法，以等其功。王功曰勋⑨，国功曰功⑩，民功曰庸⑪，事功曰劳⑫，治功

---

① 《左传》襄公十九年。
② 尽八章。武子所赋。取二国好合，宜其室家，相亲如兄弟。
③ 《诗·小雅》。
④ 《诗·小雅》。
⑤ 《左传》襄公二十年。
⑥ 鲁以周公故，有天子礼乐。
⑦ 王，《黍离》也。幽王遇西戎之祸，平王东迁，王政不行于天下，风俗下与诸侯同，故不为雅。
⑧ 颂有殷鲁，故曰盛德之所同。
⑨ 辅助幼王成其王业，如周公辅成王。
⑩ 保全国家之功，如伊尹。
⑪ 法施于民，如后稷，以先王之业力农事。
⑫ 以劳定国，如禹。

曰力①，战功曰多②。凡有功者，铭书于王之大常，祭于大烝，司勳诏之③。如赏赐土地，已于前述。天子赐有功诸侯，按《诗·小雅·彤弓》注云：彤弓，朱弓。诸侯敌王所忾而献其功，王享礼之，于是赐彤弓一，彤矢百，玈弓矢千。凡诸侯赐弓矢，然后专征伐。此事例又见于《左传》文公四年。僖公二十八年，晋文公（师）败楚于城濮，王享醴，命晋侯宥……策命晋侯为侯伯，赐之大辂之服、戎辂之服、彤弓一，彤矢百，玈弓矢千④。

四、官俸支出

按《史记》记载，黄帝时有诸侯、左右大监，风后、力牧、常先、大鸿诸官；尧时"信饬百姓，众功皆兴"；舜有十二牧，四岳等22人。这些人，可能是长期脱离生产的专职人员，"三考黜陟"，要定期接受考察，应在公共积累中给予适当补偿。

夏商官员之俸禄，难于考证。这也不足为怪，因为孟子对周室班爵禄的事也不知其详。史称北宫锜问孟子："周室班爵禄也，如之何？"孟子曰："其详不可得闻也。"⑤ 这是什么原因？按孟子所说，各国诸侯为了利己之私，不愿公布有关典章制度，这是他们认为这些典章制度所公布的礼制、法制、税制等等不利于他们的独立特行，所以他们把典章制度搁置一边，废弃不用。但这并不是说孟子一概不知，他对周的典章制度还是大略知道一些的。如关于官爵，中央官分五等：天子一位，公一位，侯一位，伯一位，子、男同一位。行政官分为六等：君、卿、大夫、上士、中士、下士。

天子和地方官员在土地占有方面享有的经济特权：天子之制，地方千里，公、侯皆方百里，伯七十里，子男五十里。不足五十里者附于诸侯，曰附庸。

大国（公侯之国）地方百里。君禄为卿禄的十倍，卿禄为大夫四倍，大夫为上士一倍，上士为中士一倍，中士为下士一倍，下士与庶人在官者同禄。"禄足以代其耕也。"

次国（君为伯）地方七十里，小国（子男之国）地方五十里。

---

① 制法成治，如咎繇。
② 克敌出奇，如韩信、陈平。
③ 《周礼·夏官·小司马》。
④ 《左传》僖公二十八年。
⑤ 《孟子·万章下》。

再看与此同时的农民状况：一夫百亩，百亩之粪，上农夫食九人，上次食八人，中食七人，中次六人，下食五人。"庶人为官者，其禄以是为差。"①

按《礼记·王制》的记载：

王者之制禄爵，公、侯、伯、子、男，凡五等。诸侯之上大夫卿、下大夫、上士、中士、下士凡等。

天子之田方千里，公侯田方百里，伯七十里，子、男五十里。不能五十里者，不合于天子，附于诸侯，曰附庸。

制农田百亩，百亩之分，上农夫食九人，其次食八人，其次食七人，其次食六人，下农夫食五人，庶人在官者，其禄以是为差也。

诸侯之下士，视上农夫，禄足以代其耕。

诸侯之于天子也，比年一小聘，三年一大聘，五年一朝。天子五年一巡守。

按孟子所说，可用倒推法，以下农耕一百亩，其收入可供五口之家食用，或中次耕一百亩，其收入可供六口之家食用。按"下士与庶人为官者同禄"的制度，那么，作为国君，他的俸禄收入就相当于三百多个下农的收入，只是他的收入中，有些时候还要承担应由公费分担的部分。

按《里耶秦简》的记载，一个县级的地方官员编制，也还是不少的：

吏凡百四人，缺卅五人。 今见五十人。　　　　　　　　8-1141

官啬夫十人　其二人缺，三人徭使，今见五人。

校长六人②，其四人缺，今见五人。

官佐□十三人，其一人缺，廿二人徭使，今见廿四人；牢监一人；仓吏三人，其二人缺，今见一人。

凡见吏五十一人③。　　　　　　　　　　　　　　　9-631

其中所记载的地方官俸禄：

定领杂米三万七千卅八斛八斗五升七合。　　　　　　简12-1

还司马周图二年奉（俸），起嘉禾二年五月有闰月，讫闰三年三月卅日，月三斛，除小月。　　　　　　　　　　　　　　　　　简12-2

---

① 《孟子·万章下》，《礼记·王制》同。
② 校长，掌守护陵园，又主兵戎盗贼事。
③ 《湖南龙山里耶秦简》，《湖南出土简牍选编》，湖南岳麓书社2013年版。

其五斛□土黄龙元年限米。　　　　　　　　　　　简12-3
其卅二斛一升，吏民备船师栂朋傅史。建安廿六年折咸米。　简12-6
民还黄武七年麦种，准米七斛五斗。　　　　　　　简13-1
吏帅客，嘉禾元年，限米一百九十七斛七斗。　　　简13-2
其五百九斛三斗，嘉禾元年邮卒限米。　　　　　　简13-3
其九斛，男子郭元所宽赋。黄勳，黄龙三年牛贾米。　简13-4
其十六斛七斗，盐池司马邓邰黄龙三年池贾米。　　简13-5
其一百八十斛一升，黄龙二年税米①。　　　　　　简13-6

五、城市、水利交通建设支出

（一）百工（考功）

（季春）命工师，令百工审五库之量，金、铁、皮、革、筋、角、齿、羽、箭、干、脂、胶、丹、漆，毋或不良。百工咸理，监工日号，毋悖于时，毋或作为淫巧以荡上心。

（孟冬）是月也，命工师效功。陈祭器，按度程，毋或作为淫巧，以荡上心，必功致为上。

（孟冬）物勒工名，以考其诚；功有不当，必行其罪，以穷其情②。

（二）城市建设

从考古发掘得知，在良渚遗址（距今5200—4300年）中发现一座古城遗址，面积达300万平米，宫殿占地30万平米。初步估计要一万个劳动力四年才能完工。在二里头文化遗址，发现一座精心规划庞大有序的都邑，有最早的城市道路系统，庞大的宫殿建筑群，其中有一座青铜作坊，被考古专家誉为最早的"紫禁城"。

关于商代都城。在郑州发掘出商代中期都城遗址。总面积达25平方公里，断代在前1500年左右。商代后期王都宫殿遗址，位于今河南安阳小屯村。已发现五十多处宫殿建筑遗址。其中在北部的宫殿遗址有十余座，时代偏早；在中部的宫殿遗址有二十余座，属二、三期；在南部也有十余座。

在西周，对城市建筑，在时间和规模上都曾做出过原则性的规定，如《礼记·月令》所记：（孟秋）修宫室，坏墙垣，补城郭。是月（仲秋）

---

① 《长沙走马楼三国吴简》，《湖南出土简牍选编》，湖南岳麓书社2013年版。
② 均见《礼记·月令》。

也，可以筑城郭，建都邑，穿窦窖，修囷仓。（孟冬）……命百官谨盖藏。命司徒循行积聚，无有不敛。坏城郭，戒门闾；修键闭，慎管钥；固封疆，备边，完要塞，谨关梁，塞徯径。

至于春秋时期的城市建设，大多是由于军事的原因，即从国家安全角度考虑为多。如：

鲁隐公七年（前716年），"夏，城中丘"。中丘，鲁国地名，今山东临沂东北。此事不大，孔子为什么要把它保留在《春秋》里呢？原来是建中丘城在夏季，选在这个时间调发劳动力建城，有违国家关于"农时"的规定。至于是否是国防安全需要，他没有说明。九年，"夏，城郎"。同样又是在农业生产大忙时节调发劳力建城。在短短的几年内，两次违规在夏季农忙时间大搞建筑，这种行为理应遭到谴责。

鲁庄公二十八年（前666年），冬，饥。告籴于齐。筑郿，非都也。凡邑，有宗庙先君之主曰都，无曰邑。邑曰筑，都曰城。二十九年，冬十二月，城诸及防。诸、防，皆为鲁邑。这两座城并非是"备难而兴作"。《传》称是"书时也"。即三务已毕，戒民以土功事。

鲁僖公元年（前659年），诸侯救援邢国。夏，邢迁夷仪，诸侯为其修筑城池。二年，诸侯城楚丘而封卫焉。注称天子之建诸侯，必分之土地，立其疆界，聚土为封以记之，故建国谓之封国。卫是旧国，今云封者，以其君死国灭，更封建之，故云封也。

鲁襄公十八年（前555年）楚师伐郑，右师城上棘（位于河南禹县西北）。为渡颖水，在水边筑小城，以为进退之备。

楚国都城建设支出。根据《世本·居篇》所记，楚王之居，"楚鬻熊居丹阳"，"武王迁郢"。熊狂居京宗，熊绎居丹阳（事成王）。按清华竹简《楚居》所说：楚自武王之后，王居多称郢（郢非固定的地名，而是王居的通称）。在战国时期的楚肃王（前380—前370年）之前，有郢字的王居有疆郢、湫郢、樊郢、为郢、免郢、箬郢、睽郢、㵉郢、鄂郢、鄢郢、蓝郢、崩郢、并郢、鄩郢等十四个。其中：

樊郢，地在今湖北襄阳樊城，楚文王始居。此后，穆王、庄王、共王、康王、郏敖、灵王、昭王等都曾居此郢。为楚之重要都邑。

为郢，今淅川丹江口水库一带，有蒍氏家族墓地。

鄂郢，地在今河南南阳北。

鄢郢，地在今湖北宜城。

疆郢,是武王和文王旧居。

崩郢,《说文》,沛城父有崩乡,在今安徽亳州市东南(乾溪附近)。

并郢,当距崩郢不远,或即其的一部分。

在城市建设方面,并非随意。如楚庄王十六年(前598年),令尹蒍艾猎(孙叔敖)城沂(沂,楚邑。地在今河南正阳县境内)。首先,"使封人虑事,以受司徒。量功命日,分财用,平板干,称畚筑,程土物,议远迩,略基址,具糇粮"。然后"度有司。""事三旬而成,不愆于素。"① 这里的工作程序是:先把筑城的事交由主管工程官员去设计(拟定)建筑计划,包括计算工程总量、预计施工日期、筑作工器具及物料、运土工具、运土远近、运土工作量、以及要吃多少粮食等等,计量后送有司。筑城工期为三十天。在规定的时间内如期完成。

又周敬王十年(前510年),秋八月,王使富辛与石张如晋,请城成周(修成周之城),以弛周室之忧(子朝之乱后,其余党多在王城,构成威胁)。冬十一月,"己丑,士弥牟营成周。计丈数,揣高卑,度厚薄,仞沟洫,物土方,议远迩,量事期,计徒庸,虑财用,书糇粮,以令役于诸侯,属役赋丈。书以授帅,而效诸刘子,韩简子临之,以为成命。"② 这是由各诸侯国分担修筑成周之城的整个计划。说明无论是中原各诸侯国筑城,或是南方楚国筑城,都是预先有周密计划(包括财务计划),事中、事后有监督检查的。

(三) 河渠水利

我国是世界上少有的以政府为领导,财政提供支持,民众为劳动力修建水利设施的国家。河渠水利,最早流转的是"尧有九年之水"。从史书上看,尧为首领时,岂止是九年之水!尧舜统治时期,大部分时间是水患为灾,久治无果经启用大禹,耗时十三年才使洪水基本平复,虞舜晚年过了几年安静日子。后世学者顾炎武因此说:"黄河载之《禹贡》,东过洛汭,至于大伾;北过洚水,至于大陆。又北播为九河,同为逆河入于海者。"又说:"《禹贡》之言治水也,曰播、曰潴。水之性,合则冲,骤则溢,故别而疏之,所以杀其冲也。又北播为九河是也。旁而蓄之,所以节其溢也,大野既潴是也,必使之有所容而不为暴。然而钟美可以丰物,流恶可以阜民,

---

① 《左传》宣公十一年。
② 《左传》昭公三十二年。

而百姓之利,溥是而兴矣。不然,堤之障之,偪之束之,使之无以容其流,而不得不发其怒,则其不由地中,而横出于原隰之间,故无怪其然也。"[1] 这里说明,治水之道,首先要懂得水性,顺其性,分其流,释其威,然后可得以治理,达到钟美可以丰物,流恶可以阜民的理想模式。

有周一代,一开始就注意防洪、防止水患害民。按《礼记》所记:

(季春)命司空曰:时雨将降,下水上腾,循行国邑,周视原野,修利堤防,道达沟渎,开通道路,毋有障塞。

(孟秋)完堤防,谨壅塞,以备水潦[2]。

吴王夫差十年(前486年),"吴城邗,沟通江淮"。注称吴在邗江筑城,穿沟,东北通射阳湖,西北至末口入淮,通粮道也[3]。此为中国开凿运河运粮之始。

秦国的都江堰是战国时期著名的水利设施。《史记·河渠书》记载:"蜀守冰凿离碓,辟沫水之害,穿二江成都之中。此渠皆可行舟,有余则用溉浸,百姓飨其利。"这是由地方政府带领民众修建水利设施的典型事例。

另外,《史记·河渠书》还记有"西门豹引漳水溉邺,以富魏之河内。"郑国渠对农田的灌溉作用也非常巨大,"渠就,用注填阏之水,溉泽卤之地四万余顷,收皆亩一钟。于是关中为沃野,无凶年,秦以富彊,卒并诸侯,因命曰郑国渠。"

六、文化教育科学技术支出

(一)文化教育支出

1. 文字创作

中国的文字(汉字)据传可上溯到史前的伏羲氏,以鸟兽纹作八卦。应该说这是象形文字的开始。

柳湾出土陶器上的彩绘符号(部分):| \ / ○ △ ▽ ‖ × ∧ ∨ ⌞ + — 三 □ ⊠

西安半坡遗址出土的陶片上的文字记号(部分):| ‖ ⇈ × + 毒 ∀

此外,山东莒县大汶口文化遗址、河南郑州商代早期文化遗址、河北藁

---

[1] 《日知录》卷十二,"河渠"。
[2] 见《礼记·月令》。
[3] 《左传》哀公九年。

城商代中期文化遗址等出土的陶片，也有文字记号发现。虽然记载不多，字形单调、不连贯，可能当时还未形成文字制造规则，所以，其语意对今人来说并不明白。只有到商代，刻于甲骨上的卜辞，字形大体上已基本固定，刻写上也具有一定规律，中国文字创造在此时已进入到一个新的阶段。根据今人辨认，在农具方面有力、耒、耜（木质起土工具），辰、辳（清除草木的农具），刀、剥（收割用农具），男、耤（耕田农具）等。畜牧方面有刍、牧、牢（牛圈）、厩（马圂）、（猪圈）等。交通工具有车、辇、舟等。武器方面有戈、钺（斧钺），刀、弓、矢、射、盾等。由此也可看出商代经济文化的兴旺。

2. 文字变化

春秋战国时期，言语异声，文字异形。在楚简上可看出瑰丽奇谲，文体偏宽，笔画孤转的楚国文字。显示出地方五千里、带甲百万的大楚雄风。

秦统一前的文体，华丽庄严，典雅大气的小篆；统一后的文体，苍劲朴拙，简约严谨的古隶（汉朝的隶书华美而富有装饰风格。东汉才出现笔画平直、字体方正的新书体）因各国言语异声，文字异形，丞相李斯乃奏同之。罢其不与秦文合者。相传是时秦烧经书，涤除旧典；大发吏卒，兴戍役，官狱事务繁，初有隶书即为适应当时浩繁的行政建设事务和军事活动，必须有一种简便的字体来进行记录和上下行文，所以程邈作隶书①。

慈利城关石板村 36 号墓（战国中期）士一级贵族墓。陶器有鼎、敦、壶。漆木器有弓、瑟；青铜器有鼎、剑、铎、镜、矛、钺、箭头等；竹简 4371 枚。传世文献有《国语·吴语》、《逸周书·大武》、《管子》、《宁献子》等。《国语》是我国目前出土最早的手抄本。同时我们也看到，《逸周书》在战国时即已流传。

3. 文化艺术

自上古以来，中国古代的先民们在劳动中创造了音乐，准确地说是劳动者的歌。那时，只有歌者发自内心的声音，歌词也是临时编的，曲调也不固定，即兴现编现唱。后来音乐进入了皇家宫廷。中国最早的诗歌总集《诗经》，其中有不少诗歌是中央派人下民间采风收集上来的，内容十分质朴、自然、直接，它在一定程度上真实地反映了当时人们的切身感受和要求，如《硕鼠》、《伐檀》等诗篇，脍炙人口，经久流转不息。

---

① 《湖南出土简牍选编》，湖南岳麓书社 2013 年版。

进入宫廷的诗配乐,成了雅乐、清音,被誉为"金声玉振"、"八音和鸣"。因是在庙(殿)堂上唱:或迎接宾客而歌,或为祭祀而唱,前者隆重得体,后者隆重、肃穆,这时不仅有歌、有舞,还必须按照"礼"的规定演奏,使礼、乐、歌、舞融为一体。这时,不仅有歌者、舞者,还有乐师、鼓师等专业队伍。

关于"金声玉振"、"八音和鸣",应该是指的乐器和演奏。史称古代的乐器,是按"礼"的规定,用八种不同的材料制作而成的乐器,即钟(青铜制造)、磬(石制)、埙(土陶制)、鼓(皮革。圆木桶两头用皮革蒙严实,供击打)、琴、瑟(丝。弦用丝作)、柷敔(木制)、笙、匏、笛、箫、排箫、篪(竹制)即包括金、石、土、木、皮革、丝、匏、竹等八种材料制作的多种乐器,即所谓八音。

我们从考古发掘出来的曾侯乙编钟,就很能说明问题。曾侯乙墓出土的乐器,其中仅钟磬等乐器青铜铸编钟64件,楚王赠送的镈钟一件,编磬32件,青铜或木质、竹质造鼓4件,瑟12件,琴2件,笙5件,排箫2件,竹笛2件,共八种124件,不仅种类全,数量多,而且制作精,大气典雅,尽显王家气派。"兴于诗,立于礼,成于乐",作为礼乐之器曾侯乙编钟,它不仅是庙堂的礼乐器具,而且也是地位身份的显示;不仅蕴含了丰富的礼乐文化,而且体现出曾国人以礼乐约束和规范自身行为的教化工具。由于编钟上有3755个字的铭文,其中大部分文字是介绍编钟的悬挂和编钟的使用方法,28个律名和66个阶名,以及曾国与楚、晋、齐、申、周等国的律名的对应关系,它为我们今后进一步研究中国音乐发展的历史、研究打击乐器和乐舞在音乐史中的地位,乃至进一步研究江汉文化和中原文化的关系等等方面添加了一个新的领域①。

古代中国重视礼,在重要的时间、地点必须演礼。如饮宴宾客或祭祀天地神灵、先祖、先王,都要演奏,其内容注重礼仪,崇尚肃雅。《诗》云:"我有嘉宾,鼓瑟吹笙。"② 不仅周王如此,各诸侯国也如此,史称鲁隐公五年(前718年)九月,"考仲子之宫将万焉。公问羽数于众仲。对曰:'天子用八,诸侯用六,大夫四,士二。夫舞所以节八音而行八风,故自八以

---

① 参见《北京晚报》2015.10.16"编钟之问"。
② 《诗·小雅·鹿鸣》。

下'。公从之。于是初献六羽，始用六佾也。"① 这就是说，祭仲子庙，准备在庙中献演"万"舞。隐公问众仲执羽跳舞的人数。众仲答，天子用八佾（列），诸侯六列，大夫四列，士二列。每列八人。作为舞来说，是配以美妙的音乐，合用金、石、土、革、丝、木、匏、竹等制成的乐器，来传播来自各地方的风情，所以人数在八列以下。从这里看出，仅是一个执羽舞，天子就要有八队六十四名舞者，诸侯四十八名舞者，可见当时仅供养歌舞人员就不少。

（二）科学技术支出

从考古发掘出土的文物来看，中国是世界上科技发明的领先者。举例来说：

出土青铜器体型巨大、气势雄伟的商代兽面纹鹿耳四足青铜甗（蒸煮用炊具）。

四川三星堆青铜神树。

湖南宁乡黄材出土、被誉为中国青铜铸造史最杰出的作品四羊方尊后母戊。

西周乐器云纹青铜大铙。

战国楚大鼎。口沿刻有铭文十二字。前足和腹部均刻有"安邦"二字。为楚国重器。

越王勾践剑。剑身修长。上铸阳文鸟篆书"越王鸠践，自作用剑"。被称为"天下第一剑"。

以上都是公共权力的重要器具，所以都由财政提供资金打造。

在乐器的制作上，古代也达到了最高水平。从考古发掘出来的曾侯乙编钟，就很能说明问题。有学者认为，作为乐器，随县曾侯乙编钟的铸造技术和性能，在世界乐器史中独树一帜。公元前5世纪，中国人在掌握了青铜冶炼技术千余年以后，又熟练地掌握了'一钟双音'的制造技术。用此技术铸造的乐钟，音域可在五个八度以上；它的中音区部分，十二律齐备，可以轻松转调，音乐表现力强。虽然在地下保存了2400多年，其音乐性能仍然良好。其中，编钟在设计与装饰上，也是美不胜收，大气典雅，尽显王家气派。"兴于诗，立于礼，成于乐"，作为礼乐之器曾侯乙编钟，它不仅是庙堂的礼乐器具，而且也是地位身份的显示；不仅蕴含了丰富的礼乐文化，而

---

① 《左传》隐公五年。

且体现出曾国人以礼乐约束和规范自身行为的教化工具。铸造编钟，与当时的经济、文化、科技的发展水平和社会环境有很大关系，曾国地近强楚，受周、楚两国的政治干扰较少，而南有铜矿资源，内有铸造技术，于是成此大作①。

（三）中医药支出

相传神农尝百草，发现山上的草木植物可以治病，开创了中国的中医药学。从甲骨文字中我们发现，到了商代，一批专门从事医学研究人员对人的身体的各个部分所发生的疾病，已有了比较系统的认识。从甲骨文中获知，当时的常见病有疾首、疾目、疾耳、疾自（鼻）、疾口、齿、舌、言（咽喉）、胸、腹、手、肘、胫、止（脚掌）、骨等等。如"王疾首，亡祉。"意即商王的头脑得了病，可能是患了头痛、脑热一类的伤风感冒的病，但很快就治好了。说明这时已形成了专门从事治病的医生，国家因此还设置了专门的管理机构和管理人员—小耤臣。发展到春秋时期，中医、中药已经有内科、外科的区分（人、畜均分内、外科）。据《周礼》记载：有食医、疾医、疡医和兽医。"食医掌和王之六食、六饮、六膳、百羞、百酱、八珍之齐。"齐，调理。即主掌王一年四季的饮食搭配（调剂）。"疾医，掌养万民之疾病。"即春天的头痛、感冒；夏天有湿疹、慢性皮肤病；秋天有疟疾、寒病；冬天有气管炎症。四时皆有急性传染病（疠疾）。"疡医掌肿疡、溃疡、金疡、折疡之祝药，劀杀之齐。"指跌打损伤及其他外科、骨科等方面的疾病。"兽医掌疗兽病，疗兽疡。"指马、牛、羊、鸡、犬、猪等发生的瘟疫、皮肤及骨折之类的内外伤病。对医师的考核，凡人的病，以治愈率的高低为五等；对牲畜，以其死亡之数为进退。

马王堆汉墓出土十种医书：《十问》、《天下至道》、《合阴阳》、《杂禁方》等。《马王堆汉墓医书竹简》（《十问》）：

黄帝问于天师曰：万物何得而行，草木何得而长，日月何得而明……

黄帝问于大成曰：民何失而壅。色麄釐黑而苍，民何得而奏理靡曼鲜白有光

黄帝问于曹熬曰：民何失而死，何得而生？

黄帝问于容成曰：民始薄淳溜刑何得而生？溜刑成膣何失而死？何曳之

---

① 参见《北京晚报》2015.10.16"编钟之问"。

人也;有恶有好,有夭有寿,欲闻民气赢屈伸张之故①。

由于内容较多,对尧问舜、王子乔父问彭祖、帝盘庚问耇老,禹问师葵等其余六问,此处从略。

(四) 天文气象支出

在天文气象上。随着农业种植已融入人们的日常生活,随着人类对栽培植物果实的依赖,他们也在关心植物的生长同气象的关系,由此,他们熟悉了太阳早上从东方升起、傍晚在西方落下,气温由温暖到炎热、再逐渐转凉到严寒的四季变化,太阳灼热、月亮清冷、月亮有圆有缺;而种植作物的成长、收获又同气象有着密切的关系,因此他们在摸索气象变化的同时,也总结出一套历法方面的知识(气象变化经验)。由于对太阳的依赖,所以把太阳形象地刻在陶器上。1972 年在河南郑州大河村出土的太阳纹陶片,就是一个有力的证据。可见,古代先民在生产劳动中,由对天地间万事万物(包括天体气象)从崇拜到认识,再到利用自然,长年累月中积累了经验,总结了规律。但这还远远不够,屈原在他的《天问》里,展示了当时人民对自然的探索精神。他提了一系列问题:"遂古之初,谁传道之? 上下未行,何由考之? 冥昭瞢暗,谁能极之? 冯翼惟象,何以识之? 明明暗暗,惟时何为? 阴阳三合,何本何化? 圜则九重,孰营度之? 惟兹何功,孰初作之? 斡维焉系? 大极焉加? 八柱何当? 东南何亏? 九天之际,安放安属……天何所沓? 十二焉分? 日月安属? 列星安陈……所行几里? 夜光何德,死则又育?"② 屈原所提的这些问题,说明人类对天文气象的研究,还有待于进一步深入。

七、养老、抚恤救济等社会保障性质的支出

(一) 日常社会保障支出

中国文字中的"养"字,其内容十分丰富。其基本意义是"育也。长也。"(《玉篇》)"供养也。"(《说文》)他如养人、养士、养化(教化)、养民、养生送死、养幼、养老、养君、养志、养身、养兵、养孤、养病、养疾、养廉、养济、养赡等等,关涉人和事的众多内容。

古代重视人(民),是传统的美德,也是政治和经济的需要,社会的需

---

① 《湖南出土简牍选编》,湖南岳麓书社 2013 年版。
② 《楚辞·天问》。

要。孟子曰：民为贵，社稷次之，君为轻。《尚书》云：民惟邦本，本固邦宁。其他如《淮南子》、《新书》等都有类似的论述。民为国之根本，民安则国安（邦宁）。历史上的变乱，大多是施政者不顾民生、苛剥人民的结果。所以，一些政治家、思想家曾经总结出一些治国理念，如"宜民宜人"；"德惟善政，政在养民"；"六府三事允治，万世永赖。"① 所以，政与民的关系，首先体现在"民生"上，凡制定治国方针、政策，规划国家发展方向，第一要考虑的也就是民生。只有当人民生活安定了，富裕了（不一定要有多少财富），则就可以实现王的"关石和钧，王府则有"的目标，国家政权也自然会巩固。

关于民生的保障，《周礼》的记载，大司徒的职责之一是"以保息六养万民。一曰慈幼，二曰养老，三曰振穷，四曰恤贫，五曰宽疾，六曰安富。"② 西周王朝制定的这一社会保障纲领，包括了今天我们所实行的社会保险、社会救济和社会福利等内容，至于自然灾害救济、教育扶助等方面，还有以本俗六安万民等规定。

西周初确立的社会保障纲领，它是有关这一制度发展到一定阶段的产物，既不是这一制度的初始，也不是这一制度的终结。根据现有的资料，我们在此试作简要的以说明。

养老、敬老，是中国自古以来载于典章制度，崇尚宣扬的社会道德风范。《诗经》中的《天保》篇，人称"天保九如"，为君祈寿，它代表了人们对老者的崇敬和祈愿。《诗》云："天保定尔，以莫不兴。如山如阜，如冈如陵；如川之方至，以莫不增……如月之恒，如日之升；如南山之寿，不骞不崩；如松柏之茂，无不尔或承。"多么诚恳的心，多么善良的愿望！在这种思想指导下，社会怎能不和谐。

养老敬老，首先出于感恩。以《诗》为证：

蓼蓼者莪，匪莪伊蒿。哀哀父母，生我劬劳。

蓼蓼者莪，匪莪伊蔚。哀哀父母，生我劳瘁。

瓶之罄矣，惟罍之耻。鲜民之生，不如死之久矣。

无父何怙，无母何恃。出则衔恤，入则靡至。

父兮生我，母兮鞠我。拊我畜我，长我育我。

---

① 六府，古指水、火、金、木、土、谷；三事指正德、利用、厚生。
② 《周礼·地官·大司徒》。

顾我复我，出入腹我，欲报之德，昊天罔极。

南山烈烈，飘风发发，民莫不谷，我独何害。

南山烈烈，飘风弗弗，民莫不谷，我独不卒①。

劬劳。病苦。力乏而病。劳瘁，尽心抚育，劳苦忧瘁。

此诗是说儿子长年在外服役，不能供养、侍奉父母。父母一生辛劳，担忧儿子在外，生死不明，致忧病缠身。思念父母生养哺育之恩，如天无穷，不知如何为报。

史称"凡养老，五帝宪，三王有乞言。"② 宪，法也。法其德行。按曾子所说，孝子之养老，包括精神的和物质的（服、食、寝居）两方面，关键又在思想品德方面的继承，所谓"父母之所爱亦爱之，父母之所敬亦敬之，至于犬马尽然。""有善则记之为惇史。"③

《礼记·王制》在回顾养老制度的发展时是这么说的："凡养老，有虞氏以燕礼，夏后氏以飨礼，殷人以食礼，周人脩而兼用之。五十养于乡，六十养于国，七十养于学，达于诸侯。"此节介绍虞夏殷周养老不同之事。《王制》[疏]引皇氏云：人君养老有四种：一是养三老五更；二是子孙为国难而死，王养死者父祖；三是养致事之老；四是引户校年，养庶人之老。按《文王世子》云："凡大合乐，必遂养老"。注引《正义》曰：此明合乐之时，天子视学于其，明日必遂养老。史称，周代天子设三老五更。《礼记·文王世子》云："遂设三老五更群老之席位焉。"注：三老五更各一人也。皆年老更事致仕者也。天子以父兄养之，示天下之孝悌也。名以三五者，取象三辰五星，天所因以照明天下者。之所以说燕礼（注称殽烝于俎，行一献之礼，坐而饮酒）、飨礼（依尊卑而献）、食礼（不饮酒，享大牢以礼食之），按现在的话说，就是请他们赴宴吃饭。

夏商周三代对符合条件的老人，有很多优待照顾。

"八十拜君命④，一坐再至，瞽亦如之；九十使人受。五十异粻，六十宿肉，七十二膳，八十常珍，九十饮食不离寝，膳饮从于游可也。"⑤ 按本文原注，这里是指卿大夫、士及庶人年老节制在家自养之法。随年为品也。

---

① 《诗·小雅·蓼莪》。
② 《礼记·内则》。
③ 《礼记·内则》。
④ 命，指君不亲飨食，必以其礼致之。
⑤ 《礼记·王制》。

五十始衰，食粮饮食应和青壮年不同。二膳，指饭食美好一些。

"五十始衰，六十非肉不饱，七十非帛不暖，八十非人不煖。九十虽得人不煖矣。""七十不俟朝，八十告存，九十曰有秩。""五十不从力政，六十不与服戎，七十不与宾客之事，八十齐丧之事弗及。""五十而爵，六十不亲学，七十致政，唯衰麻为丧。""凡三王养老皆引年。①八十者一子不从政，九十者其家不从政，废疾非人不养者，一人不从政。父母之丧，三年不从政；齐衰大功之丧，三月不从政；自诸侯来徙家，期不从政。"此处指致仕之老年和庶民之老者享受的优待。

《礼记·月令》：是月（仲秋）也，养衰老，授几杖，行麋粥饮食。《孟子·梁惠王下》中指出："少而无父者谓之孤，老而无子者谓之独，老而无妻者谓之矜，老而无夫者谓之寡。此四者，天民之穷而无告者也，皆有常饩。""瘖、聋、跛、躃、断者、侏儒，百工各以其器食之。"②对于哑（指口不能言）、聋、腿脚有毛病走路左右摇幌者（跛）、腿瘸（躃）、手脚肢断者和身材特别短小者，这些人身体有疾病，不能不养，但他们还有一定的劳动能力，"不可虚费官物"，可以"各以其器"，即用其所能，养活自己。

《礼记·月令》：（孟冬）赏死事，恤孤寡。"老吾老以及人之老，幼吾幼以及人之幼。"③"孔子曰：舜其至孝矣，五十而慕。"④五霸桓公葵丘之会，载书曰：初命曰"诛不孝"；三命曰"敬老慈幼"⑤"吾闻西伯善养老者……五亩之宅，树墙下以桑，匹妇蚕之，则老者足以衣帛矣；五母鸡，二母彘，无失其时，老者足以无失肉矣；百亩之田，匹夫耕之，八口之家，足以无饥矣。所谓西伯善养老者，制其田里，教之树畜，导其妻子，使养其老，五十非帛不煖，七十非肉不饱，不煖不饱，谓之冻馁。文王之民，无冻馁之老者，此之谓也。"⑥

孟子在这里倡导的是家庭养老。家庭养老的前提条件是百亩之田，五亩之宅；宅旁种桑养蚕，自养猪、鸡，这就保证老人有饭吃、有衣穿、有肉吃。属于自给自足的农家养老。而这种养老模式，产生于殷商时期。因西伯

---

① 养老以年为主，引年，指对老年人的优待，随年龄而增添。但随着社会的发展，人口的增加，老年人也日渐增多，国家无力全部承担，除了贤者之外，基本上都以家庭养老为主。
② 《礼记·王制》。
③ 《孟子·梁惠王上》。
④ 《孟子·告子下》。
⑤ 《孟子·告子下》。
⑥ 《孟子·尽心上》。

当年为殷朝大臣。是不是可以这么说，夏商时期的养老，包括国家养老和家庭养老相结合的形式。

管仲在齐国施行九惠之教："一曰老老，二曰慈幼，三曰恤孤，四曰养疾，五曰合独，六曰问疾，七曰通穷，八曰振困，九曰接绝。"

所谓老老者，凡国都皆有掌老。年七十已上，一子无征，三月有馈肉（官馈之肉）；八十已上，二子无征，月有馈肉；九十已上，尽家无征，日有酒肉，死，上供棺椁；劝子弟精膳食，问所欲，求所嗜。此之谓老老。

所谓慈幼者，凡国都皆有掌幼，士民有子，子有幼弱不胜养为累者：有三幼者无妇征，四幼者尽家无征，五幼又予之葆（保姆），受二人之食，能事而后止。此之谓慈幼。

所谓恤孤者，凡国都皆有掌孤。士人死，子孤幼，无父母所养，不能自生者，属之其乡党知识故人：养一孤者，一子无征；养二孤者，二子无征；养三孤者，尽家无征。掌孤数行问之，必知其食饮饥寒、身之胜（瘦）胜（肥）而哀怜之。此之谓恤孤。

所谓养疾者，凡国都皆有掌养疾。聋、盲、喑哑、跛躄、偏枯、握递（递，著也。谓两手相拱著而不申者谓之握递。）。不耐自生者。上收而养之疾（既收养，又给治病），官而衣食之，殊身而后止。此之谓养疾。

所谓合独者，凡国都皆有掌媒。丈夫无妻曰鳏，妇人无夫曰寡，取鳏寡而合和之，予田宅而家室之，三年然后事（谓供国之职役也）之。此之谓合独。

所谓问疾者，凡国都皆有掌病。士人有病者，掌病以上令问之。九十以上日一问，八十以上二日一问，七十以上三日一问，众庶五日一问，疾甚者以告，上身问之。掌病行于国中，以问病为事，此之谓问病。

所谓通穷者，凡国都皆有通穷。若有穷夫妇无居处，穷宾客绝粮食，居其乡党，以闻者有赏，不以闻者有罚，此之谓通穷。

所谓振困者，岁凶庸人訾厉（訾，疾也；厉，病也。），多死丧。弛刑罚，赦有罪，散仓粟以食之。此之谓振困。

所谓接绝者，士民死上事，死战事，使其知识，故人受资（财用）于上而祠之，此之谓接绝也[①]。

《礼记·月令》中也有：

[①] 《管子·入国》。

（仲春）"是月也，安萌牙，养幼少，存诸孤。"

（季春）天子布德行惠：命有司发仓廪，赐贫穷，振乏绝；开府库，出币帛；周天下，勉诸侯，聘名士，礼贤者。

（仲秋）是月也，养衰老，授几杖，行糜粥饮食。

（孟冬）赏死事，恤孤寡①。

官府提供医疗保障见于文物的记载，是1975年考古工作者在湖北省中部发现的秦简。其中记载的《封诊式》，讲述了秦朝地方官吏里典甲向上级官府报告：发现本里人"丙"有疠（即麻风病）的症状。经官府询问，"丙"自述3岁时患病疠，秃了顶，希望不要被认为是其他病。官府派医生检查，根据对"丙"的鼻、肘、膝、足下等部位的观察，确诊"丙"患有麻风病。官府将"丙"送到"疠迁所"隔离②。从这个记载可以看出，官府在此作用非常重要：麻风病的传染性在当时已经被确认，虽然当时也应该存在私人医生，但是在病人家属不主动聘请医生的情况下，私人医生不可能到病人家中给病人看病。而此时如果官方不提供相应医疗管理和治疗，就可能造成大范围传染和百姓的恐慌。因此，地方官吏向上级报告疑似病人，上级派医生进行确诊。这里所说的"派医生"，是否是官府的医生并不重要，重要的是医生由官府委派，说明对这个病人的诊治带有强烈的官府行为。而最终将病人送到"疠迁所"隔离，就防止了传染病对其他百姓的危害。"疠迁所"也就成为史籍中出现的我国最早的传染病隔离院。

（二）救济灾荒

1. 自然灾害救济

华夏大地，自古以来，频遭自然灾害的袭击，特别是黄河流域，灾情更多更严重。从史籍记载来看："遂人氏时，天下多水"③。至尧舜时代，"天下犹未平"。"洪水横流，氾滥于天下"④。由于当时的水患持续的时间特别长，史称"尧有九年之水"。这里的九年，当是指连年洪涝，由于暴雨成灾，一时难以排泄所以成了大面积的洪涝区。即史籍所说的"鸿水滔天，浩浩坏山襄陵"。《淮南子》把当时水害的严重情况，描述成"往古之时，四极废，九州裂，天不兼复，地不固载。火滥炎而不灭，水浩洋而不息。"

---

① 《礼记·月令》。
② （清）孙楷著：《秦会要》，上海古籍出版社2004年版，第339页。
③ 《尸子》。
④ 《孟子·滕文公上》。

据传，当时水旱频发，不是偶发性的。《吴越春秋》称，整个五帝时期，都"有氾滥之忧"。按当时生产力发展水平，还无力对水、旱、虫灾等自然灾害，做出有力的回应。所以大雨大灾，小雨小灾，无雨旱、蝗，人民的生产生活，时常受到威胁。为了保持氏族的安定，牢固氏族联盟的统治，在领导集团中首先设有水官，"共工"之职，相继以鲧、禹组织治水，以平息水患。其次，领导集团节衣缩食，以身为教。史称"尧之王天下也，茅茨不剪，采椽不斲，粝粢之食，藜藿之羹；冬日麑裘，夏日葛衣，虽监门之服养，不亏于此矣！"① 又如"禹之王天下也，身执耒臿，以为民先，股无胈，胫不生毛，虽臣虏之劳，不苦于此矣。"② 由于上下同甘共苦，才能步调一致，全力抗灾。第三，妥善安排人民生活。史称舜继尧位后，调整人员分工，命弃"播时百谷"，以解决"黎民始饥"的状况；命禹继鲧之后，疏导江河，解决洪涝问题。为此，禹"居外十三年，过家门不敢入"，在勘察水势，全力治水的同时，还要解决被洪水久困的灾民的生活问题，山林地区，在劈山开径时，"暨益奏庶鲜食"，即同林官益猎捕鸟兽供民之食；在平地、低洼多水地区，同农官稷率民播种五谷，供民食用；在难得食物之处，从疏导洪水时所得鱼鳖供民充饥③。即在重灾区领导灾民就地取食，当食物实难解决时，"食少，调有余相给"。于是，"烝民乃粒，万邦作乂"④。从此可见，中央对粮食的调控，实始于此。

2. 国家救灾制度

中国是多民族共居，汉民族最先开发、最先进入文明社会。自然环境概貌是山林遍布、河流纵横其间，气候和自然对居民的生产、生活影响很大；东临大海，西和西南为高原、大山，北部为沙漠；所以，外来干涉少，政治、经济、文化自成体系。这就决定了中国这块土地上自然灾害多，民族磨擦多，同外界联系少诸多特点。据史籍记载：帝尧时期，十日并出，焦禾稼，杀草木，而民无所食；猰㺄、凿齿、九婴、大风、封豨、修蛇，皆为民害，尧乃使羿诛凿齿于畴华之野，杀九婴于凶水之上，缴大风于青丘之泽

---

① 《韩非子·五蠹》。
② 《韩非子·五蠹》。
③ 《尚书·益稷》。
④ 《史记·夏本纪》："令益予众庶稻，可种卑湿。命后稷予众庶难得之食。食少，调有余相给，以均诸侯"。

……由于数害已除，所以"万民皆喜。"① 相传舜为领导时，有"共工振滔洪水，以薄空桑"。此时"龙门未开，吕梁未发，江淮通流，四海溟涬，民皆上丘陵，赴树木。舜乃使禹疏三江五湖，辟伊阙，导廛涧，平通沟陆，流往东海。洪水漏，九州干，万民皆宁其心性，是以称尧舜为圣。"② 据邓云特先生所说，中国自西周以后，由于记录的指导思想以及记载工具的改善，有关水旱、地震、蝗、疫、霜、雹等自然灾害的记录比较多。仅春秋三传、《国语》、《史记》、《竹书纪年》、《帝王世纪》、《纲鉴大全》等书所记载，在两周的八百六十七年之间，最显著的灾害为89次，其中频数最多者为旱灾，达30次；次为水灾，16次；再次为蝗螟、螽、蝝之灾，13次。此外记载地震者9次，记载大欠致饥者8次。其灾情极度凶险者，如厉王二十一年至二十六年（前858—前853年）连续六年大旱，《诗经》描述为"浩浩昊天，不骏其德，降丧饥馑，斩伐四国。"③ 是旷古未有的第一次大旱灾。又如厉王时，暴发特大的蝗灾，"天降丧乱，灭我立王。降此蟊贼，稼穑卒痒。"④ 农作物受损严重。再如宣王末、幽王初，旱灾和地震相继出现，见于《诗经》的："旱既太甚……周余黎民，靡有孑遗。""旱既太甚，则不可沮。赫赫炎炎，云我无所。大命近止，靡瞻靡顾。""旱既太甚，涤涤山川；旱魃为虐，如惔如焚……"，"旱既太甚，散无友纪"，"大命近止。"已经到了谷不登、马不秣、师兵弛、驰道不除、膳夫撤膳、左右布而不修……众民之命近将死亡的境况。幽王二年（前780年），又遭大地震，史称"山川皆震。是月也，三川竭，岐山崩。"⑤

其一，古代对饥荒的界定：

《墨子·七患》："一谷不收谓之馑，二谷不收谓之旱，三谷不收谓之凶，四谷不收谓之馈，五谷不熟谓之饥。"

《春秋谷梁传》云："一谷不升谓之嗛，二谷不升谓之饥，三谷不升谓之馑，四谷不升谓之康，五谷不升谓之大侵。"⑥

《尔雅》："谷不熟曰饥，蔬不熟曰馑，果不熟曰荒。"

---

① 《淮南子·本经训》。
② 《淮南子·本经训》。
③ 《诗》正文云"大夫刺幽王也"，而注称"亦当刺厉王"。
④ 《诗·大雅·桑柔》。
⑤ 《国语·周语》。
⑥ 《左传》襄公二十四年。

其二，荒政措施：

按《周礼》所记，"以荒政十有二聚万民：一曰散利，二曰薄征，三曰缓刑，四曰弛力，五曰舍禁，六曰去几，七曰眚礼，八曰杀哀，九曰蕃乐，十曰多婚，十一曰索鬼神，十二曰除盗贼。"① 所谓散利，就是借贷种、食，"丰时聚之，荒时散之。积而能散，使民利益。"凡民无食粮者，从公家借贷，或作为种子，或为食用，秋收后还公；薄征，是指减轻租税；缓刑，是指对凶荒年发生的刑事犯罪案件少有放松；弛力，是指减轻人民的徭役负担（国家减少对徭役的调发）；舍禁是指对官有山林的禁令有条件地放松，允许灾民入山采捕蔬食；去几是指通过关市的货物不进行检查；眚礼是对一些过繁的礼仪不纠缠；杀哀是指在灾荒年不过分讲究礼教；蕃乐是指在灾荒年不举行娱乐活动；多婚是指在灾荒年鼓励结婚不收礼，以减少负担；索鬼神是指减少祭祀活动；除盗贼是指对乘灾荒之年进行盗窃作案的给予严厉打击，以维护社会的安定。还规定："大荒大札，则令邦国移民、通材、舍禁、弛力、薄征、缓刑。"② 札，指疫疠。通材，是指在特大饥荒年或发生瘟疫，则令遭受灾荒或瘟疫流行地区的人民移民就食。

除了采取上述救济措施外，作为国家政府官员，还需厉行节约，节省公费开支：

《礼记·曲礼》："岁凶，年谷不登，君膳不祭肺，马不食谷，驰道不除，祭事不县，大夫不食粱，士饮酒不乐。"不祭肺，指不杀牲；祭事不县，是祭祀时不悬挂钟磬等乐器；食粱，指加食；士饮酒不乐是指不用琴瑟之类的乐器。

《玉藻》云："年不顺成，则天子素服，乘素车，食无乐。"这是限制天子食用奢华、铺张。又云："年成不顺，君衣布搢本，关梁不租，山泽列而不赋，土功不兴，大夫不得造车马。"即君穿布衣，关梁不税（有利于商货进入），不兴土木建筑和添造新的车马具。

《春秋谷梁》："大侵之礼，君食不兼味，台榭不深，驰侯廷道不除，百官布而不制，鬼神祷而不祀，此大侵之礼也。"③

《墨子》："岁馑，则仕者大夫以下，皆损禄五分之一，旱则损五分

---

① 《周礼·地官·大司徒》。
② 《周礼·地官·大司徒》。
③ 鲁襄公二十四年。

二，凶则损五分之三，馑则损五分之四。饥、大侵，则尽无禄，廪食而已矣。故凶饥存乎国人，君彻鼎食五分之五①，大夫彻县，士人不入学，君朝之衣不革制，诸侯之客、四邻之使，飨食而不盛；撤骖騑，涂不芸，马不食粟，婢妾不衣帛，此告不足之至也。"②

当时也有私人参与赈济的记载。鲁襄公二十九年（前544年），"郑饥，而未及麦，民病。子皮以子展之命饩国人粟，户一钟。""宋亦饥，请于平公，出公粟以贷。使大夫皆贷。司城氏贷而不书，为大夫无者贷，宋无饥人。"③

又如："齐大饥，黔敖为食于路，以待饥者而食之。"④ 公叔文子卒，其子成请谥于君，"君曰：'昔者，卫国凶饥，夫子为粥与国之饿者，是不亦惠乎？'"⑤

生产自救：鲁僖公二十一年（前639年），夏，大旱。鲁大夫臧文仲说僖公，"修城郭，贬食省用，务穑劝分，此其务也。"即利用灾民修补城郭，节省粮食，减少开支，由公家贷给种子，鼓励补种秋粮作物，使灾民能存活，社会能得以安定。

救灾无国界。在春秋时期，各诸侯国均有相互救助的义务：

周桓王三年（前717年），"京师来告饥，公为之请籴于宋、卫、齐、郑。"⑥

鲁庄公二十八年（前666年），冬，饥。臧孙辰（鲁大夫）告籴于齐。

鲁僖公九年（前651年），秋，齐侯盟诸侯于葵丘。"葵丘之会，陈牲而不杀，读书加于牲上，壹明天子之禁。曰：毋壅泉，毋讫籴，毋易树子……"⑦，即凡参与同盟之国（齐、鲁、宋、卫、郑、许、曹），不专水利，不储粮抑籴，不破坏嫡长子继承制。把灾荒年相互救助（借贷粮食）写入盟书中，部分地解决了当时因周王制约乏力，每遇天灾流行，惜粜待价的事的发生。

鲁僖公十三年，冬，晋荐饥，使乞籴于秦。

---

① 按《曲礼》郑注云：彻，去也。五分之五，义不可通。疑当作五分之三。
② 《墨子·七患》。
③ 《左传》襄公二十九年。
④ 《礼记·檀弓》。
⑤ 《礼记·檀弓》。
⑥ 《左传》隐公六年。
⑦ 《谷梁》僖公九年。

鲁僖公十四年，冬，秦饥，使乞籴于晋，晋人弗与。

救灾之所以成为一个民族、一个国家的一项重要的政策，而且是长期坚持的政策，这是由于既是人类生存的需要、人类生命延续的需要，更重要的是它体现了一种亲情，一种凝聚力。到现代社会，他表现为一种道德标准，是一个国家、一个民族所崇尚的。

其三，储粮备荒：

《礼记·王制》："三年耕必有一年之食，九年耕必有三年之食。以三十年之通，虽有凶旱水溢，民无菜色，然后天子食。举国乐。"

《汉书·食货志》：岁有上、中、下熟。大熟则上籴三而余一，中熟则籴二，下熟则籴一，使民适足，价平则止。小饥则发小熟之所敛，中饥则发中熟之所敛，大饥则发大熟之所敛而粜之。故虽遇饥馑水旱，籴不贵而民不散，取有余以补不足也。

周王朝在国都以外的乡里、郊外、野鄙乃至门关，都要求在平时就应注意积谷防灾，以保遇到灾荒年成有谷物可用。

在邦国，有遗人（官职）一职。职掌邦之委积，以待施惠。乡里之委积，以恤民之艰阨；门关之委积，以养老孤；郊里之委积，以待宾客；野鄙之委积，以待羁旅；县都之委积，以待凶荒。

又有仓人，其职：谷有余则藏之，以待凶而颁之。

墨子曰：故先民以时生财，固本而用财。故虽上世之圣王，岂能使五谷常收，而旱、水不至哉！然而无冻饿之民者，何也也？其力时急，而自养俭也。故夏书曰：禹七年水，殷书曰：汤五年旱。此其离凶饿甚矣！然而民不冻饿者何也？其生财密，其用之节也！故仓无备粟，不可以待凶饥；库无备兵，虽有义不能征无义。"①

八、其他费用

按龙山里耶秦简记载，在秦迁陵县的档案里，有不少财经方面的记录。

（一）行政支出（库物分配）

锦一丈五尺八寸，度给县用足

缦三百廿五丈三尺四寸半寸，度给县不足三百卅八丈。

白布四百三丈六尺九寸，度给用不足四百一十一丈。

---

① 《墨子闲诂·七患》。

大泉卅六石廿四斤二两廿二朱，度给县用不足百五十五石。

锦、帷二堵，度给县用足。

缣、帷一堵，度给县用足。

组缨一，度给县用足。

络袍二，度给县用足。

襦袍二，度给县用足。

布帷一堵，度给县用足。

缦帷二堵，度给县用足。

络锦八尺六寸①。　　　　　　　　　　　　　　　　　9－2296

（二）刑狱、法令

按《法言·问道》：太上无法而治，法非所以为治也。曰：鸿荒之世，圣人恶之，是以法始乎伏羲而成乎尧。（舜）"象以典刑，流宥五刑，鞭作官刑，扑作教刑，金作赎刑。"②

《尚书·皋陶谟》："天讨五罪，五刑五用"。注称天以五刑讨五罪，用五刑宜必当。《正义》云：讨治有罪，使之绝恶，当……为五等之刑，使五等轻重用法。说明刑有罪起源已久，是天之意，有罪当罚。周穆王时，命司寇吕侯作《吕刑》。《周书·吕命》云：唐虞时，主狱有威、有德、有恕，有犯必当行威。尧时德化天下，止讫于富。五刑必简核，五罚不服（罚），五过在于官、反、内亲、货贿及旧相往来。在处理方法上：五刑之疑有赦，五罚之疑有赦，首先要审查清楚。处罚的力度、赎金的多少，规定：墨辟疑赦，其罚百锾，阅实其罪；劓辟疑赦，其罚惟倍，阅实其罪；剕辟疑赦，其罚倍差，阅实其罪；宫辟疑赦，其罚六百锾，阅实其罪；大辟疑赦，其罚千锾，阅实其罪。墨罚之属千，劓罚之属千，剕罚之属五百，宫罚之属三百，大辟之罚其属二百，五刑之属三千。

昭公六年三月，郑人铸刑书。叔向致书子产曰："夏有乱政而作禹刑，商有乱政而作汤刑，周有乱政而作九刑"。疏引《正义》曰：夏商之有乱政，是因察狱或失其实，断罪不得其中，至有以私乱公，以货枉法其事，不可复治，乃远取圣王创业当时所断之狱，因其故事制为定法。而周之九

---

① 《湖南龙山里耶秦简》，《湖南出土简牍选编》，湖南岳麓书社2013年版。

② 《史记·五帝本纪》。

刑①，是文武周公以夏商之制为周制，易名九刑。郑人铸刑书，乃以禹汤周三者断罪之法铸于鼎，故称刑鼎。

人犯被判刑以后，就会关入监狱。关于古代的监狱，《广雅·释官》：狱，犴也。夏曰夏台，殷曰羑里，周曰囹圄。《史记·夏本纪》：帝桀之时，召汤而囚之夏邑，已而释之。在没有监狱之前，传说有"画地为牢"。这是因为上古民风淳厚，刑律宽缓，民有犯罪者，官于地上划一范围，令（犯罪者）立其中，以为惩罚，如后代之牢狱。《文选》所载司马迁《报任少卿书》曰：故有画地为牢，势不可入。削木为吏，议不可对，定计于鲜也。

（三）消防

人类自从发明用火之后，知道人类生活既离不开火，但也逐渐懂得火的危害，平时注意防火。古代的大小城市或是氏族聚居区，都设有巡夜人，其任务主要是提醒人们防火、防盗。据《左传》记载，鲁襄公九年（前564年），春，子罕为司城，预测当年可能要发生火灾（大者曰灾，小者曰火），所以预作防备。先告知伯氏（宋大夫）司里（里宰），令城内诸里之长，各率其里内之民预防火灾。"火所未至，彻小屋，涂大屋，陈畚挶，具绠缶，备水器，量轻重，蓄水潦，积土涂，巡丈城，缮守备，表火道。使华臣，具正徒；令隧正，纳郊保，奔火所；使华阅讨右官，官庀其司；向戌讨左，亦如之。使皇郧命校正出马，工正出车，备甲兵，庀武守；使西鉏吾庀府首，令司宫巷伯儆宫。二师令四乡正敬享，祝宗用马于四墉，祀盘庚于西门之外。"② 这篇记录，十分准确地讲述了宋国防火、救火的具体措施。做到防重于治。而且分工明确，各司其责，防范得当，忙而不乱，是古代消防（救火）的范例。

宋国如此，郑、卫等国也是防与救得当。鲁昭公十八年（前524年）夏五月，黄昏时，天空有心星出现，开始刮东北风（融风），是火灾的征兆。"戊寅，风甚；壬午，大甚。"宋、卫、陈、郑四国都出现了火灾。大火发生之初，子产请来访的晋公子勿进郑国都城；令司寇将新到的宾客送出都城，已住的"旧客"则不要离开国宾馆。使子宽、子上巡视、防护宗庙及祭祀场所，不让大火延及；使公孙登问卜，令祝史将各庙主石函集中于祖王庙，告于先君，便于救护；使府人、库人等官员严守岗位，以防国家资财

---

① 《左传》昭公六年注："九刑，正刑五，加流宥、鞭、扑、赎刑。"
② 《左传》襄公九年。

遭受损失；商成公（郑大夫）警示司宫将旧宫人转移到安全地方；司马、司寇列居火道，以备非常；城下之人成部伍行列登城，以备救火、防奸；野司寇确保应役之人不逃逸。郊人助祝史襄灾，祈于四城。对于因火灾财产遭受损失者，给予赋税减免，并给一定的材、物以资维修或重建。祭奠三日。派使者告知各诸侯国。宋、卫的做法也类同郑国①。由此可知，春秋时期，各国对消防之事都相当重视。事前有预警，事发有措施，事后有救济，井然有序，合乎情理。

---

① 《左传》昭公十八年。

第六章

财 政 管 理

第一节 财政管理机构

一、传说中的管理机构

按汉代儒家的观点,万世皆系于黄帝。于是,从黄帝开始至于尧舜,出现了一个家族世代相承的系次。但作为一个氏族,或者说氏族联盟,由于人越来越多,需要管理的事务必然也增加。为了进行有效管理,就要设官分职。黄帝时的官,已难有信史了。尧舜时期的官制,也较少见。史称:"故尧之治天下也,舜为司徒,契为司马,禹为司空,后稷为大田师,奚仲为百工。其导万民也,水处有渔,山处有木;谷处者牧,陆处者农。地宜其事,事宜其械,械宜其用,用宜其人。峰皋织网,陵阪耕田,得以所有易所无,以所工易所拙。"① 舜继尧位,举禹、皋陶等十人并进行分工,加上十二牧,一共有二十二个职能部门。

二、商代管理机构

商代的职官,见于甲骨文的有:辅佐商王的政务官——尹(卿士)、正、小臣;管理宗教事务(祭祀、占卜和文字记录)的官——卜、史(巫);管理军事(防卫、戍守、战争)方面的官——射、戍;

---

① 《淮南子·齐俗训》。

管理边境防卫和开垦的官——侯、田；管理农业事务的官——小耤臣；管理手工业的官——司工；还有管理王的家内奴隶的宰、小多马羌臣（管理羌奴）。

三、周朝管理机构

西周的政府组织十分庞大，官职名称也十分复杂。据《尚书·立政》所记，王左右有常伯、常任（三公六卿）、准夫、牧作三事、虎贲、缀衣、趣马、小尹、左右携仆、百司、庶府、大都、小伯、艺人、表臣、太史、尹伯、庶常吉士、司徒、司马、司空、亚旅等；有些官职见于《尚书·顾命》和《诗经》的有关篇章。这些官职，始见于成王初，系王朝中央之官。而铜器铭文中的周代官职，多系因人因事而记，缺乏系统，并不全面。至于《周礼》一书，在学术界还有某些不同意见。但仔细研究，其中大部分应是属于西周政权比较成熟时期的中下层职能机构，我们认为它符合当时的社会发展阶段的。

《周礼》言，首先，设官的目的是："惟王建国，辨方正位，体国经野，设官分职，以为民极。"所谓体国经野，按王安石所说："宫门城阙堂室之类，高下广狭之制，凡在国者，莫不有体，此之谓体国；井牧沟洫田莱之类，远近多寡之数，凡在野者，莫不有经，此之谓经野。"① 简单地说就是指建设国都，按政治需要、经济特点和地理形势划分乡邑。极，即中。民极，是说使天下之民各得其中，不失其所。其次，设置政府机构及其职能的目标是民之所需。按《周礼》所载：

《天官冢宰·大宰》：掌邦治，以佐王均邦国②。以建邦之六典佐王治邦国③；以八法治官府，八则治都鄙……以九职任万民，以九赋敛财赂，以九式均节财用，以九贡致邦国之用，以九两系邦国之民。岁终则令百官府各正其治，受其会，听其政事而诏王废置。即掌国家大政方针的制定和王室生活诸方面的管理诸事。

《地官司徒·大司徒》：掌邦教④，以佐王安扰邦国⑤。以天下土地之

---

① 王安石：《周官新义》。
② 即主掌国家的政事，均守平则，以安邦国。
③ 六典，指治典、教典、礼典、政典、刑典、事典。
④ 邦教，指国家的教育。
⑤ 扰，安抚之意。

图，周知九州之地域辨其山、林、川、泽、丘、陵、坟、衍、原、隰之名物。以土均之法辨五物九等，制天下之地征，以作民赋，以令地贡，以敛财贿，以均齐天下之政；以荒政十二聚万民，以保息六养万民……祀五帝，奉牛牲，羞其肆；大军旅、大田役，以旗致万民，而治其徒庶之政令；大荒、大札，则令邦国移民通财，舍禁，弛力，薄征，缓征。岁终，则令教官正治而致事①。

《春官·大宗伯》：掌邦礼，以佐王和邦国。以吉礼、凶礼、丧礼、荒礼、弔礼、恤礼、宾礼、军礼、大田之礼、大役之礼、婚冠之礼、饗燕之礼、贺庆之礼等各种礼仪和祭祀以佐王和邦国。

《夏官·大司马》：掌邦政，以佐王平邦国。制畿封国，以正邦国；设仪定位，以等邦国；制军诘禁，以纠邦国；均守平则，以安邦国；以九伐之法正邦国②。

《秋官·大司寇》：掌邦禁，以佐王刑邦国。以五刑纠万民，以圜土聚教罷民，以两造禁民讼，以两剂禁民狱③。

《冬官·大司空》：亡佚。

上述六个部门分别担当六个方面的职责：天官大宰，掌国家大政方针的制定和王室生活诸方面的管理；地官司徒，掌民政、财政诸事；春官大宗伯，掌各种礼仪和祭祀诸事；夏官大司马，掌管军队，维护国家安全和治安诸事；秋官大司寇，掌刑狱诸事；冬官司空，掌营城郭，建都邑，立社稷、宗庙，造宫室、车服、器械，监百工。

天官冢宰系统所属，有宰夫、宫正、宫伯、膳夫、庖人、内饔、外饔、亨人、甸师、兽人、㺀人、鳖人、腊人、医师、食医、疾医、疡医、兽医、酒正、酒人、浆人、凌人、笾人、醢人、醯人、盐人、幂人、宫人、掌舍、幕人、掌次、大府、玉府、内府、外府、司会、司书、职内、职岁、职币、司裘、掌皮、内宰、内小臣、阍人、寺人、内竖、九嫔、世妇、女御、女祝、女史、典妇功、典丝、典枲、内司服、缝人、染人、追师、屦人、夏采。我之所以把天官冢宰系统的大小官员都罗列出来，其目的在于让我们看清它的全貌。首先，它是整个王朝的调控中心，有关国家大政方针的制定、

---

① 掌民政、财政诸事。
② 掌管军队，维护国家安全和治安诸事。
③ 指掌刑狱诸事。

国家财政收支的出纳（国库）等都在其（大宰、小宰）掌握；其次是为皇室服务的机构（包括衣食住行各方面）及其职能，一目了然。细看起来机构庞大，执事具体，具有其真实性的一面。

　　至于负责财税征收管理的机构和官员：但凡财税大政方针的制定，其权力归天官系统的大宰和小宰；而大府、玉府、内府、外府四府则主掌国家财、货的出、纳和收藏保管；甸师掌籍田；司会、司书、职内、职岁、职币五部门主掌财税收入的入库、出库并进行详细记录（会计）和稽核，以保国家资财的安全。至于地官系统的大司徒、小司徒，则主掌全国土地、人民的分布和增长变化、财税征收和上缴、调拨等情事；其属官乡师、乡大夫、闾胥、载师、闾师、县师、遗人、均人、司市、质人、廛人、泉府、司门、司关、遂人、遂师、遂大夫、县正、鄙师、里宰、旅师、稍人、委人、川衡、泽虞、卝人、角人、羽人、掌葛、掌炭、场人、廪人、仓人等各负责所在地区或部门赋税的征收。国家的收入，就是从各地、各行业一点一滴收上来的。

　　从《周礼》及《左传》两书中很难找到楚国理财机构和财税官吏的名字，但从历史环境看，自夏至周，社会在发展，国家机构和行政管理在不断完善，楚国作为南方的政治经济大国，拥兵百万，粟支十年，没有一套严密的财税管理制度、管理机构是难以想象的。本来，作为记载鲁国历史的《春秋》，其中肯定包括周王及鲁与各个诸侯国家之间有关政治、经济方面的交往情况，但史籍中难见其影，可能是被人有意或无意的遗弃了，更何况楚国是"异类"，所以，有关荆楚的人和事，或大事小记、不记，甚至故意改换，就难有真实面目存世了。

　　由于楚国只不过是周武王灭殷的借助力量之一，当夺取政权之后，给楚国一个"子"爵的名号，其实，楚国什么也没有得到，楚国还是原来的楚国，是蛮夷戎狄之属，与周王分封的由宗室、勋臣主政的诸侯国不能等同视之，因而楚国也没有必要按照中原各国的模式设官分职。如《春秋谷梁》所记：楚屈完来盟于师。又称"楚无大夫。"这里说明楚国没有"大夫"这一官爵。也可说是中原各国不承认楚大夫这一官爵。同书云："无大夫凡有三等之例。曹无大夫者，本非微国，后削小耳；莒则是东夷，本微国也；楚则蛮夷大国，僭号称王，其卿不命于天子，故不同中国之例也。"① 这里有两种解释,一是楚国古无大夫之官爵,后为便于同中原各国交往,改设大夫之职;二是楚国未设大夫之职,是中原国家为会盟需要而认同楚使为大夫。

按《春秋左传》、《春秋谷梁》、《战国策》、《吕氏春秋》、《史记·楚世家》等书所记:(1) 楚国最尊荣的爵位是通侯、执珪。是属于嘉奖军功性质。所以他不是世袭的,同时也不受人数的限制。(2) 中央官职:令尹,副手为右尹、左尹;大司马、右司马、左司马;莫敖。左徒(议国事、出号令、迎宾客);司徒(掌民工徒役);司败(掌刑罚、狱讼);(3) 为国君服务之官:师、太师(负责太子的教育);三闾大夫(掌皇族子弟及三大姓子弟教育);左史(史官),卜(专司占卜。大夫一级)、环列之尹(掌王宫警卫)、乐尹(掌宫殿乐律)、宫厩尹(掌国君马匹)、司宫(掌管后宫)等。(4) 地方官职:楚最早建县。县的长官为县公,也叫县尹、县大夫,属官有县司马。楚的郡、县长官均由中央任免。县以下有乡、里一级组织。五家为伍,十伍为里、四里为扁,十扁为乡,五乡为县(一万户),十县为郡。

据顾炎武所著《日知录》说:春秋时列国官名,若晋之中行、宋之门尹、郑之马师、秦之不更、庶长,皆他国所无,而楚犹多。有莫敖、令尹、司马、太宰、少宰、御士、左使、右领、左尹、右尹、连尹、箴尹②、寝尹、工尹、卜尹、芊尹③、蓝尹、沈尹、清尹、莠尹、瞷尹、陵尹、郊尹、乐尹、宫厩尹、监马尹、扬豚尹、武城尹,其官名大抵异于他国④。

另据《湖南出土简牍选编》所载,地方官职有:内史、令史、仓佐、司空长史、司空徒、(彭城)守丞、守城夫、狱东曹、西狱史、畜官、田官、(启陵)乡守等等,这里要说的是湖南里耶出土的战国秦简中,有中郎代大司农丞的官职。我们它从下发给敦煌、酒泉、张掖、武威、金城郡太守的文书内容来看,可知大司农丞之职是具体负责全国的钱粮调拨事宜。其他不及细说。

---

① 《谷梁传》,僖公四年。
② 箴尹,宣公四年,有箴尹克黄。哀公十六年,有箴尹固,疑即箴尹。
③ 芊尹,陈有芊尹盖。
④ 宋有猪尹,而郑亦有之。昭公二年,子晢请受印为猪师。杨氏曰:凡此猪尹,有掌其事,有官其地者。

第二节 财政管理制度

一、预算管理

(一) 管理原则

1. 量入为出原则

量入为出原则是夏商周时期的政策制定者根据当时的生产力发展水平,总结多年来的财政运行经验而形成的一条财政原则。史称"冢宰制国用,必于岁之杪,五谷皆入,然后制国用。用地大小,视年之丰耗,以三十年之通制国用,量入以为出。"① 这是因为从炎黄到西周,历经一千多年,生产力在发展,社会在前进,但生产力发展水平仍然很低,人类还难以掌握农业的丰歉,所以,在制定财政收支年度计划时,必须考虑耕地面积多少、农业收获情况和天象变化规律等诸多因素。而量入为出这一原则,它较为准确地体现了经济决定财政这一客观规律发展的要求。

2. 均节财用原则

由于受农耕工具落后的影响,农民每年创造的财富有限,所以,国家在督促农民努力耕作,通过多种渠道增加收入(粮食物资及其他财物)的同时,在用财方面还必须精打细算,均节财用。荀子说:"足国之道,节用裕民而善藏其余。"就是说,"节用"这一措施,是关系到整个国家利益的问题,所以他不只是对底层民众的,而是包括从上到下、从政府到庶民都要遵行的大问题。要求"节用以礼,裕民以政",则"彼裕民故多余"。结果,"裕民则民富,民富则田肥以易;田肥以易则出实百倍。上以法取焉,而下以礼节用之。余若丘山。"②

3. 专款专用原则

西周初,既规定了国家财政总的收入渠道和征收原则、征守制度,又制定了国家财政支出的原则和规范用途。这就是我们在前面研究过的"以九赋敛财贿"、"以九贡致邦国之用"和"以九式均节财用"。但在具体执行

---

① 《礼记·王制》。
② 《荀子·富国》。

时，还需有关职能机构根据中央的有关精神进行平衡后组织各级、各部门执行。据《周礼》的记载，除了军事耗费、教育科学文化以及政府机构的人员事务开支外，一应费用开支，都是根据国家的政策要求而制定的相应制度。"凡颁财，以式法授之。关市之赋，以待王之膳服（羞服）；邦中之赋，以待宾客；四郊之赋，以待稍秣（刍秣）；家削之赋，以待匪颁；邦甸之赋，以待工事；邦县之赋，以待币帛；邦都之赋，以待祭祀；山泽之赋，以待丧纪（丧荒）；币余之赋，以待赐予（好用）。"① 即每一项支出，都规定有一项资金（资财）来源，或者说，每一项国家收入，都规定有专门的用途。为便于看清楚，我们表示如下：

收入（资金来源）　　　　支出用途
邦中之赋——宾客之式
四郊之赋——刍秣之式
邦甸之赋——工事之式
家削之赋——匪颁之式
邦县之赋——币帛之式
邦都之赋——祭祀之式
关市之赋——羞服之式
山泽之赋——丧纪之式
币余之赋——好用之式

上面所列各项，可以说明如下几个问题：第一，当时的收入规模，如都城内有多少收入，都城外一百里范围内的收入有多少，一百里外至二百里的范围内的收入有多少，基本上就是"邦畿千里"的范围。其中，在京城三百里自五百里范围内，其中有大夫的采地，其收入归大夫。第二，各项支出，受上年收入多少限制；如贾公彦所说，所谓"待"，是指收进后才给，即以上年的实际收入作为本年的财政支出。这就使国家的财政支出建立在确实可靠的基础上。第三，后世宋人有言："夫一岁止有一岁之财赋，一政止有一政之财源。"② 虽然项目之间不能自由流动，但几项重要的开支，都有比较充裕的财源作保证，如以邦中、四郊、邦甸之入保障宾客、刍秣、工事之需。第四，列入国家大事的祀与戎，戎有诸侯"勤王"，祀有专用之财。

---

① 《周礼·大府》。
② 《宋史·食货上五》。

史称"凡邦国之贡,以待弔用。"① 郑康成曰:此九贡之财所给,给弔用,给凶礼之五事。五事,即大宗伯丧礼、荒礼、弔礼、檜礼、恤礼,五礼皆需以财货衷之。意即凶礼五事,其费则多,故邦国之贡,以待吊用。

(二)上计制度

1. 上计概念

上计,实源于对官员的考核。史称,自黄帝开始,就有对官员一个时期的业绩进行考核的规定,三年一大考,官员按治绩的好坏进行奖罚。据《尚书》记载:舜将正式继承尧位之际,于正月元日至文祖庙,先后听取四岳、十二牧的意见,确定禹、契、皋陶等人的职位,组成和四岳十二牧在内的中央领导集团。确立"三载考绩,三考,黜陟幽明。"② 三年一考核,经过三考(九年),视其业绩好坏决定升降。三年一大考的制度,流传至春秋时期,仍然在严格遵行。史称"晏子治东阿,三年,景公召而数之曰:'吾以子为可,而使子治东阿,今子治而乱,子退而自察也,寡人将加大诛于子。'晏子对曰:'臣请改道易行而治东阿,三年不治,臣请死之。'景公许之。于是明年上计,景公迎而贺之曰:'甚善矣!子之治东阿也。'晏子对曰:'前臣之治东阿也,属托不行,货赂不至,陂池之鱼,以利贫民。当此之时,民无饥者,君反以罪臣。今臣后之治东阿也,属托行,货赂至,并重赋敛,仓库少内,便事左右,陂池之鱼,入于权家。当此之时,饥者过半矣,君乃反迎而贺臣,臣愚,不能复东阿,愿乞骸骨,避贤者之路。'再拜,便辟。景公乃下席而谢之曰:'子强复治东阿,东阿者,子之东阿也,寡人无复与焉'。"③ 不管是什么情况,"三载考绩"制度,成了后世历代王朝的成法。而上报一年的财政收支业绩(上计),则是考绩中的一项重要内容。

从古籍当中对上计的阐述包括以下内容:

其一,《说文》:计,会也。算也。[段注]会,合也。筹当作算,数也。

其二,大计,《周礼·天官序官·司会》注:会,大计也。司会主天下之大计。

---

① 《周礼·天官·大府》。
② 《尚书·舜典》。
③ 《晏子春秋·外篇下》。

其三，指出入之数。《汉书·循吏传》黄霸传。使领郡钱谷计。[注]师古曰：计，谓出入之数。

其四，计簿，指会计之簿籍，亦作计籍。《汉书·武帝纪》：受计于甘泉。注：师古曰，受郡国所上计簿也。武帝每因封禅泰山即受计于甘泉。《通典》云：汉制，郡守岁尽，遣上计掾吏各一人，条上郡内众事，谓之计簿。上其计簿，《左传》昭公二十五年，"计于季氏。注：送计簿于季氏。"

其五，上计，汉制，郡国每岁诣京师进计簿。《汉书·武帝纪》：徵吏民有明当世之务、习先圣之术者，县次续食，令与计偕。[注]计者，上计簿使也。郡国每岁遣诣京师上之。偕者，俱也。令所征之人，与上计者具来。《后汉书·和、殇帝纪》：是岁，初复郡国上计。

从这里可以说明，中国的预、决算起源很早。不仅政府有年计、月计，即使是农村的农民，也都知道每年都要有计划，谚语云："吃不穷，穿不穷，不会打算（计划）一世穷"。据称，现代国家预算产生在英国，在17世纪资产阶级革命后，议会掌控了国家财政，制定了资产阶级的国家预算。并以此从法律和制度上加强对政府收支和皇室年俸等方面的监控。在这里要说明的是，有些学者只承认西方资产阶级的国家预算，而不承认中国封建社会的国家预算，其理由之一是皇室开支没有议会的监督。肯定的说，在中国封建社会没有议会，这是不需争论的。但中国历代王朝都是独立的主权国家，有国家就必然有财政收支，每年必然制定一个财政收支计划（不管是粗线条的概算还是条目品类齐备的比较规范的国家财政收支计划），不管你有没有资产阶级议会都会如此。据史籍记载，在中国封建王朝，每遇大事，也不是皇帝老子一个人说了算，有时还真是皇帝说了不算，在廷议时，宰相、御史、谏议大夫等官员都有权力进谏，让皇帝改变原意的。

据史籍记载，中国古代的预算，至少是经过自下而上和自上而下的过程。而最早见于史籍的，则是《礼记·王制》："冢宰制国用，必于岁之杪，五谷皆入然后制国用。用地小大，视年之丰耗，以三十年之通制国用，量入以为出……国无九年之蓄，曰不足；无六年之蓄，曰急；无三年之蓄，曰国非其国也。三年耕，必有一年之食；九年耕，必有三年之食；以三十年之通，虽有凶旱水溢，民无菜色，然后天子食，日举以乐。"

这段话，包括了国家财政收支计划（预算）编制的时间、编制依据、编制方法以及编制的原则等内容。（1）编制时间：一年年末，种植作物都已收割完毕，晒干入仓。（2）所属土地的多少以及当年是丰收抑或歉收；

即当年入库的实际收入。(3) 编制方法："以三十年之通制国用",按《正义》所云:①量其今年入之多少(年末统计数)以为来年出用之数。②"以三十年之通制国用",《正义》曰:每年之率入物分为四份:一分拟为储积,三分而当年所用;二年,又留一分;三年,又留一分;是三年总得三分,为一年之蓄。三十年之率,当有十年之蓄(书记为九年之蓄)。③"祭用数之仂",祭祀支出占总出的十分之一。④所说三年、六年、九年,是古代认为水旱凶荒,历运有常,九年、七年、五年、三年之灾,需三年、六年、九年之蓄。(4) 编制原则:①以收定支。根据当年的农业总收入实际收入数,安排次年(来年)的国家支出。②量入为出。这一原则是建立在当时尚无力抗拒重大水旱凶荒,国家财政必须精打细算,通盘安排,根据已经实现了的财政收入情况,谨慎地安排下年的支出,并留有后备,以解不时之需,使国家不致处于十分被动的境况,实为稳妥的决策。③储粮备荒。古代对气象情况尚在摸索;对自然灾害无力抗拒。尧舜时期,长年水患,先是共工、继而是鲧、之后是大禹相继奉命治水,禹治水用时十三年。他长年爬山涉水,脚都变形,流传后世的"禹步",就是瘸腿走路,足见治水的艰辛,多年洪水灾害,百姓冻饿水淹而死者应是不计其数,只是史无记载。我们可从大禹一边治水一边救民的记载中获得一些信息:禹和益教民鲜食;与稷教民播种之法,艰食、鲜食;还要对远山远水缺少食物的居民进行救济,调有余以补不足。

2. 上计制度

中国古代的预、决算制度,有史籍可证的当在西周。《礼记·王制》云:(季秋)合诸侯制百县为来岁受朔日,与诸侯所税于民。轻重之法,贡职之数,以远近土地所宜为度;以给郊庙之事,无有所私。原注云:秦以建亥之月为岁首,于是岁终使诸侯及乡遂之官受此法焉。合诸侯制者,定其国家宫室、车、旗、衣服、礼仪也。诸侯言合制,百县言受朔日,互文也。贡职所入天子。凡周之法,以正月和之,正岁而悬于象魏。《疏》引正义曰:合诸侯制者,秦十月为岁首。此月,岁之终也,当入新岁,故合此诸侯之法制。又命百县为来岁受朔日之政令,并授诸侯所税于民,轻重之法,贡职之数。天子有朔日政令,诸侯所税民轻重之法,贡职之数,皆天子制之,百县来此受处分,故云受朔与诸侯所税于民轻重之法……以道远近、土地所宜为度者,言定税轻重,入贡多少,皆以去京远近之差,土地所宜之物为节度,无有所私者。言既给郊庙之事、百县等物,无得有所偏积,不如法制也。

《正义》云：税于民者，是积贮本国；贡职之数者，是指输纳天子。（季冬）天子乃与公卿、大夫共饬国典，论时令，以待来岁之宜①。

我们再看《周礼》的记载：

天官大宰之职：岁终，则令百官府各正其治，受其会，听其政事而诏王废置；三岁，则大计群吏之治而诛赏之。

天官小宰之职：岁终，则令群吏正岁会；月终，则令正月要；旬终，则令正日成，而以考其治。治不以时举者，以告而诛之。

地官小司徒之职："及三年则大比。大比则受邦国之比要。""岁终，则考其属官之治成而诛赏。令群吏正要会而致事。"

《礼记·王制》云："大司徒、大司马、大司空斋戒受质，百官各以其成，质于三官；大司徒、大司马、大司空以百官之成，质于天子；百官斋戒受质，然后休老劳农，成岁事，制国用。"《疏》称司会主总群官簿书，司徒、司空、司马簿书亦司会掌之，司会以一岁之成质于天子。所谓质，古作平，是指奏上文簿，听天子平量。"休老劳农"者，即十月蜡祭之时，饮酒劳农，成岁事，制国用。"成岁事"者，断定计要，一岁事成，乃制来岁之国用，故云制国用也②。

可见，西周的国家预算编制，是在该年度终了（岁末），地方政府逐级向上报告一年来的工作业绩，包括财政、民政、农田（增、减）、水利、人口增减和社会治安等情况，其中尤为重要的是人口增长、土地垦辟和财税增加。这就是古代所说的上计。

就当时来说，上计制度是稳妥可行的。首先，在各级政权机构中，设置了主管财政、财务会计的机构，任命了专职官员；其次，预算编制的时间，是在本年年末，种植作物收割入库之后，"冢宰制国用，必于岁之杪，五谷皆入"，以此作为依据，编制来年的国家预算："制国用。"第三，各项收入数额和支出限额的确定，则根据"用地大小"，"年之丰耗"，"以三十年之通制国用"，即根据耕地面积的增减、粮食的丰歉，从连续数年、十几年的农业收入统计中，选定一个常（中）数作为收支指标（任务），下达各省执行；第四，作为国家预算的编制，严守"量入以为出"的原则外，还有一点就是在具体安排各项收支指标时，不能满打满算，必须留有余地，以备不

---

① 《礼记·月令》。
② 《礼记·王制》。

时之需。

第一，上计的内容：

上计内容，一般包括各郡国向中央报告郡县户口、垦田、钱谷等方面的内容：据商鞅所说，包括库藏之数、丁男丁女之数、老弱人口数、官士数、游士数、利民及马牛刍藁等十三类内容。上报的上计簿，一式两份，分别一送丞相，一送御史府，以接受他们的考课。史称"宣考绩功课，简在两府，不敢过称以界欺诬之罪。"① 即是说，郡国守丞、长史、上计吏的主要任务就是专送上计文书（上计簿）及有关的上供物件给两府，丞相及其属官则根据各郡国的上计簿，考核各郡国官员业绩的优劣，以诏王废置。

战国秦汉时期，各郡国上计的内容，在财政方面，可能包括：（1）所属土地情况（原有耕地亩数，新开垦土地）。（2）辖区居民数（原有户口、新增户口、丁男、中男、老弱孤寡病残人数）。（3）森林、沼泽、河、湖、陂塘。（4）家畜饲养。（5）家庭手工业等。（6）当年租税收入；库存财物数。（7）各级官吏人数等。

在汉代，随着经济的发展和政权巩固的需要，十分注意对人口的增加、土地的垦辟和财税收入的稳定增加，这也就成为考核地方官吏业绩的主要内容，这部分内容也就是财政决算（上计）的主体。

严格预决算制度，是秦汉两代政策的重心之一，按《睡虎地秦墓竹简·厩苑律》所说：秦律："以四月、七月、十月、正月肤田牛。卒岁，以正月大课之，最，赐田啬夫壶酉（酒）束脯，为旱（皂）者除一更，赐牛长日三旬；殿者，谇田啬夫，罚冗皂者二月。其以牛田，牛瘦絜，治（笞）主者寸十②。有（又）里课之，最者，赐田典日旬；殿，治（笞）卅③。

汉承秦制，年终考评也分殿最两级，但进行了细化，分上中下。"积其日，陈其实，计功量罪，以多除少"，"三三列之，亦有上中下。"④

第二，上计的审批（丞相、御史、皇帝主持上计）：

史称："御史察计簿。"⑤ 丞相则主持上计（审核）工作。丞相考核的

---

① 《汉书·薛宣传》。
② 秦王朝的年终考绩规定在来年正月进行，考评分为两级：最、殿。评为最者受奖，赏酒和肉乾，除一更；评为殿者受罚。
③ 《睡虎地秦墓竹简·秦律十八种·厩苑律》。
④ 见《春秋繁露·考功名》。
⑤ 《汉书·宣帝纪》。

情况，据《汉书·黄霸传》所说："窃见丞相请与中二千石博士杂问郡国上计长史守丞，为民兴利除害成大化条其对，有耕者让畔，男女异路，道不拾遗，及举孝子弟弟贞妇为一辈，先上殿，举而不知其人数者次之，不为条叫者在后叩头谢。"

在汉代，丞相和御史对官吏的荐举、国家财物（租、户赋、园池入钱等）收支情况等都有了解、监督的职责。《汉书·匡衡传》云："衡位三公，辅国政，领计簿，知郡实，正国界……"

第三，上计层次：

在上计期间，帝君（包括各国诸侯）要亲自听计（听取各地上计吏的汇报），他要了解各级官员勤惰的情况。因为上计内容牵涉农业的发展、社会的稳定；还要掌握国家财政收支情况，因为国库丰足与否，它关系国家安危（天灾、瘟疫、战乱、外族入侵……）、政权稳固等等重大事由。所以韩非子说王："终岁之计，王不一以数日之闲自听之，则无以知吏之奸邪得失也。"① 实际上，在重大政治活动或节日活动中，皇帝也主持郡国的上计。秦始皇是否听过上计，我还没有看到这方面的文字记载，但汉武帝是主持过上计的，而且是多次在有重要活动的场合下主持上计，影响很大，作用力也很大。史称：元封五年（前106年）"春三月，武帝还全泰山，增封。甲子，祠高祖于明堂，以配上帝，因朝诸侯王、列侯，受郡国计"。武帝天汉三年（前98年）、太始四年（前94年）都是在"行幸泰山"，修封时，"因受计"。武帝也在甘泉受计，史称太初元年（前104年），"春还，受计于甘泉。"

朝会上计之事前后，还有两件事要提一下，一是有的上计吏可能留京任职，另外一件事就是皇帝召见。《汉官旧仪》："郡国守丞长史上计事竟，遣君侯出坐庭，上亲问百姓所疾苦……"②

《汉书·王成传》："后诏使丞相御史问郡国上计长史守丞以政令得失，或对言前胶东相成伪自增加，以蒙显赏，是后俗吏多为虚名云。"

对于郡国计书，一般都要专案保存。里耶秦简记载：卅年、卅一年二月计已事。廿九年、卅年计籍志副具此中。

其一，上计朝会：

---

① 《韩非子·外储说右下》。
② 《汉官旧仪》卷上。

因为事情关系到吏治的好坏、人口的增殖、土地的开发、农业的丰歉，最终是影响到国家的安定（稳定），所以统治者十分重视。如果是皇帝听计，则更是如此。史称"正月旦，天子幸德阳殿，临轩。公卿、将、大夫、百官各陪位朝贺；蛮、貊、胡、羌朝贡毕，见属郡计吏，皆陛觐，庭燎。宗室诸刘亲会，万人以上，立西面。位既定，上寿。群计吏中庭北面立，太官上食，赐群臣酒食，西入东出。"① 为了能赶上正月的上报，郡国通常必须在九月之前把上计簿书做好，这就是"计断于九月"。

至于上计的执行情况，这里特别要说的是，当时有些郡国的官员，为了业绩考核从优，不惜加重农民负担，达到升迁的目的。史称"李兑治中山，苦陉令上计而入多。李兑曰：语言辨，听之说，不度于义，谓之窕言；无山林泽谷之利而入多者，谓之窕货②。君子不听窕言，不受窕货，子姑免矣。"③ 而晏子治东阿，藏富于民，使农民生活逐渐改善，加厚农村经济基础；对上不请托，不贿赂中央部门官员，清白为官；在受到责难时，以去职相求，最后得到景公的理解和褒奖。

这样的例子还有，"西门豹为邺令，清刻洁慤，秋毫之端，无私利也。而甚简左右，左右因相与比周而恶之。居期年，上计，君收其玺。豹自请曰：臣昔不知所以治邺，今臣得矣。愿请玺复以治邺，不当，请伏斧锧之罪。文侯不忍而复与之。豹因重敛百姓，急事左右，期年，上计，文侯迎而拜之。豹对曰：往年，臣为君治邺，而君夺臣玺；今臣为左右治邺，而君拜臣，臣不能治矣。遂纳玺而去。"④

虽然国家对上计如此重视，但不可避免的还是时常有弊病发生。如宣帝时，对上计中出现的种种问题，斥责其"上计簿，具文而已。务为欺谩，以避其课。"实际上，两汉王朝时期，都轻重不同地存在郡县作弊问题。据石奋传所记，汉武帝就曾指责郡县"今流民愈多，计文不改。"注引如淳说："郡上计文书，自文饰，不政正也。"这里有两种情况，一种情况是春夏遭灾，灾民得不到有效救济，盲目流动，计书未能如实反映救济灾荒的过程；另一种情况是，因为计书只能在九月分完成（"断九月"），而流民就食情况还未结束，故此未将此事写入计书中。属于前一种情况的，应该给以适

---

① 《续汉书·礼仪志》。
② 窕言，指空虚之言，引申为虚假不实之言。窕货，指假货不可恃以为富者。
③ 《韩非子·难二》。
④ 《韩非子·外储说左下》。

量的处分；属于后者则在情理之中，无需处分。

不论是丞相、御史大夫，还是皇帝，受计结果，课其殿最，奖惩分明。汉承秦制，年终考评也分殿最两级，但进行了细化，分上中下。"积其日，陈其实，计功量罪，以多除少"，"三三列之，亦有上中下。"①

其二，地方上计：

《汉律摭遗·上计律》："汉初以十月岁首，朝会在十月，计吏自不得不以九月为断，自太初正历，以正月为首，而计文书仍断于九月者，计吏岁尽即诣京师，不及候至十二月，郡国之远者必断于岁尽，即不及赴正月之朝会，故断于九月。"②

汉代规定，上天子书时必做二封，一正一副。尚书先检查副封，不合者不奏。上述这些簿籍，在上达"县廷"时，要按规定匣盛、缄闭、印封，如有违制或内容存在诈伪，或劾论，或处以赎耐。

战国秦汉时期，地方州县为保证上计内容的准确，首要是抓好民户登记。当时叫名籍，名籍即户籍。即经过官吏调查核实后的某户家庭成员的概况。以三国吴简为例③：

包括内容：居址、爵位、姓名、年龄、体况特征、所患疾病……

户籍又分：吏籍、师佐籍、民籍。

秦简的统计很细致具体：

□二户　夫二一户　夫二寡三户　不更一户　小上造三户　小公士一户　士五七户□　司寇一户□　小男子□户　大女子□户　·凡廿五□④

8-17

迁陵洞庭郡的上计，是责任到人，有据可查的。

□敢言之上计⑤

□陵将计臣　　　　　　　　　　　　　　　　　　8-1481 正

□欣手　　　　　　　　　　　　　　　　　　　　8-1481 背

---

① 《春秋繁露·考功名》。
② 转引自朱德贵：《汉简与财政管理新证》，中国财政经济出版社 2006 年版，第 264 页注 3。
③ 三国吴简的数量估计在十万枚左右。在一个地点发现如此巨大数量的古文献，在当今世界上也属罕见。从目前整理的情况看，其内容包括赋税、户籍、司法、钱粮出入、军民屯田、往来书信等，涉及社会、政治、经济、军事、法律等各个方面。属于三国时期吴国所属长沙郡、临湘县及侯国的文书。
④ 《龙山里耶秦简》，《湖南出土简牍选编》，湖南岳麓书社 2013 年版。
⑤ □，指简文残断（残缺）；"敢言之"，《汉书·王莽传》上："三公言事，称'敢言之'"。

二、财务管理

(一) 职官设置

周设"司会"、"司书"的官署,配置各级财会人员,负责对所有属于国家的金钱和粮食等物质的人、出、转运进行记账和稽核(审计)。史称,司书主书记。"周知入出百物,以叙其财。""凡税敛掌事者受法焉。及事成,则入要二焉。"① 指地官主税敛之官,依法征税完毕,即来司书处入要,写一通副二文书,名为要入司书。司会主稽核。"以九贡之法致邦国之财用,以九赋之法令田野之财用,以九功之法令民职之财用,以九式之法均节邦之财用;掌国之官府、郊野县都之百物财用。凡在书契版图者之二。以逆群吏之治而听其会计。以参互考日成,以月要考月成,以岁会考岁成,以周知四国之治,以诏王及冢宰废置。"② 凡九赋、九贡、九功之赋入及按九式支付之资财,需经司书记账,司会钩考(稽核)。所谓"参互考日成",是指司会钩考之官以司书之等相参交互考一日之成(一日之中计算文书)。"以月要考月成",古以月计叫"要",也是与诸职参互考一月的计算文书。"以岁会考岁成",古以岁计曰会,即以一岁之会计考当岁成事文书。

有关职官的职责,应该是明确而具体的。史称:

秋官小司寇之职:"及大比,登民数自生齿以上登于天府,内史、司会、冢宰贰之,以制国用。"

秋官士师之职:岁终,乃命其属入会,乃致事。

乡大夫之职:"以岁时登其夫家之众寡,辨其可任者:国中自七尺以及六十,野自六尺以及六十有五,皆征之;其舍者,国中贵老、贤者、能者、服公事者、老者、疾者,皆舍。以岁时入其书。"岁终,则令六乡之吏皆会政致事。注称,会,计也,指岁末致政文书。《周礼》中主会计之官,遍于各行政职能部门,如宫正、膳夫、庖人、酒正、大府、外府、职内、职岁、职币、司裘、掌皮、内宰、典典枲等等,或考其属官,或"岁终则会",会计之事,涉及使用国家资财的各个部门。上计之事十分严格,不能出任何差错。从基层开始就严格把关,一丝不苟。

史载:五年九月丙辰朔,壬申,都乡胜敢言之狱移劾曰:复移五年计,

---

① 《周礼·天官·司书》。
② 《周礼·天官·司会》。

余口四千二百廿七，案阅实四千二百七十四，其卅九口计后。　　简7

这里是说某乡上报的人口统计报告（上计）有误，上司驳回令其重新核实上报。说明当时对上计的真实、准确，要求是十分严格的①。

（二）预算会计制度

1. 收支类、款、项、目

收入类：九赋：国中之赋、四郊之赋、邦甸之赋、家削之赋、邦县之赋、邦都之赋、关市之赋、山泽之赋、币余之赋；九贡：祀贡、嫔贡、器贡、币贡、材贡、货贡、服贡、斿贡、物贡。

支出类：宾客之式、刍秣之式、工事之式、匪颁之式、币帛之式、祭祀之式、羞服之式、丧纪之式、好用之式。

2. 会计记录

会计记录，是财务管理的基础，也是国家预算管理的基础。在中国，通过计数来计划财务收支，安排生产生活，起源很早。史称"上古结绳而治"②。这种结绳记事里面，肯定包括了财务收支、经济往来等事由在内。据传说，这事就发生在伏羲时期；而"黄帝使……隶首作算数"③，这当是指的经济记录。古人计数的器具，据说包括算、策、筹等项。算，指算器，《汉书·律历志》：其算法用竹，径一分，长六寸；策，历数；筹，计数之具。《汉书·五行志》：筹所以计数。至于计数单位：从一到十：一、二、三、三、㐅、百、千、万。

在甲骨文里面，也有大量的带有计数的文字。举例如下：

毕八虎，允毕获鹿八十八，马一，豕卅有二。　《后编》下·一四

丁卯……王赏戍□贝一朋，用作父乙鼎。　　《殷文存》上八·三

"月言簿"、"四时簿"：

指对一定时期收支事项的分类、汇总。史称：

"戊辰，王在新邑，烝祭岁，文王骍牛一……王命作册。"④

"广地南部言，永元五年六月，官兵釜砲月言簿

承五月余官弩二张，箭八十八枚，釜一口，砲二合

赤弩一，张力四石木关

---

① 《长沙走马楼三国吴简》，《湖南出土简牍选编》，湖南岳麓书社2013年版。
② 《易·系辞下》。
③ 《世本·作篇》。
④ 《尚书·洛诰》。

陷坚羊头铜镞，箭卅八枚

故釜一口，鍉有锢口呼长五寸

砲一合，上盖缺二所各大如疎"①

从所列资料看，其中主要是"兵物"内容，反映的是边防军的财务会计记录和会计报告。这些财务会计报告，内容详细，具体，具有其真实性。

钱千付令佐处，未出计。　　　　　　　　　　　　6-5

前日言当为徒隶买衣支予吏益仆。　　　　　　　6-7

卅五年五月已□，粟五石三斗太半。　　　　　　6-11

迁陵（县）金布发洞庭②。　　　　　　　　　　6-16

卅八日□守城夫敬课③。

3. 会计报表

中国的会计记录和财务审计，开始于夏商周三代或更早一些（虞舜时期），那是中式会计记录，是世界最早的一种会计记录。

关于三代的会计记录形式，由于记载工具的限制（还没有发明用纸），流传下来的资料不多，只有进入战国以后，中式会计记录已成定式，记录简单明确。

古代的政府会计，不仅财务收、支要及时准确记录，而且各级政府之间的财物调拨（调入或调出），也要严格、认真作出记录；不仅要求凭证齐全，记录准确，而且还计较期限，总之，要求比较严格。

据《睡虎地秦墓竹简》所记："数而赢、不备，直（值）百一十钱以到二百廿钱，谇官啬夫；过二百廿钱以到千一百钱，赀啬夫一盾；过千一百钱以到二千二百钱，赀啬夫一甲；过二千二百钱以上，赀官啬夫二甲。"④这里是说，清点库存财物，如有多于或少于账簿记录数，主管官吏要受到处罚。

"廿六年三月壬午朔癸未，左公田丁敢言之：佐州里烦故为公田吏，徒属。事苔不备，分负各十五石少半斗，值钱三百一十四，烦冗佐署迁陵⌐。今上责校券二，谒告迁陵，令官计者，定以钱三百一十四。受旬阳左公田钱计，问可计付署，计年为报，敢言之。三月辛亥，旬阳丞滂敢告迁陵丞，告

---

① 转引自朱德贵：《汉简与财政管理新证》，第240页。

② 即财政收入上交洞庭郡。

③ 《湖南龙山里耶秦简》，《湖南出土简牍选编》。湖南岳麓书社2013年版。

④ 《睡虎地秦墓竹简》，文物出版社1978年版，第115—116页。

主写移，移券可为报①。敢告主/兼手。"　　　　　　　　8-63 正

言事守府，及移书他县，须报。　　　　　　　　　　　　8-122

从上可见，里耶秦简记载的会计报表生成的程序还是比较规范的。

又如汉代规定："出粟五石二斗二升，以食使车师成，君卒八十七人，丙申，一日积八十七人，六升。"②

秦汉规定，会计记账，不允许发生差错。秦简记载："计脱实，及出实多于律程，及不当出而出之，直（值）其贾（价），不盈廿二钱，除；廿二钱以到六百六十钱，赀官啬夫一盾；过六百六十钱以上，赀官啬夫一甲，而复责其出殹（也）。人户、牛马一以上为大误，罪一等③。又如"数而赢、不备，直（值）百一十钱以到二百廿钱，谇官啬夫；过二百廿钱以到千一百钱，赀啬夫一盾；过千一百钱以到二千二百钱，赀啬夫一甲；过二千二百钱以上，赀官啬夫二甲。"④ 这是指清点库存财务，如发现有多于或少于账簿记录的情况，根据数量的大小，作出对主管官吏轻重不同的处罚。

《汉书·酷吏传》：大司农田延年"上簿诈增值车二千，凡六千万，盗取其半。"而下狱死。

4. 会计簿附——簿籍

第一，簿的管理和作用。

登记（记录）钱财物资（包括武器）的文书。史称"唯殷先人有册有典"⑤。说明从商代开始，就有会计簿册。之所以成册，从经济意义上讲，应该是经济往来频繁，收支事项发生量多，出于统计、考核的需要，对一定时期的收支事项进行分类汇总，简册从而出现。

从湖南出土的简牍中发现，战国时期地方政府常用的簿册，主要有如下几种：

（1）岁田官徒簿（簿）　　　　　　　　　　　　　　　　8-18

（2）作徒算薄　　　　　　　　　　　　　　　　　　　　8-815

（3）司空守圄徒作簿　　　　　　　　　　　　　　　　　9-2294 正

（4）仓徒簿　　　　　　　　　　　　　　　　　　　　　10-1170

---

① 此处原文似"二"，但疑为"移"字的重复。因此，写成"移券可为报"。
② 《敦煌汉简》1926、《敦煌汉简》1935。
③ 《睡虎地秦墓竹简》，文物出版社1978年版，第125—126页。
④ 《睡虎地秦墓竹简》，文物出版社1978年版，第115—116页。
⑤ 《尚书·多士》。

（5）计籍志	16－752
（6）（谷）月旦簿	简42－5
（7）杂米人名斛数簿	简42－3
（8）作徒簿籍	8－1346
（9）钱釜白鸟毛麻纻衣皮薪杂物簿。	简42－7
（10）☐☐封簿	8－1132
（11）都水部	14－638

财产统计：

《仓曹计录》：禾稼计　贷计　畜计　器计　钱计　徒计　畜官牛计　马计　羊计　田官计　凡十计　史尚主

汉代政府管理的各种簿籍（册）：

据考古证实，汉代的政府管理是十分严格而规范的。与赋税有关的各种登记簿籍，就有记载各户姓名、年龄的《年细籍》、记录各户田地四至的《田比地籍》（"依田地比邻次第记录的簿籍"）、记录民户住宅情况的《宅园户籍》和记录每年收取田租（田赋）的土地数量的簿籍《田租籍》等。据张家山汉简《二年律令·户律》记载："民《宅园户籍》、《年细籍》、《田比地籍》、《田命籍》、《田租籍》，谨副上县廷，皆以箧若匮匧盛，缄闭，以令若承、官啬夫印封，独别为府，封府户；节（即）有当治为者，令史、吏主者完封奏令若丞印，啬夫发，即襡治为；臧（藏）☐已，辄复缄闭封臧（藏），不从律者，罚金各四两。其或为詐伪，有增减也，而弗能得，赎耐。官恒先计讎，☐籍☐不相（？）复者，（系）劾论之。"①

据《续汉书·百官志五》："……秋冬集课，上计于所属郡国。"又注引胡广曰："秋冬岁尽，各计县户口垦田，钱谷入出，盗贼多少，上其集簿。"集簿所反映的是一定时期的会计报告。其内容全面，含县、邑、侯国、都官、乡、里、亭、邮、郡界、县乡三老、吏员、户口、邑居园田、男女老幼、钱谷出入数等，皆为当时国家统计所必须掌握的基本事项。

汉代规定，上天子书时必做二封，一正一副。尚书先检查副封，不合者

---

① 张家山汉简是中国西汉早期墓葬中出土的竹简。于1983年12月至1984年1月，由湖北省荆州地区博物馆发掘江陵县张家山3座汉墓时所获，总数达1600余支。本文引其中的《二年律令》。

不奏。上述这些簿籍，在上达"县廷"时，要按规定匣盛、缄闭、印封，如有违制或内容存在诈伪，或劾论，或处以赎耐。

第二，簿籍分类。

其一，钱出入簿和赋钱出入簿：

如前所说，簿是登记（记录）钱财物资（包括武器）的文书。在汉代，负责钱财物资出入登记、编制上报的是侯官。据里耶简中郎代大农丞之职可知，财物的调拨，首先是使用部门申报，上司经过审核，下达调拨指令，所属仓库（国库）经严格查对后，按指令出库。

从三代至秦汉，钱出入簿和赋钱出入簿是各级政府主要的簿籍。因为这类账簿，大量记载着日常生活和生产中发生的经济事务。在殷墟出土的甲骨文中，就有不少这样的记载：

贞，有来惠贝。　　　　　　　　　　　《乙编》二七〇四
贞，土方□贝。　　　　　　　　　　　《前编》五，一〇，二

以上是指各地诸侯或方国以贝作为贡献，也是属于王国收入的范畴。在以贝作为支出方面，甲骨文的记载也很多：

庚戌卜，□贞，锡多女有贝朋。　　　　《后编》下八，五
侯锡中贝三朋，用作祖癸宝鼎。　　　　《殷文存》上七，五

汉简中的金钱账簿，主要有《钱出入簿》、《赋钱出入簿》等账簿。较三代又前进了一步。如：

入钱六千一百五十
其二千四百受侯长　　　九百部吏社钱
二千八百五十受吏三月小畜计　　　　　　　　　　　254.1
又"出八百赋士吏。辛卯。
出九百廿一赋尉史辅　　出千以赋卒
出二百十一钱内中（下略）　　　　　　　　　　　173.15a①

其他还有，如郭中卿六百钱、尹卿百钱、马钱、市余钱、秋赋钱、谷钱……

其二，仓廪储物、出入计簿：

市租钱廿八万一千二百九十五钱。元年失亡牛钱八万八千二百卅五钱。二年。　　　　　　　　　　　　　　　　　　　　　　　　简 33-1

---

① 转引自朱德贵：《汉简与财政管理新证》，第251页、第250页。

其六万三千廿斛一斗六升。付邸阁李嵩，仓吏黄讳、潘虑。　　简33－2

其一千七百八十七斛八斗八升，付吏三业蔡黑给廪所。　　简33－3

其一万四千六百八十斛三斗一升。运集中仓付吏李金、黄讳、潘虑。

简33－4

领二年粢租米三百六十二斛一升。运集中仓付吏黄讳、潘虑。简33－5

入三州仓运民还二年所贷嘉禾元年税米四百七十六斛八斗五升。十三斛民自入。十一月。　　简33－6

领二年贫民贷食，元年租米五百卅八斛八斗六升八合，收息米三百卅三斛。　　简33－7

领二年贷食黄龙三年税米一百卅三斛五斗。其一百卅斛六斗五升运集中仓付吏李金；其二斛八斗五升给贷嘉禾四年贫民为米限。　简34－1

出仓吏黄讳、潘虑所领黄龙三年租吴平斛米一百一斛九斗五升为廪斛米一百六斛。　　简34－6

右三月入吴平斛米二千七百五斛二斗九升。其一千一百八十六斛七斗七升三州仓运米。　　简37－3

其一百七十斛五斗私学嘉禾元年限米。　　简37－6

其十五斛佃卒限米

其八斛七斗新吏限米

其卅八斛三斗邮卒限米　五月十日故仓吏潘虑白。　　简38－1

州中仓吏郭勋、马钦、张曼、周栋起十一月十四日，讫十七日，受五年租税杂米合二千七斛五斗五升。

其一千五百七十五斛六斗五升税米

其廿四斛租米

其一百一十九斛吏帅客限米

其十七斛五斗新吏限米其六斛四六佃吏限米

其□斛私学限米

其卅斛卫士限米

其九十二斛四斗三升亩布贾米。　　简39－1

州中仓吏郭勋、马钦、张曼、周栋起二月十四日，讫十八日，受杂米合二百三斛三斗二升。其一百六十八斛三斗二升八亿钱准米；其五斛三斗司马黄松限米。二月十八日仓吏潘虑白。　　简39－2

州中仓吏郭勋、马钦、张曼、周栋起十月十四日，讫十七六日，领受五年租税杂限米合一千七十二斛八斗五升。

其九百八斛七斗五升，五年税米；

其十七斛七斗，五年租米；

其卅二斛四斗，五年吏帅客限米；

其十七斛，五年佃帅限米；

其卅三斛，司马黄松五年屯田限米；

其十六斛，五年佃卒邮卒限米；

其廿八斛，五年田亩钱布贾米。

十月十六日仓吏潘虑白。　　　　　　　　　　　　　　简41-2

州中仓吏郭勋、马钦、张曼、周栋起正月廿九日，讫卅日，受杂米合四百一十七斛九升。

其八十七斛三斗六升税米；其二百卅四斛七斗三升八亿钱米；

其五斛租米；其十六斛五斗田亩布米；

其四斛吏帅客限米；其廿九斛卑兵钱米；

其十一斛司马黄松限米；

其一斛金民限米；

其十八斛五斗田亩钱准米。正月卅日仓吏潘虑白。　　　简43①

出库记录：

粟：一石二斗半斗。卅一年三月，丙寅，仓武佐敬禀②人援出禀大隶妾宛。令史尚监　　　　　　　　　　　　　　　　　　　　　　　8-761

粟：一石九斗少半斗。卅三年十月甲辰朔壬戌，发弩绎尉史过出貣罚戍士五，醴阳同郭禄廿　令史兼视平　过手　　　　　　　　　　8-762

径庮粟③：一石二斗半斗。卅一年十二月戊戌，仓妃史感禀：人援出禀大隶妾援。令史朝视平④　　　　　　　　　　　　　　　　　8-763

其三，刍茭出入簿：

刍茭属于牲畜特别是马牛的饲料，也用于盖房（苫屋顶）、做土坯等建筑用料。刍茭又是重要的边防军用物资，主要用以喂养战马，在极其荒野地方，可用作防寒器材，有时也用来做饭，所以，它和田赋一起征收。

---

① 《长沙走马楼三国吴简》，《湖南出土简牍选编》，湖南岳麓书社2013年版。
② 禀告，属下对上级报告事情。
③ 径庮，古代储藏粮物的小型仓库。
④ 《湖南龙山里耶秦简》，《湖南出土简牍选编》，湖南岳麓书社2013年版。

"空仓中有荐，荐下有稼一石以上，廷行［事］赀一甲，令史监者一盾。"① 这是说该仓库中当货物全部支出完毕后，如果发现其垫子（垫粮物的草席）下还有未清理干净的粮物，且其数量达到一石以上者，该仓库负责官员要受到处罚。

古代的政府会计，不仅财务收、支要及时准确记录，而且各级政府之间的财物调拨（调入或调出），也要严格、认真作出记录；不仅要求凭证齐全，记录准确，而且还计较期限，总之，要求比较严格。

《云梦秦简·金布律》："数而赢、不备，直（值）百一十钱以到二百廿钱，谇官啬夫；过二百廿钱以到千一百钱，赀啬夫一盾；过千一百钱以到二千二百钱，赀啬夫一甲；过二千二百钱以上，赀官啬夫二甲。"② 这里是说，清点库存财物，如有多于或少于账簿记录数，主管官吏要受到处罚。

三、财税法制

为了有效的管理国家，管理国家财政，从夏商周时期开始，就有法律条文的出现。如传说夏初制定的《禹刑》，商纣王有炮烙之刑（酷刑），春秋晋国铸刑鼎，战国时期的秦国，用商鞅变法，依法治国，秦始皇时期又有发展，人称"秦法繁于秋荼"。

汉承秦制，据《汉书·刑法志》所说："律令凡三百五十九章，大辟四百九条，千八百八十二事……文书盈于几阁，典者不能遍睹。"

在汉代，地方政府在发放粮食时，有专门的法律：发放粮食，首先必须经过上级主管部门的批准，并签发出库文书。如："律曰：诸使而传不名取卒甲兵禾稼簿者，皆勿敢擅予。"《疏》称如发现出仓凭证说明不清或其他手续不全者，仓库管理人员不得擅自发放，以防冒领钱物等情况的发生。地方按规定逐级、凭券发放后，年终小结。

《睡虎地秦墓竹简·秦律十八种》云："入禾，万［石一积，而］比黎之为户，籍之曰：'其廥禾若干石③，仓啬夫某、佐某、史某、廪人某。'是县入之，县啬夫若丞及仓、乡相杂以封印之，而遣仓啬夫及离邑仓佐主领者

---

① 《云梦秦简·田律》。
② 《睡虎地秦墓竹简·金布律》。
③ 廥，积藏刍草之处，仓库。

各一户，以气（饩）人。其出禾，有（又）书其出者，如入禾然。"这里是说，谷物入仓必须由县啬夫或丞和仓乡主管人员共同封缄；谷物出仓也要记录出仓人员姓名、数量等情况。

法律定罪：

汉王朝对主管财政的官员，如有贪赃枉法的事情发生，处罚必然加重，据《张家山汉墓竹简》所说："盗臧（赃）直（值）过六百六十钱，黥为城旦舂。六百六十到二百廿钱，完为城旦舂。不盈二百廿到百一十钱，耐为隶臣妾。不盈百一十到廿二钱，罚金四两。不盈百廿二钱到一钱，罚金一两①。

按颜师古所说，"依（西汉）当时律条，臧直十金，则至重罪。"②

"侯当千嗣，太始四年，坐卖马一匹，贾钱十五万，过平，臧五百以上，免。"③

可能是受秦商鞅变化的影响，秦简中随处都是"以律令从事"。

迁陵守丞敦狐告都乡主，以律令从事。　　　　　　　　　　16-9

从《里耶简》所记的内容来看，此时郡县文书都警示"以律令从事。"可能是秦自孝公以后，重视法治的结果。

案例：

录事掾潘琬叩头死罪白过：四年十一月七日，被督邮敕考实吏许迪，辄与核事吏赵谭、部典缘丞若、主者史李珠前后穷核考问，迪词卖官余盐四百廿六斛一斗九升八合四勺，偏米二千五百六十一斛六斗九升，已二千四百卌九斛一升付仓吏邓隆谷荣等，余米一百一十二斛六斗八升迪割用饮食不见，为廖直事所觉。后迪以四年六月一日偷入所割用米毕付仓吏黄瑛受。前录见都尉，知罪深重，谒言不割用米，重复实核，迪放下辞服割用米审前后榜押，迪凡百日不加五毒，据以迪□□服□结罪不枉。考迪乞曹重列言府傅前解谨下启。琬诚惶诚恐，叩头死罪死罪。二月十九日戊戌白

简46

录事掾潘琬死罪白：关启：应户曹谷坐大男许迪见督军支辞，言不食所领盐贾米一百一十二斛六斗八升，郡曹启府君，辄鞭核事掾陈旷一百杖，琬

---

① 《二年律令·盗律》。
② 《汉书·薛宣传》。
③ 《汉书·景武昭宣元成功臣表》。

卅，敕令更五毒。考迪请敕旷及主者掾石彭考实，迪务得事实，琬死罪死罪。然考人尚如官法，不得妄加毒痛。五月七日壬申白　　　　简45

案中许迪贪污盐粮，被人发觉后，又偷偷将所贪粮物补入库。受到法律制裁。